程启军 著

转型·创新·化解：劳资纠纷治理机制研究

中国社会科学出版社

图书在版编目（CIP）数据

转型·创新·化解：劳资纠纷治理机制研究／程启军著.—北京：
中国社会科学出版社，2018.8
ISBN 978 - 7 - 5203 - 2755 - 8

Ⅰ.①转…　Ⅱ.①程…　Ⅲ.①劳资纠纷—处理—研究—中国
Ⅳ.①F249.26

中国版本图书馆 CIP 数据核字（2018）第 154392 号

出 版 人	赵剑英
责任编辑	孔继萍
责任校对	石春梅
责任印制	李寡寡

出　　版	中国社会科学出版社
社　　址	北京鼓楼西大街甲 158 号
邮　　编	100720
网　　址	http://www.csspw.cn
发 行 部	010 - 84083685
门 市 部	010 - 84029450
经　　销	新华书店及其他书店

印　　刷	北京明恒达印务有限公司
装　　订	廊坊市广阳区广增装订厂
版　　次	2018 年 8 月第 1 版
印　　次	2018 年 8 月第 1 次印刷

开　　本	710×1000　1/16
印　　张	15
插　　页	2
字　　数	240 千字
定　　价	68.00 元

凡购买中国社会科学出版社图书，如有质量问题请与本社营销中心联系调换
电话：010 - 84083683

序

　　程启军老师是我国已故著名社会学家郑杭生先生的博士生，如果先生健在定会欣然为他的学生出版本书作序，因为先生爱徒如子，尊重晚辈。启军是我的硕士生，先生不在了，邀请我为本书出版作序，故此也就无法谦让，只得顺意而为之。

　　本书研究的问题是我国市场经济条件下出现的复杂社会问题。在工业社会，劳资关系涉及的资方与劳方之间的关系，是一对最主要的社会关系，也是社会阶层关系类型中最重要的构成。对于任何推进或者实现了工业化的国家和社会而言，厘清劳资关系、化解劳资纠纷与建构和谐的劳资关系都具有重大的理论与现实意义。作者对当前我国的劳资关系及其冲突所处的社会背景作了客观的分析，强调指出：一是从农业社会向工业社会的快速转型，二是社会治理的全面创新和变革。这两大背景成为调节劳资纠纷和建构劳资关系的前提和基础，劳资纠纷的化解和劳资关系的重构需要与社会转型之一阶段性的政治、经济、社会背景相适应，相关制度与措施不应超前于过渡阶段的政治、经济基础，以免影响工业化的快速推进和社会转型的顺利完成，当然，也不能长期滞后于经济、社会发展的状况，影响社会公平与公正的建立以及工业化结构调整与升级。"党委领导、政府负责、社会协同、公众参与、法治保障"为鲜明特征的社会治理创新则为劳资关系的重构和劳资纠纷及其冲突的化解创造了新的可能和机遇，为劳资冲突的化解提供了新的思维方式和行动突破的新路径。基于这两大背景，我国的劳资冲突的化解首先应与经济社会发展相适应，建立与现阶段发展水平相一致的调节措施与制度。同时，抓住社会治理创新的机遇，最大程度上创新治理思维，发挥社会参与的积极作用，为化解劳资纠纷和建立和谐劳资关系创造最大可能。为此，研究者充分运用社会学理论及其方法，系统、全面、细致地研究了我国当前最主要的社会关系构成——劳资关系及其矛盾纠纷的治理。

首先，本书阐述了全面正确认识劳资纠纷的价值与意义的逻辑路径。作者全面描述了我国当前劳资纠纷及其冲突的存在状态，指出了劳资纠纷及其冲突产生的根源、背景以及具体原因，分析了企业规模、雇员结构与雇主构成等企业结构性因素对劳资冲突形态的影响，探讨了劳资纠纷的正、反与潜功能。而且作者细致分析了当前在我国劳动力的无差别供给与资本的绝对强势的情况下，劳资纠纷诱因更多表现为资方对劳方权益的侵犯后的矛盾激化。资方对劳方的权益侵犯体现在工作过程的方方面面，其中，劳方的工资待遇和劳动安全权益受损成为当前劳资纠纷产生的最直接的原因。我国劳资纠纷的产生、发展、形成与爆发，与企业规模、企业结构、劳资构成、劳资关系等因素密切相关。通常情况下，企业规模较大、技术含量较高的企业，劳资纠纷多表现为一种潜在的、隐性的状况，而企业规模较小、劳动密集的企业，劳资纠纷多以显性的、激化的方式表现出来。劳资各自不同的特点，包括年龄、籍贯、文化程度、生活经历、性格特点、拥有的社会资本量等因素，将影响到劳资纠纷中各自的行动。劳资日常"生活世界"的互动中积淀和形成的合作、内耗、对抗关系，将使劳资行动相应表现为协调、妥协、阻隔等取向。当前，我们对劳资纠纷及其冲突的作用缺乏全面的认识，我们往往过于强调其对社会和谐、企业稳定、经济发展所带来的"负"功能和风险，忽视了劳资纠纷及其冲突对社会自身调节能力的更新，经济产业结构的升级，社会制度与企业制度建设的提升所带来的"正"功能和契机，这种思维能力与模式在不同程度上影响了我们对协调劳资纠纷的各项实质性政策与措施的出台，从而加大了化解劳资纠纷的难度。

其次，本书重点阐释了不同形态的劳资关系纠纷治理的核心出路。作者将不同形态的劳资关系分为合作关系、内耗关系与对抗关系等具体形态，以及它们所对应的劳资行动取向，解读了劳资纠纷及其冲突的正式化和非正式化的化解途径及其可能路径，探索了劳资纠纷化解背后的制约因素及其力量较量，劳资双方在妥协与对抗的收益、控制与保护的回报、生存与生活的权衡、社会支持的矢与度的博弈之中，最终化解劳资纠纷的妥协方案得以达成。作者还通过深入解读一个典型的劳资纠纷事件，描述了工人集体行动失败的现实性原因，最后，系统总结和概括了化解当前我国高发的劳资纠纷的核心出路。作者运用文献资料和访谈法结合的方式，增强了研究的方法感，即尝试将学理分析和事件过程分析相结合，一是对劳资纠纷的关系与行动、劳资纠纷的演进逻辑、力量博弈与行动方案选择等进行了学理分析；二是对劳资纠纷事件进行了事件过程分析，进而全方位地解读劳资纠纷及其冲突的背后逻辑和探讨劳资纠纷最终化解方案的可能选项。

再次，本书阐释了劳资纠纷化解的多种方式与手段。如果从官方认可的角度，可以将其分为：非正式化途径与正式化途径。劳资纠纷发生后，在面对众多化解手段时，劳资双方，尤其是劳方，究竟选择什么样的手段与行动策略来应对资方的侵权行动，主要基于资方的力量、政府的治理、雇员的力量、社会动员力量等因素及其力量对比后的权衡。对于个体行动来说，劳资双方的力量对比，将决定着劳方的行动策略；对于集体行动而言，在当前的社会转型时期，四个因素中政府的治理模式、治理理念、介入程度以及有效作为，和以大众传媒为主要构成力量的社会动员力将直接影响集体行动的效果和成败。劳资双方对行动策略的运用与变化，多是出于一种理性选择，尤其是经济理性的博弈过程，在劳资纠纷的过程中，资方经过权衡行动妥协与对抗的收益来决定其行动方案，政府通过充分考虑控制与保护的回报来决定其参与、介入与作为的方式，劳方经过对生存与生活的反复权衡来决定其采取的行动策略，社会支持力通过对社会整体利益与个体切身利益的思量决定其支持的矢与度。

总体而言，本书揭示了劳资纠纷及其冲突的化解过程及其机制是一个异常复杂的系统。处在社会加速转型期的我国，高发且不断激化的劳资纠纷的化解应具备一些基本的理念、路径和核心出路。从对劳资纠纷及其冲突功能的全面认识出发，我们对劳资纠纷的化解理念应坚持一种理想类型与事实之法：最大和谐与适度冲突；从政府在我国政治、经济、社会中所实际体现出的主导作用的现实出发，当前劳资冲突化解的现实路径应是政府主导下的整体平衡与多元协调机制；从制度与法律本身具有"非人格化的客观力量"和避免政府成为劳资纠纷及其冲突的矛头的角度出发,我们化解劳资纠纷的核心出路：转移和化解冲突于制度。

华中师范大学社会学院　夏玉珍　教授　博士生导师

2017 年 6 月 19 日

内 容 提 要

以中国社会转型和社会治理创新为背景，在充分运用社会学理论及其方法的基础上，研究当前最主要的社会关系构成——劳资关系及其纠纷，劳资纠纷及其冲突的产生的原因与现状、它的结构与功能、它的关系与行动、劳资纠纷及其冲突的化解手段及其机制等内容，最后，对当前我国高发的劳资纠纷的化解核心出路进行了概括性的总结。

反观西方社会对劳资关系及其纠纷的协调机制的建设历程，阶段性的社会背景成为其建立、改善与调整劳资关系的出发点。同样，我国正在快速经历从传统农业社会向现代工业社会的转型，这一阶段性过渡社会的矛盾、任务、特点与价值取向等因素成为了影响和决定我国劳资关系及其冲突的协调政策、手段与机制的重要方面。另外，国家倡导的社会治理创新为劳资纠纷的化解开辟了新的参与力量，创造了新的机遇，提供了新的思维方式和行动突破的新路径，为劳资纠纷的化解和劳资关系的重建注入了新的可能。当前，在我国劳动力的无差别供给与资本的绝对强势的情况下，劳资纠纷诱因更多表现为资方对劳方权益的侵犯后的矛盾激化。资方对劳方的权益侵犯体现在工作过程的方方面面，其中，劳方的工资待遇和劳动安全权益受损成为当前劳资纠纷产生的最直接的原因。我国劳资纠纷的产生、发展、形成与爆发，与企业规模、企业结构、劳资构成、劳资关系等因素密切相关。通常情况下，企业规模较大、技术含量较高的企业，劳资纠纷多表现为一种潜在的、隐性的状况；而企业规模较小、劳动密集的企业，劳资纠纷多以显性的、激化的方式表现出来。劳资各自不同的特点，包括年龄、籍贯、文化程度、生活经历、性格特点、拥有的社会资本量等因素，将影响到劳资纠纷中各自的行动。劳资日常"生活世界"的互动中积淀和形成的合作、内耗、对抗关系，将使劳资行动相应表现为协调、妥协、阻隔等取向。当前，我们对劳资纠纷及其冲突的作用缺乏全面的认识，我们往往过于强调了其对社会和谐、企业稳定、经济发展所带来的"负"功能和风险，忽视了劳资纠纷及其冲突对社会自身调节能力的更新，经济产业结构的升级，社会制度与企业制度建设的提升所带来的"正"功能和契机，这种思维能力与模式在不同程度上影响了我们对协调劳资纠纷的各项实质性政策与措施的出台，从而加大了化解劳资纠纷的难度。

劳资纠纷的化解存在着多种方式与手段，如果从官方认可的角度，可以将其分为：非正式化途径与正式化途径。当劳资纠纷发生后，在面对众多化解手段时，劳资双方，尤其是劳方，究竟选择什么样的手段与行动策略来应对资方的侵权行动，主要基于资方的力量、政府的治理、雇员的力量、社会动员力量等因素及其力量对比后的权衡。对于个体行动来说，劳资双方的力量对比，将决定着劳方的行动策略；对于集体行动而言，在当前的社会转型时期，四个因素中政府的治理模式、治理理念、介入程度以及有效作为，和以大众传媒为主要构成力量的社会动员力将直接影响集体行动的效果和成败。劳资双方对行动策略的运用与变化，多是出于一种理性选择，尤其是经济理性的博弈过程，在劳资纠纷的过程中，资方经过权衡行动妥协与对抗的收益来决定其行动方案，政府通过充分考虑控制与保护的回报来决定其参与、介入与作为的方式，劳方经过对生存与生活的反复权衡来决定其采取的行动策略，社会支持力通过对社会整体利益与个体切身利益的思量后决定其支持的矢与度。

总体而言，劳资纠纷及其冲突的化解过程及其机制是一个异常复杂的系统。处在社会加速转型期的我国，高发的且不断激化的劳资纠纷的化解应具备一些基本的理念、路径和核心出路。从对劳资纠纷及其冲突功能的全面认识出发，我们对劳资纠纷的化解理念应坚持一种理想类型与事实之法：最大和谐与适度冲突；从政府在我国政治、经济、社会中所实际体现出的主导作用的现实出发，当前劳资冲突化解的现实路径应是政府主导下的整体平衡与多元协调机制；从制度与法律本身具有"非人格化的客观力量"和避免政府成为劳资纠纷及其冲突的矛头的角度出发，我们化解劳资纠纷的核心出路：转移和化解冲突于制度。

关键词：社会转型　社会治理　劳资纠纷　劳资冲突

Abstract

On the background of social transformation and governance innovation in China, based on the full application of sociological theories and methodology, this book studies the construction of the most important social relation at present—the labor-capital relation, namely its structure and function, its relationship and activities, the disputes between the labor and the capital, the causes and current situation of the disputes as well as the approaches and mechanism to solve the labor-capital disputes and conflicts. In the end, it gives a general conclusion on the core outlet to the solution of current high incidence of labor-capital disputes in China.

With the insights back into the construction history of the coordinative mechanism of labor-capital relation and disputes in western countries, it is easy to be observed that the periodic social background becomes the starting point for them to establish, improve and adjust labor-capital relationship. Similarly, China is experiencing the fast transformation from traditional agricultural society to modern industrial one. Several factors such as conflicts, tasks, characters and value orientation in the current and transitional society have become the important contents which impose a decisive impact on the coordinative policies, means and mechanism on labor-capital relation and conflicts in China. Besides, the prevailing social governance innovation advocated by the government provides fresh participating forces, creates new chances, offers new thinking modes and new routes to action breakthrough, and brings new possibilities for the solution of labor-capital disputes and the rebuilding of their relation. Currently, under the situation of undifferentiated labor supply and absolute dominance of capital in China, reasons for the labor-capital disputes mostly show up as contradictions intensified after the capital invades the rights of the labor during the work, among which, the invasion of the salary, treatment and security rights of the labor becomes the most direct reason for the current labor-capital disputes. The generation, development and outbreak of labor-capital disputes in China closely relate to the factors such as the scale and structure of the enterprise, the constitution and relationship of the labor and capital. In most cases, in bigger enterprises with higher level of technology and skills, labor-capital disputes mostly represent as potential and invisible while in smaller enterprises with lower level of technology and skills they tend to be explicit and escalating. Different features of the capital and the labor, including the age, hometown, education level, experience, characters, social capital possessed will influence the actions taken by both sides during the disputes. The cooperative, in-fighting or confronting relations formed in daily interaction for both sides will lead to the coordinative, concessive, or obstructive orientation of labor-capital action correspondingly. Currently, we lack comprehensive cognition on the function of labor-capital disputes and conflicts. We always emphasize their negative influence and challenges on the social harmony, enterprise stability and economic development while neglecting the positive function and opportunities brought by them on the renewal of social self-regulation capability, the upgrading of economic industrial structure, the improvement of social and enterprise system construction. The above-mentioned thinking ability and mode have laid obstacles in different levels for the introduction of substantive policies and strategies on coordinating labor-capital disputes, which, as a result, increases the difficulty of resolving them.

The different modes and means involved in labor disputes resolution are recognized by relevant authorities as falling into two types: official and unofficial. When a dispute occurs, the two parties involved, especially, the labor will choose, from the many modes and means available, the most appropriate strategies to defend their own interests. The decisions are often made on the basis of a comprehensive calculation of the comparative powers of various factors such as the capital, the government, the labor and the relevant social mobilizing forces. In the case of individual action, the comparative strength between the labor and the capital will determine the labor's strategies. In the case of collective action, in this period of social transformation, the success and effects of collective action are directly affected by the government with its particular concept and practice of governance, its interference level and its governance efficiency and also by the social mobilizing forces led by mass media. The strategic moves and changes made by the labor and the capital tend to result from rational choosing, especially, rational economic gaming. In the process of labor-capital disputes, the capital will carefully consider the gains and losses involved in either compromising or confronting action before adopting its strategies; the government will determine its position and role and interference level by fully considering the gains and losses involved in either controlling or protecting action; the labor will act rationally to achieve maximum benefits for its own party; the social mobilizing forces will also act toward maximum gains for either the society as a whole or for their own groups as an individual entity.

Generally, labor-capital disputes and conflicts resolution and its mechanism are extremely complicated. In this period of fast social transformation, our country should show proper understanding of the basic concepts, approaches, and fundamental measures needed to meet the challenge of highly frequent and increasingly intense labor disputes. Fully aware of the functions of labor disputes and conflicts, we propose that our proper attitude toward labor disputes should be one between ideal and practical, i. e. seeking maximum harmony while allowing mild disputes; fully aware of the dominating role the government plays in the political, the economic and the social life of this country, we propose that the most practical way to resolve labor-capital disputes is one led by the government through balancing the interests of all parties; we propose that the fundamental approach to labor disputes and conflicts should be an institutional one which has the advantage of being "an impersonal and disinterested force" and thus can effectively keep the government from being directly attacked in labor disputes.

Key words: social transformation, social governance, labor-capital disputes, labor-capital conflicts

目　　录

第 一 章

研究的缘起与研究综述

一 缘起

伴随着我国从传统农业社会向现代工业社会的快速转型，伴随着经济体制从计划经济体制向市场经济体制的变革，劳资关系在改革开放后得以重生。劳资关系再生的主要载体是我国体制外经济的迅猛发展所产生的大量体制外企业，如民营企业、外资企业等。这些体制外企业的产生、发展与壮大，对我国政治、经济、社会产生重大影响的同时，也形成了各种复杂的关系，如私有制与公有制的关系、外资与内资的关系、私有经济力量的政治诉求、私有经济内部关系等，其中成为当前关注焦点和棘手矛盾的是劳资关系。

劳资关系是产业组织关系的核心部分。它研究企业组织，或更广泛地讲，研究任何一个就业组织中，经营管理方与雇员的关系、经营管理人员群体内部、雇员群体内部以及经营管理人员、雇员两群体之间的合作关系、矛盾关系及其解决方式，从中寻找出影响企业成果的因素。① 完善市场经济机制国家的劳资关系的概念明显宽泛于我国劳资关系的概念，完善市场经济机制国家的劳资关系存在于就业组织之中，这与我国的劳动关系所涵盖的范围相同。目前，对于我国的劳资关系其涵盖面包括哪些领域，也存在着较大的争议。一般是指私有制企业中的劳动关系，所

---

① 杨体仁、李丽林：《市场经济国家劳动关系——理论·制度·政策》，中国劳动社会保障出版社 2001 年版，第 1 页。

体现的是雇佣工人和雇主（企业主）的关系。它具有某种阶级的和对抗的意义。[①] ……笼而统之地仍用劳动关系来论述，而未正视经济体制运行中混合所有制企业现实存在着的劳动力要素所有者与物质资本要素所有者之间，即劳资之间客观存在的矛盾与冲突关系。事实上，许多学者都把过去单一公有制的计划经济体制下人们在生产劳动过程中所形成的这种社会经济关系称为劳动关系，以区别于市场经济体制下私营企业或民营企业的劳资关系，这种思维沿袭至今。[②] 显然，我国的混合所有制企业之中的劳资关系是异常复杂的，如果从出资持股的情况来看也是可以做细致区分的，国家集体持有超过半数股份的混合所有制企业，则可以看作公有制企业，它们的劳资关系也可以认定为劳动关系；反之，则是劳资关系。实际上，这种具体的细分对"劳动关系"与"劳资关系"研究的意义不是特别重要，其主要原因在于这类企业的数量比较少，它们之中的劳动关系或者劳资关系相对和谐，对当前劳资关系及其纠纷研究的显著性不大。大量存在的民营企业和外资企业，它们才是劳资关系化主要构成部分。可见，在我国，劳资关系这一概念更侧重于涉及私有经济类型或体制外经济类型，即民营企业与外资企业，在这两类企业内，代表资本方的经营管理者和代表劳动方的工人构成了劳资关系的主体。因此，基于我国的实际情况，笔者认为我国的劳资关系指的是在私有经济中，资方与劳方由于利益引起的，表现为合作、冲突、力量和权力关系的总和，它受制于一定社会中经济、政治、社会、技术、政策、时间、传媒、法律制度和社会文化的影响。

再生后的中国劳资关系从一开始就表现出异常的复杂性和尖锐性，劳资关系的载体——私有经济与市场经济被不断地定性。在这个过程中，私有经济不断成长和壮大，私有经济形式呈现出多元化，私有经济经营方式表现为多样化，私有经济内部劳资关系也呈现出较大的分化，私有经济内部劳资冲突的程度也呈现出较大差别，如发展较晚的私营企业的劳资冲突比外资企业表现得更为激烈。当下，私有经济已占据我国经济总量的大半江山，在我国经济中发挥着举足轻重的作用，一方面，在为

---

① 常凯:《劳权论》，中国劳动社会保障出版社2004年版，第69页。

② 罗宁、李萍:《劳资关系研究的脉络与进展》，《当代财经》2011年第4期。

我国经济发展做出巨大的贡献；另一方面，却仍然无法摆脱其"原罪"的色彩。究其原因，与私有经济中形成的劳资关系密切相关。比如，对私营企业的资本形成过程的一个重要观点认为，企业主通过压低工资、延长劳动时间、加大劳动强度、逃避社会保障义务等方式对雇员进行盘剥，从而快速积累原始资本，导致劳资双方以工资为核心的利益之争在当前表现得额外尖锐，如：群体性突发事件增多，劳动争议出现严重的诉讼化倾向，等等。有数据显示：近年来劳资纠纷呈现出高发的趋势，仅 2002 年劳资纠纷事件就有近 30 万件，涉及在职员工近 7000 万人，且以每年 30%—40% 的速度递增。2002 年劳动争议案件的数量是 1995 年的 5.6 倍，涉及的劳动者也增加了 5 倍。① 2011—2014 年，全国法院系统一审受理劳动争议案件分别为 30.8 万件、34.9 万件、36.6 万件、37.4 万件，2015 年截至 11 月为 36.5 万件，劳动争议案件数量居高不下且呈逐年递增态势。② 最近十几年来，劳资纠纷及其事件大幅增长，劳资矛盾和劳资冲突表现得日益激烈，多地陆续发生多起罢工事件，如 2011 年深圳海量工人罢工、2013 年诺基亚东莞工厂工人罢工以及 2014 年东莞裕元鞋厂大罢工等，劳资纠纷及其冲突已经成为影响我国社会和经济和谐稳定发展的最主要的因素。③ 可见，劳资纠纷的协调和化解直接涉及和谐社会建设的理念和进程，直接影响到利益大调整下中国改革的成败，直接影响到经济结构调整、依法行政的推进以及社会的和谐发展。

基于劳资关系的协调问题在当前的重大意义与价值，研究化解现阶段高发的劳资纠纷及其冲突的协调机制具有现实的紧迫性和必要性。这里存在着一个问题：什么样的劳资协调机制是能够解决当前劳资纠纷及其冲突的最有效的机制？显然，这种协调机制的产生、形成以及功效的发挥必须与中国的特殊发展背景结合起来，这些背景主要指的是中国当前的社会转型与和谐社会的治理进程，只有在此基础上形成的协调机制才能成为最有效的兼顾各方利益的调节手段与制度。从西方发达国家劳

---

① 国家信息中心经济预测部：《中国宏观经济信息》，2003 年 8 月 11 日，第 13 页。

② 陈晓燕、彭文卓：《工会界委员建议法院应当设立劳动法庭》，《中国职工教育》2016 年第 4 期。

③ 常凯：《劳资冲突处理法制化：构建和谐劳动关系中一项急迫的政治任务》，《中国党政干部论坛》2006 年第 12 期。

资关系及其冲突的协调机制的形成来看，主导的协调机制与手段也无不与其特定的发展时期和历史背景结合在一起。在西方发达国家，从产业革命开始，劳资纠纷及其冲突就逐渐成为经济社会生活的核心内容。不同历史时期，其表现形式与激化程度不同，相应的协调机制也有所侧重。在自由资本主义时期，劳资纠纷及其冲突处在个体化的敌对状态，在其化解上，马克思认为应通过建立工人组织来加强工人反抗资方的能力，并最终通过建立无产阶级政权的根本方式来化解。在垄断资本主义时期，劳资纠纷及其冲突处在组织化的敌对状态，韦伯夫妇在《产业民主》（1897年）一书中强调工会组织的作用，全面论证了集体谈判的可行性，并以此作为化解的方式。在两次世界大战之间，劳资纠纷及其冲突处在组织化的妥协状态，此时主要强调政府对劳资纠纷的积极干预和协调，"三方制"成为化解劳资纠纷的主导方式。在福利资本主义阶段，劳资纠纷处在制度化的合作状态，化解途径趋于制度化和法制化。随着经济社会的不断发展，西方国家调节劳资纠纷及其冲突的手段逐渐兼顾各方利益，逐渐采取多元调节方式，逐渐以法制化和制度化的机制来化解劳资纠纷及其冲突的风险。可见，西方发达国家调节劳资关系及其纠纷手段与机制的形成，与其特定的历史背景、政治的稳定程度、经济的发达程度、社会的发展程度密不可分。特定的历史背景、政治的稳定程度、经济的发达程度、社会的发展程度构成了西方发达国家每一阶段主导的协调机制和手段形成的背景。

我国劳资关系及其纠纷的协调机制与手段的核心背景是社会转型。在社会学上，社会转型是指社会整体上从传统、农业、乡村、封闭的社会向现代、工业、城市、开放的社会的过渡。这是中国社会转型的整体趋势和内容。当前，尽管和谐社会建设的进程开始启动，但是，我国经济优先发展、经济主导社会的格局在较长的时间内不会有根本性的变化，这直接导致在政治、经济、社会层面达成一致"效率、公平、公正"观难度很大，即使在观念上暂时达成共识，在实际操作过程中则可能是大相径庭。究其根源，是由我国的生产力发展水平、社会的主要矛盾和社会发展所处的阶段决定的。因此，当前我国协调劳资关系及其冲突的机制和手段，与西方国家的协调机制和手段将会存在较大差异，毕竟彼此所处社会发展阶段不同，且所面临的主要问题和矛盾也不同。

可见，我国协调劳资关系及其冲突的机制和手段将会具有较强的特点。同时，现阶段我国的劳资关系又面临着"时代的尴尬"。当下我们面临着社会实践结构性巨变①，全球的劳资关系总体呈现出：一方面，在资本拥有高度自由度的同时，劳动的束缚度也越来越强，劳动的自我组织能力被严重削弱，造成资本的自由化和劳动的屈服；另一方面，社会劳动体系趋于小型化、轻型化、微型化，劳动组织的组织化被严重削弱。而且在非物质劳动获得高额利润甚至是超额利润的同时，有形劳动的地位剧烈下滑，形成了劳动世界的两极分化，劳动者集体行动的能力被整体消解。

全球劳资关系的根本性变迁、我国社会转型、劳动力供过于求的状况和劳动力素质较低的结构将长期存在等因素的影响，进一步加剧了我国劳资关系及其冲突的复杂化、多样化，增加了协调的难度和差异，这些因素必然导致劳资冲突的协调呈现出艰巨性、多样化、区别化、复杂化的特征。面对复杂化、尖锐化和高发化的劳资纠纷与劳资冲突，研究化解现阶段高发的劳资纠纷的协调机制具有时代和现实的紧迫性和必要性，尤其对建设和谐社会和中国社会的长期发展和稳定具有重要的现实意义。当前，我国政府高度强调构建和谐劳资关系的重大意义，认为劳动关系是否和谐，事关广大职工和企业的切身利益，事关经济发展与社会和谐。党和国家历来高度重视构建和谐劳动关系，制定了一系列法律法规和政策措施并作出工作部署。各级党委和政府认真贯彻落实党中央和国务院的决策部署，取得了积极成效，总体保持了全国劳动关系和谐稳定。但是，我国正处于经济社会转型时期，劳动关系的主体及其利益诉求越来越多元化，劳动关系矛盾已进入凸显期和多发期，劳动争议案件居高不下，有的地方拖欠农民工工资等损害职工利益的现象仍较突出，集体停工和群体性事件时有发生，构建和谐劳动关系的任务艰巨繁重。党的十八大明确提出构建和谐劳动关系。在新的历史条件下，努力构建中国特色和谐劳动关系，是加强和创新社会管理、保障和改善民生的重要内容，是建设社会主义和谐社会的重要基础，是经济持续健康发展的

①　郑杭生、杨敏：《社会实践结构性巨变的若干新趋势—— 一种社会学的分析视角》，《社会科学》2006 年第 10 期。

重要保证，是增强党的执政基础、巩固党的执政地位的必然要求。各级党委和政府要从夺取中国特色社会主义新胜利的全局和战略高度，深刻认识构建和谐劳动关系的重大意义，切实增强责任感和使命感，把构建和谐劳动关系作为一项紧迫任务，摆在更加突出的位置，采取有力措施抓实抓好。[①] 因此，加大对劳资关系存在状况、纠纷特点、矛盾化解方式的研究显得十分重要和紧迫。然而，在我国学术界，系统研究化解劳资纠纷及其冲突机制的成果并不多见，鲜有从社会学的视角（即整体性与系统性的视角）对劳资关系及其冲突作全面探讨的，而且现有劳资问题研究中存在着一些明显的不足，如：对中国劳资冲突的变迁背景——中国社会转型的复杂性对劳资冲突化解的特殊影响和作用认识不足；社会治理创新对劳资纠纷及其冲突化解的机遇和可能探讨不够充分；对劳资纠纷及其冲突的功能认识不足，过分强调其负功能，对其正功能的估计不足，等等。

本研究力图完善这些不足，从当前中国社会转型与社会治理创新的时代与现实背景着手，具体分析是什么因素导致劳资纠纷，是什么力量决定着劳资纠纷及其冲突协调机制的选择，当前劳资纠纷最终化解的途径是什么，为什么只能采取这样一种化解途径等，对这些问题和理论进行探索和反思。从而在学理上进一步充实和深化劳资纠纷及其协调机制研究，进一步推动学术界、政府部门、企业的关注和重视，形成多方参与、更全面、更具体的研究，最终为当前劳资纠纷及其冲突的化解提供更有价值的理论支持和政策依据。

二　研究综述

（一）国外关于劳资关系及其纠纷的研究

伴随着产业革命而生的劳资关系及其冲突，一直都是资本主义社会核心的政治、经济、社会问题。在资本原始积累阶段，劳资关系及其冲突充满着对抗与血腥，劳资关系主要表现为尖锐的阶级对抗和激烈的阶级冲突。这一时期，资本家为了榨取尽可能多的剩余价值，对工人采用最残酷、最

[①] 《中共中央国务院关于构建和谐劳动关系的意见》，中国政府网，2015 年 4 月 8 日。

原始的剥削方式，工人成了机器的附属品，面对资本的残酷压榨，工人们通过砸毁机器与设备、推倒厂房等方式奋起反抗，最终形成两大阶级的对立与斗争。当资本主义进入垄断阶段，工人阶级在一大批社会主义政党领导下力量有明显的增强，此时，随着资本主义社会经济的发展和政治制度民主化的推进，资本主义国家采取建设性干预政策，通过立法的方式制定集体谈判的规则与制度，避免将劳资冲突的矛头指向政府，从而避免资本主义国家受无产阶级的暴力革命而崩溃。在进入福利资本主义阶段，西方国家通过各项社会保障制度，使社会保持了相当长时间的稳定，这一阶段劳资关系发展的总态势趋于缓和，在劳资关系领域，政府所起的作用是规范劳资双方的行为、相对平衡双方实力，劳资双方的矛盾和问题，更多地是由当事者双方依法解决。综观整个资本主义国家劳资关系及其冲突的发展脉络，政府通过各种法律、政策、制度等方式，平衡双方力量，规制双方的行为，使多方（政府、资方、劳方）都能获得稳定的经济收益，从而极力避免劳资冲突和暴力的升级，最终维持政治的稳定和避免资本主义国家私有制的崩溃。几百年的资本主义工业发展历程和资产阶级与无产阶级的斗争实践，为西方国家学者研究劳资关系及其冲突的协调机制创造了丰富的沃土，产生了大量的成果，涉及政治学、经济学、法学、社会学、历史学等几乎整个人文社会科学领域。总体来看，主要涉及以下几个方面。

1. 劳资关系理论

西方学者首先将劳资关系作了广义和狭义的区分。狭义的劳资关系指的是：针对工作场所中工作规则的制度研究；把劳资关系视为阶级冲突的一个方面，定位于当代资本主义的综合分析之上所进行的冲突研究。广义的劳资关系是工作中人们的行为和互动关系，它研究的是个人、群体、组织以及机构是如何作出规范劳资双方雇佣关系的决定的，内容包括对工人及工会、雇主及雇主协会以及规范劳资双方关系的制度的研究；对公共政策和法律框架影响雇佣劳动关系的作用的研究；对雇主与工会的权力关系以及相关的政治、经济和社会因素的研究等。在不同的历史时期所形成的西方劳资关系理论主要有：

（1）马克思主义劳资关系理论。马克思主义劳资关系理论的要义包括：第一，马克思主义劳资关系理论是对当时的英国、法国、德国等主要资本主义国家早期的劳资关系的抽象和概括。劳动和资本已成为两种主要的生产要素。相对于劳动,资本越来越成为稀缺资源。资本的积聚和集中成为经济人首选的追逐目标。整个社会经济运行形成这样一种机制:经济人—追逐资本—剥削劳动。劳资关系是一种阶级利益关系,反映的是资本家和雇佣工人之间剥削和被剥削的关系,由此决定了劳资双方必然是一种对立和对抗的关系。资本主义的发展只能增强这种对立和对抗,而不可能弱化这种关系。劳资双方经济利益对立和对抗的结果形成两大阶级——工人阶级和资产阶级,工人阶级要想改变自己的处境,必须通过暴力革命消灭雇佣劳动和私有制。第二,劳资关系是资本主义社会特有的阶级利益关系。资本主义以前的社会由于是自然经济社会,基本上没有资本生存的土壤,而在资本主义以后的社会,由于雇佣劳动被消灭,因而也不存在劳资关系问题。第三,马克思主义劳资关系理论主要是为当时的工人运动服务的。19世纪40—60年代正是欧洲工人运动风起云涌的时期,迫切需要理论指导。这种理论要揭示资本剥削和压迫劳动的秘密和经济实质,使工人明白自己所处的地位,找到在经济上受剥削、政治上受压迫的真正原因,并向他们指出推翻资本主义制度的必要性和科学性。[①] 马克思主义的劳资关系理论集中体现在《资本论》中,马克思主义的劳资关系是一种建立在生产资料基础上的具有阶级斗争性质的关系,其表现形式是雇佣劳动和剩余价值的生产,而其本质是剥削与被剥削的关系。劳资双方之间存在着不可调和的阶级矛盾,工人们只有通过工会组织起来,运用集体谈判和罢工等手段,才能减轻雇主对自己的剥削程度。

(2) 结构功能主义劳资关系理论。该理论的主要代表者是 Durkheim[②]、Woodward、Blauner 等人。结构功能主义理论又称为工业主义劳资关系理论。结构功能主义理论将资本主义社会经济的发展和性质归因于工业化进程,而不是资本主义生产资料私人所有制。该理论指出,经济社会是以成员的功能整合方式进行发展的,经济社会发展的主旋律是进步和秩序,而停滞和冲突仅仅是发展过程中的暂时现象。该理论的代表人物法国社会学

---

① 王大庆、焦建国:《劳资关系理论与西方发达国家的实践》,《经济研究参考》2003年第51期。

② 涂尔干（又译"迪尔凯姆"）关于劳资关系的观点与思想主要参见《社会分工论》中机械团结与有机团结的相关内容,〔法〕埃米尔·涂尔干:《社会分工论》,渠敬东译,三联书店2000年版。

家涂尔干认为，阶级冲突是劳动分工和从前工业社会向工业社会过渡过程中所产生的一种暂时现象，而不是资本主义社会制度本身的问题。当外部不公平现象得到减少或者解决时，社会就会从无机整体转化为有机整体，由此个人就能够在社会中建立相应的价值观和道德取向，从而认同整个社会。① 社会是以所有成员的功能整合的方式获得发展的，秩序和进步代表着经济和社会自然发展过程的主流，而冲突和停滞仅仅是局部的问题。工人在工业化进程中遇到的大多数问题，会因工业化的实现而终结，并以更加和谐的劳资关系代之。

（3）工业资本主义劳资关系理论。其主要代表人物是马克斯·韦伯，韦伯的科层制、资本主义精神等理论为劳动关系学的发展奠定了基础。该理论认为劳资冲突并非直接表现为资方与劳方的冲突，而是以劳动者与管理方之间的冲突来表现的，并按照一种已经被细致规划好了的规则和过程来进行。这种官僚制的管理手段忽视人的主动性，使劳方无法从工作中找到生活的意义和目标。

（4）20世纪80年代以来的劳资关系理论，包括Bruce Kaufam对劳资关系两种范式的分析、米歇尔·布洛维的工厂制度理论、约翰·凯利对动员理论的发展、阿兰·弗兰德斯和休·克里格的战后牛津学派理论、阿克斯的新多元理论、Piore和Safford的新控制制度理论、N. Haworth和S. Hughe的跨国劳资关系制度理论、Giles的国际政治经济研究方式的理论等。从这些研究中可以看出，劳资关系理论出现了分化。在商学院的学术派别中，用雇佣关系或者管理方—劳工关系等更宽、更具实践性的内容代替传统劳资关系的呼声很高。而在传统劳资关系研究范围内，在这个问题上则显得缓慢而犹豫。但无论怎样，管理学科在就业和工作场所领域研究的发展，在很大程度上促进了传统劳资关系的理论更新和扩展。20世纪80年代以后，结束了里根和撒切尔夫人执政时期的新自由主义政策，为劳资关系研究带来新的思想来源。这些创新的共同基点是扩大传统劳资关系的研究基础，延续马克思学派的学者强调传统理论在新时代背景下的重新认识，来自管理学院和商学院的学者用社会关系、社会身份团体等取代传统的阶级、阶层的划分。学者们还从不同的角度谈论全球化对劳资关系的影

---

① 参见江永众、章群《国外劳资关系实践、理论与启示》，《管理现代化》2010年第4期。

响,并试图以此突破传统的限制在民族国家范围内的劳资关系框架,在资本主义发展的长波中找寻解决劳资冲突的新的模式。[1]

2. 劳资关系的研究视角

劳资关系理论的研究视角主要有一元论、多元论、阶级斗争论、劳资关系系统模型以及战略选择模型等。一元论的劳资关系视角认为组织由一群具有单一权力结构、有一套共同价值、共同兴趣和共同目标的人结合而成。管理部门的智慧和决策是理性的,管理层的权力是合法的,任何反对意见都是非理智的。[2] 一元论认为冲突是一种不理性的活动,解决冲突的基本方法是基于独裁和家长专制的压制;不需要建立工会,即便接受工会也是把其作为雇主的附属,协助推行雇主的决策;组织中任何派别存在均是"病态的社会状态",集体谈判是反社会的方式等。多元论的劳资关系视角则认为组织是由众多力量均衡的利益相关者组成,任何一方都不占有主导地位,从而能够实现各种利益在某一点的均衡。多元论的核心思想是民主,劳资双方的冲突无法解决时就需要诉法律。[3] 认为由于行为的多样性和态度的差异性,劳资冲突是不可避免的且是理智的,解决劳资冲突需要建立一套各方都能接受的程序和制度,并用这些程度与制度保证各方通过谈判和妥协达成共识,当劳资冲突中没有最终权威作出最后决定时,只有不断地妥协;工会能够发挥积极的作用,它是就业组织的组成部分,不但不会造成冲突,反而可以平衡员工与管理层的利益和力量。阶级斗争论实际上是马克思主义的一种劳资关系观,其认为劳资关系是资产阶级与无产阶级之间的剥削与被剥削的关系,因而雇佣的基础是剥削和不平等。[4] 认为组成工会是工人反抗资本主义的不可避免的反应,把工会看成是平衡雇主和工人利益的合法化的工具,管理层把工会看作用工资来换取他们维持工作秩序的权利。但仅靠工会的力量是不可能改变劳资关系中资方的优势地位和争

---

① 冯同庆:《劳资关系理论考察——从对立到协商》,《江苏社会科学》2010 年第 3 期。

② 杨体仁、李丽林:《市场经济国家劳动关系——理论·制度·政策》,中国劳动社会保障出版社 2000 年版,第 20 页。

③ Julian Teicher, Peter Holland, & Richard Gough (eds), 2002, Employee Relations Management: Australia in a Global Context, Prentice Hall, p. 44.

④ 陈恕祥、杨培雷:《西方发达国家劳资关系研究》,武汉大学出版社 1998 年版,第 27—37 页。

取劳资力量的平衡的。工会和集体谈判实际上起到了支持和维持资本主义体制的作用，只有工人阶级为争取自由和平等的理念才构成了对其经济和社会体制的挑战。劳资关系系统模型①是美国学者邓洛普（Dunlop）在《产业关系系统》一书中提出的，试图建立一种一般理论来解释劳资关系中可能发生的一切现象，认为劳资关系系统是一定的行为主体、一定的环境、系统内的意识形态以及具体地规范各主体在工作场所的行为的实体性规则。行为主体分别是管理者、员工和政府；环境包括组织的技术特点，影响组织的市场和预算约束，社会权力的分配；系统内的意识形态是指在组织中存在一套普遍的信念，它们不仅决定着每个行为者的作用，而且决定着每个行为者对其他行为者的看法，只有当对有关角色的看法一致时，产业关系才是一个稳定的系统；反之，系统将不能稳定。系统中的规则随系统过程的变化而变化，同时，规则及其变化也会使劳资关系发生变化。Kochan等人认为邓洛普的劳资关系系统模型不再能够解释20世纪末美国劳资关系的变化，并在1986年提出了一种战略选择的框架模型。② 认为由于产品和劳动市场的变化使美国在1960—1980年的经济和组织结构发生了重大的变化，所以在美国的劳资关系三大主体之间已经不存在共享的意识形态。劳资关系战略选择模型包括三个层次：中间层次是集体谈判和人事政策；更高的是长期战略和决策；较低的是工作场所和个人/组织的关系。雇主、工会和政府在这三个层次都起作用。有关业务的战略选择通常由高层管理人员决定，但这些战略选择对中层的劳资关系和人力资源政策与实践以及较低层次的工作场所的实践有着重要的影响。

　　3. 劳资纠纷及其冲突的解释

　　在劳资纠纷及其冲突的原因上，马克思认为，在生产资料私有制的条件下，劳动并不是自由自觉的创造，导致劳动者的劳动同其劳动产品的异化，劳动者同其劳动活动的异化，劳动者同其劳动类本质的异化，人与人关系的异化。异化劳动、异化的劳动关系必然导致劳动冲突的产生，究其根源，生产资料的私有制决定了劳资冲突的产生。S. Adams（1965年）所

---

① John Dunlop, 1958, Industrial Relations Systems, Henry Holtand Company, New York, pp. 3 – 4.

② Kochan, T., Katz, H., & Mckersie, R., 1986, The Transformation of American Industrial Relations, Basic Books, New York, p. 12.

提出的不公平理论认为，在就业组织中，雇主和雇员之间存在一种交换关系，当雇员拿自己的"结果/投入"比率与他人的"结果/投入"比率进行比较，发现两个比率不相等时，雇员就会产生不公平感，这种不公平感将会成为雇员与雇主间发生冲突的原因。① 不仅企业劳动中的不公正会导致劳资冲突，社会中的不平等也会导致劳资冲突，"生活中的不公平和有限的机遇，特别是贫困、饥饿、疾病和危险与精英们的富足和安全共存，既造就了异化和衰退的基本条件，也造就了抵抗和破坏的基本条件"②。西方学者对劳资冲突的解释主要从生产资料私有制、劳动异化、企业中的不公正以及不平等经济与心理的角度进行，另外还有从社会的角度，如人际互动、社会行动等角度去理解劳资冲突的。可见，劳资冲突的产生是多种原因共同作用的结果，其中经济利益原因始终是劳资冲突产生的核心。

4. 劳资纠纷及其冲突的协调机制

西方学者研究劳资冲突的协调机制与调节模式主要有："投入—产出"模式、"产业关系系统"模式、"劳动过程控制"模式、"人力资源管理"模式、"社会行动"模式。③ 投入—产出模式把劳资冲突调节看作是一个将冲突转化为管理规则的过程。认为，由于技术采用、生产规模的变化、工资的变动、组织矛盾等原因，产生权力与下属的对立，这种对立的根源在于工业社会中的价值与信念的冲突，它在微观上引起企业因经济变动而产生的工资与工作安排上的冲突，不论这种冲突是显冲突还是隐冲突，都不可避免地产生劳资冲突，劳资双方针对利益冲突的相互作用成为把冲突转化为规范管理就业组织的各种规则的形成过程。通过建立并维持劳资双方形成的一系列规则，来协调劳资双方的分歧与冲突，确定双方行为的规范。Dunlop 提出了产业关系系统的概念，他力图在相对零散的目标之上创造一个建立在更广泛基础上的谈判模式；力图建立一种一般理论来解释每一种特殊规则的产生依据和劳资关系体制的其他方面对这些特殊规则的影响。

---

① R. Fogler and R. Cropanzano, 1998, Organizational Justice and Human Resource Management, Thousand Oaks: Sage Publications.

② [英] 迈克尔·普尔等主编:《人力资源管理手册》，清华大学管理学院编译，辽宁出版社1999 年版，第 526 页。

③ 杨体仁、李丽林:《市场经济国家劳动关系——理论·制度·政策》，中国劳动社会保障出版社 2000 年版，第 25—40 页。

随后，伍德改良了 Dunlop 产业关系系统，他区分了生产规则的系统（产业关系系统）与受规则控制的系统（生产系统），并拓展了 Dunlop 产业关系系统中的"环境"因素，环境应包括政治的、法律的、社会的、文化的背景和因素。劳动过程控制模式理论强调：劳资关系是剥削关系，资方控制着劳动活动所产生的剩余价值；资本的积累是一种原始冲动，要求资方降低劳动成本；生产发展要求在生产过程中建立和维持一种控制结构；劳资关系是一种对立关系，这种关系紧张到一定程度便要求在系统内以资本获利为前提尝试合作和达成协议。因此，资方应通过利用科学管理技术来剥削控制劳动力，实现资方的目的。这些科学的管理技术包括：通过从管理思想与组织战略上把雇员分为"核心"与"外围"两类，建立两种劳动市场，采取分而治之的控制方式；对劳方的控制从直接控制向雇员"责任自负"的间接控制等的转变。人力资源管理模式，是通过一整套组织要素，如领导关系、文化、沟通等软要素和人员挑选、工作再设计、绩效管理等硬要素，与另一套管理方法相结合，保证企业的生产和稳定。在具体管理方法上，它避开集体管理的方法，将重点放在充分利用劳方的潜能上，并强调个人和管理部门之间的直接关系，从而在劳方与资方之间建立一个中间地带。社会行动模式强调主体影响社会结构和创造社会环境的能力，并研究其影响方式。它认为，主体的期望决定了主体的行为、举止和关系。劳方的选择与企业需要之间的关系实际上是相互的，企业需要可能限制和改变劳方的期望，从而限制和改变劳方的行为选择，而劳方的行为选择所引起的变化将在不同程度上引起组织需要。

　　在具体的协调机制和手段上，主要包括工会以及罢工、集体谈判、三方制、契约规制和法律规制等。马克思认为应通过工人的有组织的行动去反抗资方的剥削，争取工人的利益，而这种有组织的形式即工会。马克思认为通过工会组织的罢工，能够更有效地争取工人的利益。经过近百年的工人运动和工会斗争的西方发达国家，工会的力量已经日益强大，它几乎渗透到各行各业中，工会在提高工人的工资、保证劳动权利、改善工人福利和工作条件以及维护工人的经济、社会等利益中发挥了重大的作用，工会与罢工成了改变工人不利地位、争取工人自身利益的手段，也成为协调劳资力量失衡的手段。当前，西方国家的工会发挥的作用越来越大，工会也不仅仅就工人的工资福利和劳动强度等方面表达自己的诉求，还可以在很多企业重大决策上表达工人的想法，例如收购、合并等。西方国家甚至将工会所代表的工人视为企业的一大支柱，他们的诉求必须在企业的重大决策过程中得到体现。当然，工会的核心职责是代表工人们的利益，当遭遇劳资纠纷与冲突时，通过工会与资方进行利益交涉、谈判和协商来实现工人们的集体利益，集体谈判是工会与资方达成妥协的一个重要协调手段。

集体谈判是"专门的雇主工会谈判委员会共同决定有关雇佣问题的制度化的协调谈判体系"①。韦伯夫妇在《产业民主》一书中全面论证了集体谈判的可行性，并以此作为化解劳资冲突的方式。集体谈判作为协调劳资冲突的具体手段，"有时意味着温和地解决共同的问题，以友好的协议为结果；有时意味着一种艰难的、相互猜疑的、不友好的关系，只有施加压力，采取经济威胁、罢工或闭厂之后，才能恢复理智"②。作为劳资双方之间有效的协调机制，集体谈判起到重要的作用，实际上集体谈判可以实现一个多赢的局面。对于工人来说，它是工人可资利用的团结自助和互助的重要手段，是值得依赖的保障工资、工时以及其他劳动条件的重要机制。对雇主来说，雇主不用再同每一个工人单独达成协议，从而使工资、工时、劳动条件等趋于标准化。集体谈判可以稳定工厂生产秩序，保证生产经营计划的执行，规避罢工、怠工等带来的风险损失，进而达到改进技术和提高生产效率的目的。对于政府而言，可给政府带来便利：通过鼓励劳资之间自愿的集体谈判，可以避免和规范劳资争端，降低维持社会稳定的行政成本。③ 同样，集体谈判对市场经济的健康发展也发挥着重要的作用，作为集体谈判成果的协议具有普遍约束力，单个工人或个别工会以及单个雇主或个别雇主联合会等均不能随意变更，并逐步趋于标准化，工厂之间不再以压低劳动力价格的行为来打压竞争对手，而是转向提高机械装备水平、寻求质优价廉的原料以及开拓最有利的产品市场。因此，集体谈判模式不仅能够有效地避免个人或地域的不同利益要求而引发的纠纷，而且可以限制

---

① Terry McIlwee, 2001, Collective Bargaining, European Labor Relations, Vol. 1, England, Gower, 2001, p. 15.

② ［美］丹尼尔·奎因·米尔斯:《劳工关系》，李丽林、李俊霞等译，机械工业出版社2000年版，第236页。

③ 徐聪颖、刘金源:《19世纪中后叶的英国劳资关系》，《探索与争鸣》2010年第9期。

行业内的不正当竞争行为，改善经济领域的竞争环境，促进经济健康发展。集体谈判机制实施和不断完善，在推进西方国家劳资关系从对抗向合作关系的转变中起到了关键性的作用。当然，在很大程度上，这些积极作用的发挥更多地依赖于集体谈判具体规则的制定及其实施的效果。

正如艾伦·弗兰德斯（Allan Flanders）指出的："集体谈判的双方除了就相关实质性条款进行谈判之外，还必须对一些程序性规则进行协商。……这些程序性规则起着规范解决争端行为的作用，包括第三方介入的调解和仲裁。"[①] 从资本主义社会劳资关系的协商机制和制度的推进来看，三方制的形成直接取决于政府的角色和作用。在资本主义生产方式确立之初，由于极力倡导自由竞争和自由市场经济，政府基本上处于缺位的状态，劳资纠纷及其冲突被界定为劳方与资方的事，他们要么是基于契约自由的个别化、分散化交易的雇佣双方，要么是通过工会罢工或劳资集体谈判的形式化解劳资纠纷和协调劳资关系。这一阶段，政府"守夜人"的角色得到充分体现，政府拒绝介入劳资纠纷及其冲突。直到 20 世纪初，为寻求战时国内的社会、政治、经济的稳定，资本主义国家开始干预经济活动，伴随国际劳工组织正式成立，"三方主义"开始成为市场经济国家协调劳资关系的主流意识，代表双方利益的民选政府的产生，使本身不平等的劳资双方具备了一个平等对话和协商合作的制度和环境平台。20 世纪 70 年代，以国际劳工组织第 144 号公约的通过为标志，在限制垄断经济发展的同时，以劳资对话和合作为主要途径，以公平民主为主要价值取向，以政府引导和劳资自治为主要作用方式的三方协调机制在西方社会正式形成。根据国际劳工组织 1976 年《三方协商促进实施国际劳工标准公约》的规定，三方机制是指政府（通常以劳动部门为代表）、雇主、工人之间，就制定与实施经济与社会政策而进行的所有交往和活动，即由政府、雇工组织和工会通过一定的组织机构和运作机制共同处理所有涉及劳动关系的问题，如劳动立法、经济与社会政策的制定、就业与劳动条件、工资水平、劳动标准、职业培训、社会保障、职业安全与卫生、劳动争议处理以及对产业行为的规范与防范等。对三方机制的理解可分为广义和狭义两种，广义的三方机

---

① A llan Flanders, Collective Bargaining: A Theoretical Analysis. British Journal of Industrial Relations, March, 1968, p. 139.

制是指三方共同协商在经济社会政策方面和协调劳动关系方面的所有交往和活动,狭义的三方机制则仅指协调劳动关系中的三方参与和协商机制。同时,国际劳工组织在 1978 年出台《劳工行政公约》和《劳工行政建议书》,明确界定了政府在社会对话和三方机制中的作用,强调政府只是作为中立方并不直接干预劳资关系。在国际劳工组织的理念中,政府作为"守夜人"应中立地出现在三方协调场合,协商、谈判的主角是劳资双方。事实上,如果仅就狭义的劳资关系而言,在国际劳工组织模式里,协商中的三方被设想为扮演劳资关系调整的三个角色,即劳动法规政策的制定与执行、集体谈判和劳动争议处理,其核心是集体谈判。[①]

三方制的确立和实施,发挥了政府的协调功能,防止了劳资力量和利益的过度失衡。政府的主导和协调使西方国家的劳资纠纷与劳资冲突降到一个较低的水平,尤其是暴力性和大规模的劳资冲突日益减少。建立在三方制基础上的集体谈判所形成的契约,成为劳资双方共同遵守的行为规范。显然,契约是各种谈判和协商中的重要内容,它协调劳资双方各自的权责等,成为规制劳资双方的行为的有效手段。其核心方式是通过合同来规制劳资双方行为,从而避免劳资冲突的发生。契约规制与法律规制是资本主义市场经济发展到较高水平后的产物,通过契约与法律等手段,能较好地规制劳资双方的行为,避免劳资冲突出现激化,并将劳资冲突化解在制度之中。这两种方式实际上起到的作用是将劳资双方的矛盾转移到社会制度之中,通过法律和制度加以规范。如英国的巴纳德、美国的高尔曼等学者分别介绍了欧盟、美国的有关劳资问题的法律规制。[②] 如在罢工中,没有工会组织的罢工视为非法罢工;在大多数欧盟国家,政治罢工视为非法,非雇佣关系的国家公务员、军队等不得举行罢工,公用事业的公共交通、邮电、银行等人员的罢工为非法等。可见,西方很多发达国家,将工人罢工限定在"私有领域",罢工必须通过工会组织实施,这些规制避免了非组织性罢工。将罢工对社会的冲突尽可能地限定在"私有领域",进而避免了对

---

① 王明亮、刘三林、张成科:《论劳资关系协调"三方机制"实施的社会基础及局限》,《求实》2012 年第 1 期。

② [英]巴纳德:《欧盟劳动法》,付欣译,中国法制出版社 2005 年版;[美]罗伯特·高尔曼:《劳动法基本教程》,马静等译,中国政法大学出版社 2003 年版。

"公共服务领域"的冲击和破坏。契约规制与法律规制是现代社会调节劳资纠纷与劳资冲突的最核心和最有效的手段，也是现代社会文明的体现和标志。

另外，为了促进劳资合作与关系和谐，西方国家的优秀企业从现代企业经营管理的微观层面，进行了一系列的企业制度建设方面的变革。他们提出了一些具体新型的方法，比如通过员工持股、经理层购买等方式提升劳方对企业的归属感；通过工作扩大化、工作丰富化和变换工作岗位来完善工作内容；通过改善劳动条件、工作再设计等方式提高工作生活质量。这些日常经营层面的创新，改善人力资源管理水平，提高员工满意度，协调劳资关系，营造和谐的劳资关系。总体来说，工会及其罢工、集体谈判、三方制、契约规制和法律规制等宏观设置与制度，为劳资纠纷与劳资冲突的协调与化解创造了沟通的平台与制度；企业日常经营与管理层面的"归属感"和"满足感"体验，为劳资关系的和谐创造了各种可能。这些宏观的制度、机制的设置和微观层面的工作改进，都为劳资关系的和谐以及劳资冲突的化解提供了各种保障。正因如此，当前西方发达国家大规模的、暴力的劳资纠纷与劳资冲突极少发生。

（二）国内关于劳资关系及其纠纷的研究

国内学界对再生后的中国劳资关系的研究还比较薄弱，主要集中在经济学、法学、社会学、管理学等领域。随着中国私有部门力量的不断壮大，劳资纠纷与劳资冲突不断增多、升级，劳资关系与劳资问题在20世纪90年代中后期才成为学术界研究的重点领域。国内对劳资关系及其冲突的研究主要涉及以下方面。

1. 劳资关系的理论

当前系统研究我国劳资关系的理论十分有限，较多的是涉及劳动关系领域，特别是对公有制领域劳动关系的研究，如刘元文对企业职工民主参与产生和发展的一般模式、职工代表大会、厂务公开、基层民主参与的前景等进行的研究①；刘玉方对国有企业内部进行的阶层划分以及各阶层的利

---

① 参见刘元文《相容与相悖——当代中国的职工民主参与研究》，中国劳动社会保障出版社2004年版。

益关系的分析①;冯同庆主要针对国家企业工人的社会行动作了系统描述等②。相比之下,只有少量的学者对劳资关系理论作了阐述,如常凯从劳资关系一般理论、主体、运行机制和矛盾处理等方面构建劳动关系的理论框架③;陈微波、张锡恩梳理了劳资关系的演进和特点,他们认为,马克思劳资关系理论的核心内容是劳资冲突。恩格斯注意到劳资冲突在某种条件下可以趋向缓和。新民主主义革命时期,中国共产党人提出了"劳资两利"思想。在社会主义市场经济条件下,劳资关系成为超越意识形态的普适性概念,劳资合作是马克思主义劳资关系理论在当代中国的新发展。④ 有学者认为,资本主义的劳资关系是一种阶级利益关系,反映的是资本家和雇佣工人之间剥削与被剥削的关系,由此决定了劳资双方必然是一种对立和对抗的关系。这些构成了马克思劳资关系理论的核心要义。它不仅揭示了特殊的资本主义生产方式的基本矛盾,而且揭示了一般的社会生产过程,即市场经济条件下的经济社会矛盾。只要抽去特殊的资本主义的生产方式,马克思关于劳资关系的一般性理论仍然适用于社会主义市场经济,对于构建社会主义和谐劳资关系具有重要的指导意义。⑤ 有学者用囚徒困境、序贯博弈、列昂惕夫模型和罗宾斯泰英的轮流出价模型,解释劳资双方如何在冲突与合作间选择,怎样在收益与成本间协调,以此解读社会主义市场经济条件下如何构建平等和谐的劳资关系。⑥ 有学者用劳资关系周期理论描述劳资关系的各个阶段以及每个阶段劳资关系所应关注的重点,认为劳资关系周期包括劳资双方从建立劳资关系之前到结束劳资关系后的整个时间段,劳资双方建立劳资关系之前为初期,双方建立劳资关系履行劳动合同为中期,双方解除劳资关系为末期。劳资关系本身是个动态构建的过程,随着

---

① 参见刘玉方主编《分化与协调——国有企业各职工群体及其利益关系》,社会科学文献出版社 2005 年版。

② 参见冯同庆《中国工人的命运——改革开放以来工人的社会行动》,社会科学文献出版社 2002 年版。

③ 常凯:《劳动关系学》,中国劳动社会保障出版社 2005 年版。

④ 陈微波、张锡恩:《从冲突到合作:构建社会主义和谐劳资关系的理论演进》,《西南民族大学学报》2010 年第 9 期。

⑤ 胡莹:《论马克思的劳资关系理论与构建社会主义和谐劳资关系的相向运动》,《求实》2011 年第 7 期。

⑥ 张丽琴:《市场经济中的劳资冲突与合作》,《科学社会主义》2013 年第 2 期。

双方利益的发展，呈现出周期性变化的特征，并且每一周期均呈现出相同的发展趋势，通过分析周期中每一阶段的特点，利用影响和谐劳资关系构建的关键因子建立模型，并针对模型提出构建和谐劳资关系可能产生的问题，给出企业的应对策略。① 有学者概括了劳资冲突理论的新发展，指出"劳动过程理论"从劳动控制与反抗的角度，阐述了劳资双方在劳动过程中围绕各种因素展开多重博弈；"全球化理论"从资本流通的角度，阐述了劳资冲突的时空转移与跨国联动；"国家理论"从国家维度阐述了国家制度体系、国家治理策略对劳资冲突的制约和影响；"道义经济学"从社会结构和文化心理变迁的角度对劳资冲突和劳动反抗作出了解析。② 另外，还有部分学者对西方劳资关系方面的理论作了系统的介绍和论述，如杨体仁、李丽林等对市场经济国家劳动关系及其理论的论述③；陈恕祥、杨培雷对西方发达国家劳资关系的论述④，等等。国内学者较多关注对劳资关系具体观点的介绍与论证，如程延园具体论述了集体谈判的制度⑤，认为集体谈判能够降低劳资冲突的成本，是一种有效和可能的处理劳资关系的工具与手段；郑尚元系统论证了建设中国特色罢工制度的可能性与必要性，认为只要存在劳资双方，罢工就不可避免。中国现有的罢工制度没有其相应的法律地位，这种过度规制实际是规制不足，现实中存在的罢工现象以及罢工等产业行为的不规范将会对社会造成更大的冲击。因此，必须通过建立中国特色的罢工制度，将罢工发生的频率和罢工的剧烈程度降低，使罢工制度成为协调劳资关系的一种重要环节。⑥

2. 劳资纠纷及其冲突概况

国内对劳资纠纷及其冲突概况的研究成果颇丰。主要体现在以下几个方面：

---

① 姜瑞瑞、葛玉辉：《一种劳资关系理论的新探索：劳资关系周期理论》，《经济与管理》2009 年第 5 期。

② 黄锐波：《"劳资冲突理论"的新发展：四个论域的文献综述——兼议当代中国劳资冲突研究在四个论域的对话》，《中国人力资源开发》2016 年第 10 期。

③ 参见杨体仁、李丽林《市场经济国家劳动关系——理论·制度·政策》，中国劳动社会保障出版社 2000 年版。

④ 参见陈恕祥、杨培雷《西方发达国家劳资关系研究》，武汉大学出版社 1998 年版。

⑤ 程延园：《集体谈判制度研究》，中国人民大学出版社 2004 年版。

⑥ 参见郑尚元《建立中国特色的罢工法律制度》，《战略与管理》2003 年第 3 期。

（1）当前中国劳资纠纷的系统研究。如徐小洪从历史与现实的角度，就新中国劳资关系的曲折再生和迅猛扩张、当代私营企业劳资关系的基础、劳动力产权制度变迁、私营企业劳资关系运行现状及主要问题、促进私营企业劳资和谐的对策等方面作了较全面的论述①；风笑天通过问卷调查的方式探讨了私营企业的劳资关系②。有学者对279个群体性事件进行了数据分析与总结，认为中国劳资冲突引发的群体性事件2008年后出现了较快增长，绝大多数劳资冲突都是由经济争议导致。在地区分布上，群体性事件较多集中于东部沿海经济发达地区，在外资企业中爆发的频率较高。劳资冲突处理机制以政府行政式干预为主导，缺乏企业层面的劳资集体谈判机制。造成劳资关系现状的主要因素包括刘易斯转折区间劳动力市场的变化、企业雇主的竞争策略和管理行为，以及中国劳资关系治理机制不健全。③

（2）当前中国劳资纠纷及其冲突程度的把握。如戴建中认为，当前劳资冲突一般不会有激烈的对抗，而是表现为老板解雇工人或雇工自动离去。④ 石秀印、许叶萍等以社会学的视角将当前中国的劳资冲突与马克思时代进行对比，他们指出，马克思所认为的资本主义社会的自由市场经济将不可避免地导致社会结构的演变，其主要特征是资本家与工人阶级在权力、收入方面的分化与两个阶级之间的对立，这一对立由于其不可调和性而必然导致资本主义社会的灭亡。在市场经济条件下的当代中国社会，尽管同样出现了劳方与资方在权力、收入维度上的分化，但是因中间阶层的出现而更多地呈现出"层级谱系"特征，这一多阶层的共存在一定程度上缓解了马克思时代的"二元阶级对立"。但是，由此出现的阶层间的结盟和风险转嫁会使社会底层处于不利的境地。⑤

（3）劳资纠纷及其冲突产生的原因和表现形式的探讨。游正林从组织公正的角度来理解劳资冲突产生的原因及其表现形式，他认为组织（企业）

---

① 参见徐小洪《冲突与协调——当代中国私营企业的劳资关系研究》，中国劳动社会保障出版社2004年版。

② 风笑天：《私营企业劳资关系研究》，华中理工大学出版社2000年版。

③ 周晓光、王美艳：《中国劳资冲突的现状、特征与解决措施——基于279个群体性事件的分析》，《学术研究》2015年第4期。

④ 戴建中：《我国私营企业劳资关系研究》，《北京社会科学》2001年第1期。

⑤ 石秀印、许叶萍：《市场条件下中国的阶层分化与劳资冲突——与马克思时代对比》，《学海》2005年第4期。

层次上的劳资冲突应该由雇主（资方或其代理者）负责，把雇员对这种不公正感的行为反应视为劳资冲突的表现形式。并提出了一个分析组织（企业）层次上的劳资冲突的理论框架：一是在企业内部，雇员持有一种关于雇主应该如何对待自己、自己应该从雇主那里得到哪些权益的心理契约。这些契约中的条款可以看作雇员用来判断雇主的所作所为是否公正的标准，一旦雇员觉得雇主未能履行契约条款，他们就会产生不公正感。二是这种不公正感可分为结果不公正感、程序不公正感和人际互动不公正感三个方面。三是不平则鸣，雇员的不公正感将影响他们与工作有关的行为，他们对不公正感的行为反应形式是多种多样的。四是雇员采用什么样的行为反应形式是他们进行理性选择的结果。五是随着社会、经济、政治等宏观环境的变化，雇员持有的心理契约也会不断地发生变化，他们判断公正的标准也处在不断变化与修订之中。因此，在不同的发展阶段，劳资冲突的特点（原因、表现形式、化解方法及带来的后果等）也会各不相同。[①] 李亚雄从失范的理论视角分析和解释转型期中国劳资冲突问题，他认为社会经济体制转型导致了劳动关系的巨大变化，而既有的规范不能适应劳动关系的变革，有效地调节和制约劳动关系，从而使劳资冲突问题趋于严重。当前，我国的劳资冲突主要是一种失范性的劳资冲突。[②] 有学者认为，资本和地方权力体系在制度运作实践中形成的去合法性、增大维权成本、对制度的选择性利用和弱化社会支持四种制度连接机制，造成了市场转型过程中劳资关系复杂而微妙。[③] 周建国从社会契约理论的视角切入，认为中国改革的实质内涵是从计划交易秩序向市场交易秩序的结构转型，而交易秩序的结构转型必然导致结构内部关系的转变。由于市场交易秩序条件下的企业是一个不对称的权力结构，因而企业内部雇主和雇员之间必然是一种非均衡的契约关系，这种非均衡契约关系超出合理限度是当今劳资矛盾和冲突的根源。[④]

　　（4）劳资纠纷及其冲突产生的具体原因。邵晓寅认为私营企业的劳资

①　游正林：《不平则鸣：关于劳资冲突分析的文献综述》，《学海》2005 年第 4 期。

②　李亚雄：《失范：对当前劳资冲突问题的一种解释》，《社会主义研究》2006 年第 1 期。

③　郑广怀：《伤残农民工：无法被赋权的群体》，《社会学研究》2005 年第 3 期。

④　周建国：《不对称权力结构、非均衡契约与劳资冲突》，《广东社会科学》2011 年第 1 期。

纠纷及其冲突具体表现为用工制度不规范、劳动时间过长、拖欠工资、侵犯雇工人身权益等。私营企业雇工在社会中的地位、在私营企业中的地位、供过于求的劳动力市场等原因,致使部分私企雇工的合法权益常受侵犯。①戴建中认为,引起劳资纠纷的主要原因是工资低、劳动时间过长、拖欠工资。引起劳资冲突的导火线是雇工人身和人格被伤害的现象,如遭体罚、被打、被辱骂、被限制人身自由,但主要还是物质利益冲突所导致。② 有学者认为,就业压力大,资方处于强势地位;政府监管不力,没有有效承担起应尽的责任;工人利益没有有力的表达渠道和保护机制;职工维权意识弱等是产生劳资问题的原因。③ 有学者侧重于管理者的角度来解读劳资纠纷,认为企业管理者采取"资本主义"式的劳动控制方式,强化劳动纪律,加重违纪处罚,提高劳动定额,以及克扣工资、加重剥削、不改善恶劣的劳动条件,这些是导致劳资问题的主要原因。④

(5) 劳资纠纷及其冲突中国家、企业与工会的角色。李炳安、向淑青认为政府在当前劳资关系中应扮演:劳工政策的制定者、劳工权利的保护者、劳工就业的促进者、劳动法制的践行者、劳动安全的守护神、人力资源的开发管理者、劳动基准实施的监督者、劳动争议的调停者、劳资和谐的倡导人等角色。⑤ 有学者在分析发达国家劳资关系的基础上,指出政府应该是劳动法律法规的制定者、站在公法角度上的监察者、集体谈判的协调人和劳动争议的调解者。在劳资实践过程中,做好政府角色的科学定位,并赋予劳资合理的谈判空间,提高微观企业解决内部劳动关系的能动性,增强劳动者的参与度,这是构建和谐劳资的必然选择。⑥ 冯同庆认为,针对当前劳工权益受到"超经济"侵害的现象日益突出,提出应通过企业社会责任的施行来使各方获益,企业社会责任的推进有助于改善中国的劳工权

---

① 邵晓寅:《私营企业劳资冲突的现状和对策》,《晋阳学刊》2003 年第 2 期。

② 戴建中:《我国私营企业劳资关系研究》,《北京社会科学》2001 年第 1 期。

③ 龚维斌:《我国现阶段劳资矛盾产生的原因及对策研究》,《当代世界与社会主义》2005 年第 3 期。

④ Chan, Anita and Robert Senser. China's troubled workers. Foreign Affairs, 1997, (2).

⑤ 李炳安、向淑青:《转型时期政府在劳资关系中的角色》,《中国党政干部论坛》2007 年第 6 期。

⑥ 张波:《劳资关系中政府定位的应然选择与国际借鉴》,《甘肃社会科学》2010 年第 5 期。

益状况，但这种改善是逐步的、长时段的。[①] 曹凤月认为应通过企业道德责任的建设，使企业与工人、社会等利益关系者能够和谐共生。[②] 许晓军认为，随着我国社会结构转型，要求对工会进行重新定位，将工会建设成为"工人自己的组织"，使工会组织真正成为职工的维权者。[③] 刘泰洪认为，近年来频发的劳资冲突凸显了工会与基层工人的脱节，反映了工会在国家管理制度中转型滞后的困境。这些困境主要包括工会组织的行政建制悖论、工会职能的多目标冲突、基层工会的"空壳化"、工会工作人员自身素质的制约。面对今天劳工保护的现状，中国工会必须调整传统工作模式和工作方法，积极进行自身转型。应以回归维权为中心，积极推行工会由行政性组织向社会组织的转变。可以尝试在县以上总工会逐步实现从党政系统中独立出来的改革路径，使工会回归维护劳工利益的社会组织这一建制本源。[④]

3. 劳资纠纷及其冲突的化解机制

对于当前中国社会的劳资纠纷及其冲突的化解机制的研究，不同学科作出了积极的回应。法学与政治学强调加强劳方的地位和工会组织的作用，以此化解非公有制领域的劳资冲突等；经济学认为化解纠纷及其冲突的途径是劳资双方利益博弈的过程，力量的强弱决定着化解的方式等；管理学主要从组织行为学的角度，强调用企业制度与合同进行关系管理，规制劳资双方，从而避免劳资冲突等；而社会学主要强调从整体上化解社会冲突和矛盾等。[⑤]

具体来说：第一，优化工会的职能，通过工会为工人增权，实现平衡劳资关系和化解劳资冲突的作用。设置工会组织的目的是代表工人利益和

---

① 冯同庆：《从劳工权益角度看企业社会责任在我国的发展趋势》，《当代世界与社会主义》2006 年第 3 期。

② 曹凤月：《企业道德责任论——企业与利益关系者的和谐与共生》，社会科学文献出版社2006 年版。

③ 参见许晓军《中国工会的社会责任》，中国社会科学出版社 2006 年版。

④ 刘洪泰：《劳资冲突与工会转型》，《天津社会科学》2011 年第 2 期。

⑤ 参见郑尚元《建立中国特色的罢工法律制度》，《战略与管理》2003 年第 3 期；常凯《劳权论——当代中国劳动关系的法律调整研究》，中国劳动社会保障出版社2004 年版；洪银兴《合作博弈和企业治理结构的完善》，《南京大学学报》2003 年第 3 期；李培林等《社会冲突与阶级意识：当代中国社会矛盾问题研究》，社会科学文献出版社 2005 年版。

为工人谋取福利,工会在劳资关系中应起到为工人增权的作用,它是工人组织化力量的主要来源。全国民营企业调查数据显示:工会影响劳动收入份额,工会导致企业工资率和劳动生产率的显著提升。[①] 有学者指出了当前我国工会面临的艰险困局的根源,认为工会应明确自己的社会定位,在此基础上制定自己的总体战略,在效率公平、经济发展与社会进步的进程中,突出公平,强调工人参与分享社会进步的成果,切实担负起自己在社会转型和全球化过程中的历史使命。尽管现在还不能判断中国工会能否最终成为工人权益的真正代表者和维护者,但没有人能够否认,即便在目前,工会也是针对雇主和管理层的一支不可忽视的平衡力量。[②] 中国工会的理论、法律、体制及其运行都体现了中国工会的双重性定位:既作为劳动关系主体劳动者的集体代表者、维护者,又成为劳动关系的协调者、中介者、调解者,即"协调劳动关系、维护职工权益"[③]。为了进一步发挥工会的职能,需要从立法的层面淡化工会政治团体的功能,回归工会作为"第三部门"参与社会治理的社团法人地位,赋予基层工会更多的资源和手段,提升工会参与社会公共事务的治理能力。[④] 第二,劳资纠纷的化解方案取决于劳资双方力量的博弈结果。无论劳资矛盾与冲突最终通过消极内耗与罢工反抗的非正式途径,还是通过中介协调、集体谈判和契约规制的正式化途径得以化解,均与劳资双方力量的对比、政府协调劳资关系的社会治理模式,以及社会公众的支持矢度密不可分,各方在各自利益权衡的基础上选择最佳行动方案。[⑤] 有学者认为,在劳方"集体行动权"缺失的大背景下,制度救济不仅是劳资博弈的制度基础,而且是弥补中国工会博弈能力不足的现实选择。当前,应该充分认识我国现阶段劳动关系的特征,并结合社会的客观现实,充分发挥制度救济的优势,以较小的社会成本最大限度地

---

① 魏下海、董志强、黄玖立:《工会是否改善劳动收入份额?——理论分析与来自中国民营企业的经验证据》,《经济研究》2013 年第 8 期。

② 王天林:《社会转型与工会使命——全球化背景下中国工会的艰难困局及其瓶颈突破》,《清华大学学报》2010 年第 3 期。

③ 徐小洪:《中国工会的双重角色定位》,《人文杂志》2010 年第 6 期。

④ 涂永珍:《工会组织参与社会治理的机遇、体制困境与立法完善》,《学习论坛》2015 第 8 期。

⑤ 李春立、陈彦彦:《利益权衡与力量考量的劳资冲突化解方案抉择》,《前沿》2011 年第 15 期。

维护职工的权益，并为中国和谐型劳动关系提供一种值得借鉴的劳资博弈路径。① 第三，契约规范劳资双方的行为，避免劳资纠纷的产生。有学者针对新建企业劳动合同不规范，发生纠纷难以处理，忽视社会保险和劳动安全卫生，恶性伤亡事故造成双方严重经济损失，企业主的误解致使集体合同制度不能得到落实等情况，指出新建企业必须提高认识、规范制度、依法调整劳资关系。需要规范劳动合同制度，依法确立劳资关系；规范保险保护制度，依法稳定劳资关系；规范集体合同制度，依法协调劳动关系。② 劳资关系是具有特定伦理内涵的法律关系，应通过劳动法治来规范劳资关系，即在尊重劳资双方缔约过程中的平等交易与意思自治，维护劳动契约履行中的劳资分工协作与利益共赢关系的基础上，维护劳资双方当事人的正当合法权益。在彰显劳资伦理所蕴含的价值追求与精神理念的基础上，以良法指引和规范劳资当事方行为，以善治维护劳资关系和谐与社会核心价值观念。③

在劳资纠纷及其冲突化解的具体模式选择上，学者们普遍认为应采取一种政府主导型的劳资协调模式。如夏小林认为，治理失衡的劳资关系，首先要完善"吏治"。发展企业外的区域/行业性集体谈判机制，同时也应该修改《劳动法》和配套法规的有关条款。完善劳资协调机制，既需完善政府、工会、雇主组织的职能和组织建设，也需要调整或校正存在于政府和工会某些部位中的不当目标和行为。④ 通过分析我国私营企业劳资关系的现状和我国市场经济体制发育的情况，刘颖认为，目前应建立起由政府主导型的私营企业劳资关系调整模式，并加快培育劳资双方组织，为劳资关系的调整由政府主导模式向由社会主导模式转变创造了条件。⑤ 雷云认为，当前劳资关系调节的模式应以政府为主导，以平衡劳资力量为中心，以建立和完善劳资关系调节体系作为重点，发挥工会作用为重要手段，效率与

① 任小平、许晓军：《劳资博弈：工资合约中的制度救济与工会行为》，《学术研究》2009 年第 2 期。

② 张喜亮：《规范劳动制度依法调整新建企业劳资关系》，《工会理论与实践》2000 年第 3 期。

③ 秦国荣：《劳资伦理：劳资法治运行的价值判断和秩序维护》，《社会科学战线》2015 年第 7 期。

④ 夏小林：《私营部门：劳资关系及协调机制》，《管理世界》2004 年第 6 期。

⑤ 刘颖：《构建私营企业劳资关系的协调机制研究》，《科学社会主义》2006 年第 6 期。

公平兼顾。① 秦晓静、杨云霞指出，政策主导型的劳资关系模式是一种国家统合型，它应当是企业与劳工组织在一个社会结构中所扮演的角色，由国家予以决定。在量的方面，对于企业的功能与活动范围加以界定与限制；在质的方面，通过立法予以命令或禁止。当前应当建立政府主导型劳资关系协调机制，再逐步向以非政府组织调整劳资关系为主、政府实行适当监管和裁判的机制过渡。② 在劳资关系系统中，工会、雇主和政府是三个主要主体，其中政府角色最为重要，它不仅制定劳资关系系统参与行为准则，而且还会影响雇主和工会行为。为缓解劳资冲突状况、构建和谐劳资关系，政府治理之道在于守护公平、保护弱势劳方合法权益，为劳资关系提供相应制度，加强对劳资关系协调与仲裁。③

在劳资纠纷及其冲突化解的思维上，平衡劳资双方力量成为主要的思路。有学者指出，由于劳资合作博弈需要借助第三方的力量实现平衡，国家作为公共权力的合法垄断者成为解决这一重要政治经济学问题的诉求方。国家作为第三方，主要通过制度的设定影响劳资双方的谈判力。通过增强劳资博弈未来偏好的法规、增强工人集体权利的工会制度、集体谈判制度和企业内部的民主参与制度以及增强工人事实权力的罢工制度，平衡劳资关系的力量和增强劳方谈判力。④ 有学者针对当前的一些工人罢工现象指出，我国因法律尚未赋予劳动者罢工权，劳动者在利益争议中不能采取集体行动；而在权利争议中允许劳动者采取集体行动完全有悖法治理念和法治实践。然而，基于当前劳资力量严重失衡的现状，罢工权适用"法无授权即禁止"，罢工权的行使也应限制在有限的范围内，权利争议一般不允许罢工，只有在用人单位不履行债务或者履行债务不符合约定时，劳动者依据履行抗辩权，方可集体拒绝履行工作义务。从社会法视角来看，确需赋予劳动者罢工权作为集体协商的最后压力手段以平衡劳资力量。⑤ 在劳资关系中，双方的博弈将决定劳资关系的取向，是向稳定的、合作式的方向发

① 雷云:《建立适合中国国情的劳资关系调节模式》,《云南民族大学学报》2007 年第 3 期。

② 秦晓静、杨云霞:《我国私营企业劳资关系协调机制分析》,《西北大学学报》2006 年第 3 期。

③ 杨正喜、唐鸣:《转型时期劳资冲突的政府治理》,《中南民族大学学报》2008 年第 2 期。

④ 苗红娜:《平衡谈判力:劳资冲突治理的博弈分析》,《重庆大学学报》2012 年第 1 期。

⑤ 章惠琴:《劳动者集体行动合法性辨析》,《中国政法大学学报》2016 年第 6 期。

展，还是向不稳定的、矛盾的方向发展，取决于双方力量的平衡。双方力量均衡，双方的利益、权力可能得到必要的兼顾；反之，利益、权力和责任、义务则出现不对等，双方关系出现不平等的情况。当前，要使劳资矛盾趋于缓和，劳资关系由对立转向合作，建立和谐稳定的劳资关系，就必须通过各种途径和措施改变劳资双方的力量对比，使之平衡，应将平衡劳资力量作为协调劳资关系的中心工作。①

政府主导，力量平衡是化解当前劳资纠纷及其冲突最为核心的力量和思路，基于此理念，当前，我国在劳资纠纷及其冲突化解的具体途径上，主要有"三方制""集体谈判""合同规制""法律规制"等方式。如有学者认为，走出目前劳资关系困境的关键在于建立政府、企业主组织和工会之间的"三方协商机制"，形成企业主、工人与政府之间的制度性协商平台，使劳资关系走上制度化发展的轨道，使私营经济获得健康发展的制度保障。② 有学者将"三方制"看作是市场经济条件下工业化国家通过政府、雇主和工会组织对涉及经济社会发展等重大问题进行平等协商、达成一致的一种制度。它是平衡劳资力量对比、解决社会矛盾特别是劳动争议的有效手段，是确保经济社会平稳、可持续发展的制度性安排与保障，对于维护我国劳动关系长期和谐稳定，促进我国经济社会长期平稳可持续发展，具有十分重要的作用和意义。③ 有学者指出了当前三方制存在的主要问题：（1）三方机制在建立之初就缺乏明确的规定和具体实施细则，使三方机制流于形式，导致现实无法操作的局面；（2）三方机制的层次性建设不充分，形式过于单一，导致大量的私营企业和三资企业中，几乎没有建立三方机制，以及一些地方不能迅速地建立三方机制，其多样性也不够；（3）三方机制组织人员要求缺乏弹性，导致三方机制的代表性不充分。④ 有学者认为，当前我国三方机制在协调劳动关系方面

① 雷云：《建立适合中国国情的劳资关系调节模式》，《云南民族大学学报》2007 年第 3 期。

② 胡涤非：《三方博弈下劳资关系发展的制度选择》，《社会科学家》2006 年第 5 期；唐钧：《"三方机制"：解决农民工工资问题的最佳选择》，《中国党政干部论坛》2004 年第 5 期；陈步雷：《劳动争议调解机制的构造分析与改进构想》，《中国劳动关系学院学报》2006 年第 4 期。

③ 马永堂：《国外三方协商机制及其对我国的启示与借鉴》，《中国行政管理》2012 年第 4 期。

④ 王辉：《论和谐劳动关系三方机制的构建》，《中国青年政治学院学报》2009 年第 4 期。

的实施效率还很低,作用发挥不充分,其根本原因在于该制度的跳跃式发展、相应的组织基础薄弱以及经济全球化的影响。因此,有必要在法律中细化政府介入集体协商的办法,规定介入的时机情形以及手段程度等,使政府介入劳资纠纷有法有度;必须提高三方机制的法律地位,通过严明的法律提高三方机制的实效性;加强劳资组织建设,充分发挥工会与工商联在三方机制中的作用等。[①] 有学者强调了三方机制的重要作用,三方机制与劳动合同、集体合同制度一起构成了稳定、协调和规范劳动关系的体系。三方机制需要进一步从重视工会地位、突出工会维权职能、正确处理政府和工会的关系等方面来明确定位工会角色,从而建立健全我国处理劳动关系的三方机制。[②]

当前我国工会的权力没有形成,政府偏向雇主,雇主和雇员地位不平等使劳资力量不平衡,工人权益没有保障。因此,引进集体谈判机制,扶植劳资双方的平衡能力,是保持社会协调发展、建构符合中国国情和适应全球化新型劳资关系的有效举措。同时,集体谈判能够将激烈的对抗转向在斗争中寻找利益均衡点,并认为它是建立合作型劳资关系的有效策略。[③] 有学者认为,当前我国集体谈判面临着许多问题与困难,主要包括工会组织隶属于企业,许多工会工作人员都是兼职,工会干部既要代表工人利益又要维护企业利益,形成工会代表性和独立性的问题;企业级别集体谈判的雇主角色不明,行业、区域集体谈判中的雇主组织缺位问题;谈判环节缺位,协商谈判机制尚未充分发挥作用;协议内容雷同,缺少针对性和可操作性;集体协议制度发展不平衡,一些企业和地区严重滞后[④]等问题。在集体谈判制度的运行中,造成有集体协商无集体谈判、有集体合同缺集体认同,其主要原因是政府的越位、缺位、错位。认识政府的不当位置并及时归位,是其在集体谈判中合理定位并发挥作

---

① 王潇:《我国三方机制的效率问题及其原因剖析》,《中国人力资源开发》2013 年第 23 期。

② 陈晓宁:《论三方机制下工会的角色定位》,《中国劳动关系学院学报》2010 年第 5 期。

③ 周长城等:《集体谈判:建立合作型劳资关系的有效战略》,《社会科学研究》2004 年第 4 期。

④ 程延园:《集体谈判制度在我国面临的问题及其解决》,《中国人民大学学院》2004 年第 2 期。

用的前提和关键。① 有学者指出，应通过完善企业集体谈判的系统立法，培育企业集体谈判的参与主体，把握企业集体谈判的核心内容，以及构建企业集体谈判的监督机制等途径，优化企业集体谈判制度的路径。② 由于我国集体谈判在实施中存在着工会主体的独立性不强、集体谈判的推进动力倒置、对"谈判"的独立价值认识不足等问题，致使集体谈判对劳资冲突的治理效果并不理想。为此，应该通过完善集体谈判的运作机制，健全集体谈判的利益表达机制，建立集体谈判的约束机制，构建集体谈判的救济机制等途径来完善集体谈判制度。③

劳动关系契约化是当前我国劳动关系的基本特点。劳动合同能够规制和平衡劳动关系双方的利益，决定着诸多争论问题的解决方式和最终结果。有数据显示：劳动合同对保护劳动者权益产生了积极影响，特别是对养老保险的参保率影响较大，合同签订者的参保率明显高于未签订者；影响到劳动者对各项权益的主观感受，合同签订者更倾向于认为，劳动合同法实施后，劳动者权益保护比以前更好。④ 与其他机制相比，在有利原则的前提下，劳动合同在确定劳动关系内容上具有功能和效力上的优先性；若动态地理解劳动合同，则劳动合同也可以适应劳动关系持续发展的需要。在劳动关系的终止上，劳动合同也可用以安排劳动关系的终止。⑤ 当然，劳动合同的实施过程中，也出现了一些问题，尤其是劳动规章制度与劳动合同之效力的冲突。有学者指出，不应对劳动者通过参与协商便可形成合法、合理的劳动规章制度抱有过高的立法实效期待。如果我们确立劳动规章制度效力高于劳动合同的地位，放任劳动合同效力遭受劳动规章制度的侵蚀，则势必造成与劳动合同立法目的的抵触。……除非劳动规章制度的内容比劳动合同对劳动者更为有利，我国应坚持劳动合同效力优先于劳动规章制度的立场。⑥ 在劳资关系中，为了最大化地发挥劳动合同的效用，劳动合同制度应着力于同集体合同制度、

① 艾琳：《集体谈判中政府侵权现象研究》，《江汉论坛》2014 年第 3 期。
② 王越乙：《企业集体谈判制度的困境及其优化路径》，《管理世界》2014 年第 10 期。
③ 刘泰洪：《我国劳动关系"集体谈判"的困境与完善》，《理论与改革》2011 年第 2 期。
④ 徐道稳：《劳动合同签订及其权益保护效应研究——基于上海等九城市调查》，《河北法学》2011 年第 7 期。
⑤ 沈建峰：《论劳动合同在劳动关系协调中的地位》，《法学》2016 年第 9 期。
⑥ 胡立峰：《劳动规章制度与劳动合同之效力冲突》，《法学》2008 年第 11 期。

职工代表大会制度、劳动关系三方协商机制、劳动争议处理制度以及监督检查的有效结合,通过与其他劳动法律制度衔接配套,以期使劳动法律制度体系对规范和协调劳动关系产生整体功效。①

在劳资争议、纠纷与劳资冲突中,法律、法规是化解劳资矛盾的重要途径。当前,我国已经建立了劳动基准制度、劳动合同制度,并逐步探索出一条具有中国特色的面向未来的能够有效平衡各方利益的发展道路,实现了对劳动者诚实劳动的保护,并为建立和谐劳动关系奠定了坚实基础。② 在知识经济时代和经济全球化的条件下,生产组织的结构和文化发生了很大的变化,劳动合同立法必须适应新的社会环境,采取有效措施,寻求管制与促进的平衡,促进劳动关系的和谐发展。③ 有学者认为,我们需遵循市场经济社会处理劳资纠纷和劳资冲突的一般规则,要防患于未然,通过健全和加强劳动立法、劳动执法和劳动司法,来实现劳工权利的保护,平衡和稳定劳资关系,以减少劳动争议,预防和消解劳资纠纷及其冲突;在劳动争议或劳资冲突发生的情况下,通过法律规范和法律手段,使其能够公正、有序的解决,以保障社会秩序和社会安全。④ 有学者指出,面对金融危机中涌现的大量劳动争议,基层法院建立了劳动争议司法提前介入制度,尽管对解决劳动争议、缓解企业压力起到了一定的作用,但是对其导致的消极后果和溢出效应应当保持足够的警惕。由于法律相对社会情境的滞后性,法院确有必要以积极和能动的方式回应社会需求,但是无论如何,法院都要以"司法"的方式,而不是行政或立法的方式来回应不断变化的社会情境。⑤ 由于我国建立法治的途径存在着依赖法律信仰的现象,法律与社会的沟通却没有引起足够的重视,大量的理论混乱和一系列错误观念造成法缺乏现实性、可行性、

---

① 李德全:《规范和协商劳动关系要求劳动合同制度应与其他法律制度衔接配套》,《中国劳动关系学院学报》2008 年第 1 期。

② 彭杰:《论我国劳动立法的思想与实践》,《中国劳动关系学院学报》2014 年第 4 期。

③ 程延园:《劳动合同立法:寻求管制与促进的平衡》,《中国人民大学学报》2006 年第 5 期;杨鹏飞:《新合作主义能否整合中国的劳资关系?》,《社会科学》2006 年第 8 期。

④ 常凯:《劳资冲突处理法制化:构建和谐劳动关系中一项急迫的政治任务》,《中国党政干部论坛》2006 年第 12 期。

⑤ 徐道稳:《地方法院司法能动的社会效果研究——以劳动合同法的实施为例》,《河北法学》2013 年第 4 期。

合理性与正当性。[①] 我国的劳动立法在不断取得进展的同时，法律被规避的现象十分突出。由于劳资关系是利益和权利兼有的关系，将劳动者诉求引入"利益规范的法律"来协调；由于劳动者诉求涉及的是"三方"关系，却要被限制在"劳资两方的法律"中来争斗；由于劳动者诉求有些可以在现行法律中得到的支持，却要被误延等待"未来理想法律"来实现等现象和问题，都需要进行校正。因此，劳动者在劳动关系中具有能动性，劳动立法不能仅仅依赖法律信仰，而应致力于法与劳动者诉求的沟通。[②] 总的来说，劳动立法有力地调整了我国的劳动关系，在促进经济发展和全面建设小康社会中发挥了其应有的作用。[③]

---

① 范愉：《法律信仰批判》，《当代法学》2008 年第 1 期。

② 冯同庆：《劳动立法、劳动者组织模式与劳动者状况改善之路径——回溯、比较及其引出的策略思考》，《中国劳动关系学院学报》2011 年第 2 期。

③ 关怀：《改革开放三十年劳动立法的回顾与展望》，《法学杂志》2009 年第 2 期。

第 二 章

研究的理论视角与方法论依据

涉及劳资关系、劳资纠纷及其冲突研究的理论众多，选取几个核心的理论对该研究的分析与深入至关重要。基于本研究的目的、手段与过程，本研究涉及的分析理论有冲突理论、行动理论、资本理论、博弈论等。

一　理论视角

（一）冲突理论

科塞《社会冲突的功能》（1956 年）的问世，直接导致美国 20 世纪 50 年代新的社会学理论——冲突理论的兴盛。随后的达伦多夫、柯林斯等分别提出了新的社会冲突理论，为美国 20 世纪 60 年代后社会学理论多元化发展和理论重建注入了新的活跃因素。总体来看，社会冲突理论与本研究相关的内容有以下几个方面。

1. 冲突产生的背景与原因

科塞认为，任何冲突的原因存在于社会结构之中，社会结构虽然包含着和谐与不和谐两方面的因素，但从总的趋向来说，社会结构是处于不协调和不平衡的状态之中。社会结构的不平衡性就是社会冲突的根源之一。另外，他也认为处于不同社会阶层和社会地位的行动者对其利益和社会整体结构的不同态度也是产生社会冲突的社会原因。齐美尔在其著作《冲突论》中认为，冲突是普遍存在和不可避免的，它不仅是利益的反映，而且是敌对本能的反映。达伦多夫认为，"关于冲突的社会学理论……对工人与雇主之间的冲突进行描述是很重要的；但更重要的是要证明，这样的冲突是以特定的社会结构安排为基础的，因此只要这种社会结构存在，冲突就一定会产生。"① 社会冲突论通常认为冲突是普遍的，它存在于社会结构之中，是不可避免的。

在冲突产生的具体原因上，科塞认为，当出现疏导不满的渠道不足或不畅通和向优势地位的社会流动率很低的情况，不平等系统中被统治者对现存的稀缺资源分配的合法性提出质疑时，更有可能发生冲突；当被统治者的社会化经验在形成自我约束方面和统治者针对与被统治者的外在约束等失败的情况发生，被统治者的相对剥夺感与不公正感上升时，更有可能发生与统治者的冲突。如果群体在现实问题上卷入了冲突，他们更有可能寻求在现实利益的手段上达成妥协，这样，冲突不更具有暴力性；如果群体在非现实问题上卷入了冲突，情感唤起与卷入的程度更高，特别是在冲突涉及核心价值观或冲突持续一段时间时，冲突更具有暴力性；如果社会单位之间的功能相互依赖程度较低，吸收冲突与紧张的制度化手段难以实现，冲突更具有暴力性。② 可见，在组织内，疏导渠道的不足或不畅通、向上流动的机会减少、各种规制的失效、相对剥夺感的加强、不公正感增多、价值观的差异等因素都会导致社会冲突的产生。同时，当冲突涉及核心价值观，制度化手段失效、调节中介及其能力和权威的缺失等因素将会导致冲突程度倾向于激烈和暴力化。

2. 冲突的进程

科塞认为，当冲突中各方不能理解其对手胜利与失败的象征意义，当冲突中各方的冲突目标具有扩展性，当冲突各方在冲突目标上的共识程度低时，冲突的过程仍将持续下去。当冲突群体之间的力量相等，当冲突中获得胜利与失败的指标明确，当冲突各方的领袖人物意识到完全实现冲突目标需要付出高额代价时，冲突的过程将会缩短。即各方领袖人物将会考虑尽早结束冲突。当冲突各方内部整合程度高且权力集中时，

---

① ［美］玛格丽特·波洛玛：《当代社会学理论》，孙立平译，华夏出版社 1989 年版，第95 页。

② 参见［美］乔纳森·特纳《社会学理论的结构》，邱泽奇等译，华夏出版社 2001 年版，第 179—180 页。

领袖人物将能够具有较强能力说服其群体内其他成员,将冲突过程缩短甚至结束。因此,科塞认为,冲突双方内部的整合程度和权力集中程度、冲突双方力量的平衡、实现冲突目标的代价、冲突双方达成冲突目标的共识程度、冲突双方领袖人物的能力等因素将会直接影响冲突的进程。

3. 冲突的作用

马克思认为冲突最终会演变成为革命性或者暴力性的,并导致体系的结构性变迁,然而,齐美尔倾向于分析积极的现象——提高团结、整合,产生常规变迁的不激烈的冲突。他认为,在存在高度相互依赖性的体系中,激烈程度低、频率高的冲突,不会必然激化并导致剧烈的社会变迁,这些冲突反而释放了紧张并变得正常,从而提高了系统的稳定性。同样,科塞在《社会冲突的功能》一书中指出:"我们所关心的是社会冲突的正功能,而不是它的反功能,也就是说,关心的是社会冲突增强特定社会关系或群体的适应和调适能力的结果,而不是降低这种能力的结果。"[①] 尽管科塞也指出冲突将导致社会结构破裂的可能性,但其目的是为了说明结构破裂在社会变迁过程中的不可避免性及其过渡性质,可见,科塞的倾向是结构破裂后对结构重建的必要性,强调的是冲突的整合功能。

4. 冲突的化解

齐美尔认为,当冲突双方各自的利益越明确,他们的目标就越清晰和集中,他们实现目标的手段就较少具有暴力性,他们较多地使用讨价还价与妥协的手段去实现各自的客观目标。在齐美尔看来,讨价还价与妥协可以作为化解冲突和避免暴力行动的较好的手段与方式。西梅尔(Goerg Simmel)在《论争斗》(1908 年)一书中指出:凡是为人们发表不同意见和公开地解决冲突机会的那种社会关系,总是会避免由长期的仇恨所积累而产生的各种带破坏性的危险,同时也尽可能减少对敌对力量进行持续性的镇压。即只要给予人民直接表达他们的不满和不同意的机会,就会使冲突的强度减少,不至于使这样的不满积累到更高的程度直到爆发剧烈冲突而非镇压不可。在科塞看来,解决冲突机会的社会关系是"安全阀制度",敌对情绪和不满就像锅炉里的过量蒸汽,它们可以

---

① 〔美〕L. 科塞:《社会冲突的功能》,孙立平译,华夏出版社 1989 年版,前言。

通过安全阀排出而不会导致爆炸。安全阀制度实质指的是在不毁坏结构的前提下，使敌对的情绪得以释放出来以维持社会整合的制度。安全阀制度作为一种社会安全机制，是科塞化解冲突的手段与机制。它表明在一个开放的社会结构或现代社会中，通过镇压、压制等粗暴方法只会招致更大、更剧烈的冲突，采取制度化的方式将会有效地避免和化解冲突。

　　然而，柯林斯认为，冲突并不意味着单纯的对立斗争，它始终包含着对立、争论、协调、交换意见、沟通、对话、建立关系和调整关系的一系列过程。① 柯林斯一方面采用经济学的观点观察社会冲突，另一方面也将社会冲突理论运用到经济的交易活动之中。通过对经济交易活动中议价过程的分析，提出以经济交易活动模式（即以不断地进行讨价还价的方式进行协商、妥协和让步）作为化解社会冲突的方案。

（二）行动理论

　　韦伯认为，"社会行为（包括不为或容忍）可能是以其他人过去的、当前的或未来所期待的举止为取向（复仇从前的进攻、抵御当前的进攻、对未来进攻的防卫措施）。'其他人'可能是单个个人和熟人，或者人数不定的很多人和完全不认识的人。"② 韦伯指出："纯粹的'模仿'他人的行为，如果仅仅是反应性的，不发生自己的行为以他人的行为为取向，那么在概念上也不特别的是'社会行为'。"③ 因此，韦伯所指的社会行动必须有针对他人的主观动机，即社会行动是一种有意义的行为。同时，韦伯通过对行动是否合理以及合理性的程度，将行动分为："（1）目的合乎理性的，即通过对外界事物的情况和其他人的举止的期待，并利用这种期待作为'条件'或者作为'手段'，以期实现自己合乎理性所争取和考虑的作为成果的目的；（2）价值合乎理性的，即通过有意识地对一个特定的举止的——伦理的、美学的、宗教的或作任何其他阐释的——无条件的固有价值的纯粹信仰，不管是否取得成就；（3）情绪的，尤其是

---

① 转引自高宣扬《当代社会理论》，中国人民大学出版社 2005 年版，第 982 页。
② ［德］马克斯·韦伯：《经济与社会》，林荣远译，商务印书馆 1998 年版，第 54 页。
③ 同上书，第 55 页。

感情的,即由现时的情绪或感情状况;(4)传统的,由约定俗成的习惯。"①目的合理性与价值合理性是韦伯从目的与手段的角度对社会行动所做的区分,对于经济行动,他从形式与内容的角度,将其分为形式合理性与实质合理性。他认为在一个经济系统内,如果所有的行动都可以用量来表示,即能够被计算并尽可能以货币单位这一形式来表示,那么这些行动在形式上是合理的,即属于形式合理的经济行动,其合理性的程度由计算的可运用程度决定。实质合理性是通过一种以经济为取向的社会行动方式,根据某些价值的,如伦理的、政治的、功利主义的、享乐主义的、等级的、平均主义的或某些其他的要求,向现存的人或群体供应产品。其合理性的程度与产品的实际分配以及被提供产品的人群的范围有关。

　　帕森斯用"单元行动"的概念来描述"手段—目的"的社会行动的概念框架,他认为,每一个单位行动在逻辑上包含有:"(1)一个当事人,即'行动者';(2)为了说明起见,这个行动必须有个'目的',即该行动过程所指向的未来事态;(3)该项行动必然在一种'处境'内开始,其发展趋势在一个或几个重要方面不同于该行动所指向的事态即目的。这种处境又可分两类成分:一类是行动者所不能控制的,就是说不能根据自己的目的加以改变或者防止它们被改变;另一类是行动者能够控制的。第一类可以叫做行动的'条件';第二类可以叫做行动的'手段'。最后,(4)这个单位在用于分析时,它的概念内在地包含着这些成分之间某种形式的关系。也就是说,只要该处境允许对于达到目的的手段有所选择,在那种选择中存在着行动的一种'规范性取向'。"②帕森斯的"单元行动"的主要要素包括:行动者、目的、手段、条件和规范。通常,人们的社会行动总会带有目的性,而其目标的实现离不开一定的手段与条件,同时所有社会行动都受一定行为规范的制约。对此行动模式,可用图2-1表示。③

---

①　[德]马克斯·韦伯:《经济与社会》,林荣远译,商务印书馆1998年版,第56页。

②　[美]T.帕森斯:《社会行动的结构》,张明德等译,译林出版社2003年版,第50页。

③　转引自侯钧生主编《西方社会学理论教程》,南开大学出版社2001年版,第142页。

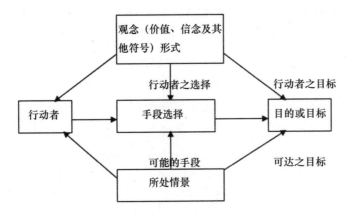

图 2-1 社会行动的要素

图 2-1 形象地描述了帕森斯的社会行动要素、过程与模式。在行动模式中，帕森斯给了行动者较多的"行动权力"，即行动者对行动方案的选择。随后，帕森斯倒向了决定论，强调行动不取决于行动者的主观选择，而受制于客观性社会结构因素，但是，如果放大"情景"因素，其行动模式似乎已经包含了主观与客观因素的结合，能够动用于解释社会生活中的一般行动。

如果说韦伯的社会行动理论道出了行动的内涵与行动的分类，帕森斯道出了行动的要素与模式的话，那么，科尔曼则运用经济中的合理性的观点道出了社会行动的原因。科尔曼认为："本书将借用经济学中'合理性'这一概念。在经济理论中，这一概念构成了理性行动者的基础。这一概念的含义是指对行动者而言，不同的行动（在某些情况下是不同的商品）有不同的'效益'，而行动者的行动原则可以表述为最大限度地获取效益。"① 特纳认为，理性选择理论主要假设有：（1）人类的行动是有目的的，并受目标指引。（2）人类有一系列的等级性的偏好或效用；（3）在选择行为路线时，人们通常对以下要素进行理性选择：替代性行为路线的效用参照于偏好等级体系；在已知效用意义上，每一替代性手段的成本；效用最大化的最佳方法。（4）社会现象——社会结构、集体

① ［美］詹姆斯·S. 科尔曼：《社会理论的基础》，邓方译，社会科学文献出版社 1999 年版，第 18 页。

决策与集体行为——从根本上来讲,是效用最大化的个人的理性选择结果。(5)从理性选择中产生的社会现象,构成后来的理性选择的参数,体现在个人决策时所要考虑的如下方面:资源在个人中的分配;各种行为路线的机会分配;在某一情境中规范与义务的分配与本质。①

韦伯、帕森斯、科尔曼等人对行动的"合理化"分析,在吉登斯看来,任何行动者,只有拥有足够的行动能力,通常都可以找出在他看来行动合理的理由,而这些理由并不一定是从高度严谨的理论论证的角度分析出来,也即合理性是任何有行动能力的行动者都能找到的借口。因此,吉登斯对行动者的研究更加关注行动者的"反思性"的控制意识。他认为,反思性的控制意识不只是连续地在行动者主体的行动流程中起控制作用,而且表现出对相关的他人的行动的各种期待性的意识。在行动过程中,反思性的控制意识对于调整行动者主体与客体、自我与他人以及内在精神世界同外在客观世界的关系都具有决定性的意义。② 由于反思性的控制意识在不断地调整行动过程中个人与他人的关系,并使这种关系尽可能朝着有利于实现本人行动的方向发展。因此,吉登斯所认为的社会行动并非一次性完结,而是具有重复性、修正性、持续性与互动性。在很大程度上,吉登斯的观点完善了帕森斯的社会行动模式。

同时,吉登斯对帕森斯社会行动的要素"情景"有着新的认识,他认为行动者在行动时,利用了丰富多样的行动"情景"下的规则与资源,即"结构"。吉登斯认为结构被反复不断地组织起来,除了记忆痕迹的具体体现和协调作用之外,还超越了时空的限制,其特点是"主体不在场"。③ 结构是行动的条件媒介,它一方面构成了行动的使动性,另一方面却又成为行动的制约性。结构并非纯外在于个人的行动,结构作为记忆痕迹而指导行动者的行为,同时,再生产结构和促成行动的条件,结构只有通过行动才能在时空里展现出来,结构是行动者行动所产生的意外后果。

---

① 参见[美]乔纳森·特纳《社会学理论的结构》,邱泽奇等译,华夏出版社 2001 年版,第 319 页。

② 高宣扬:《当代社会理论》,中国人民大学出版社 2005 年版,第 889 页。

③ [英]安东尼·吉登斯:《社会的构成》,李康、李猛译,三联书店 1998 年版,第 89 页。

　　总体来说，帕森斯的社会行动模式指明了行动目标达成的一个过程，然而，他的行动模式并没有说明为什么行动者之目标、行动者可达成目标之间的差别与差距，即为什么不同的行动者达成行动目标会存在差异。同时，行动者的手段选择为什么仅仅只是观念、情景等因素，而忽视了行动者采取行动所针对的对应方的作用，可见，帕森斯的行动模式是对行动的静态描述，而对社会行动的动态过程是什么缺乏解释。科尔曼等人的理性选择理论尽管描述了行动者的资源，如："行动者控制的并且利用在其中的资源（直接或间接的利益），种类繁多，……将使用物品、资源和事件，代表一般意义上行动者控制的并有自身利益在其中的'资源'。……资源从性质上看有所区别。这些性质对行动系统具有重要影响，它们是：可分割性、可转让性、可保留性、即时交付性以及无外在性。"① 并且说明社会行动是为了获得最大化的效用，但是，并没有指出怎样才能获得最大化效用的问题。同样，尽管吉登斯对行动者的能动性、行动者的"反思性"、行动与结构之间的互构性等问题进行了深入描述，但是，他并没有揭示是什么原因促使行动者对自身及其行动进行反思，是行动失败？是行动受限？还是"记忆痕迹"的驱动？

　　因而，本书在对劳资冲突中各方的行动进行分析时，行动理论并不能作出充分的解释，还必须辅以其他理论和观点弥补行动理论中的一些不足之处。当然所用到的行动理论之外的理论也不能穷尽本书中出现的劳资冲突各方相关行动的内容，但是，出于分析的需要，至少下列理论——社会资本论与博弈论是分析所必要的。

（三）社会资本论

　　不同行动者自身的行动资源是有差异的，资源决定着行动者的行动目标是否能够达成以及其目标达成的程度如何，这些资源实际上构成了行动者的"资本"。社会行动者可拥有的资本是多种多样的，资本使行动者能够控制自己的命运和别人的命运，布迪厄将资本分为四种类型：（1）经济资本，由生产的不同因素、经济财产、各种收入及各种经济利益所

---

① ［美］詹姆斯·S. 科尔曼：《社会理论的基础》，邓方译，社会科学文献出版社1999年版，第41页。

组成;(2)文化资本,涉及各种正统知识,由被归并化的形式、客观化的形式和制度化的形式组成;(3)社会资本,是借助于所占有的持续性社会关系网而把握的社会资源或财富;(4)象征性资本,是用以表示礼仪活动、声誉或威信的积累策略等象征性现象。[①] 对于行动者来说,重要的问题,不只是在于这些行动者手中掌握多少已有的现成资本,而是在于如何面对"场域"所呈现的行动者之间的相互关系网络,如何把握在这些网络中的不同社会地位的行动者的资本走向,如何调动行动者手中所掌握的资本,这在很大程度上涉及行动者行动策略的问题。行动者拥有资本的多少、资本转化能力的强弱、行动策略的运用是否恰当等因素,决定行动者行动目标是否能够达成以及目标达成的程度。可见,资本影响甚至决定着行动者行动的成功与否。

(四) 博弈论

行动者在行动过程中,究竟运用什么样的策略,通常情况下并非由行动者一方所决定,而不管行动者拥有多少绝对的或垄断的资本。正如科尔曼所言:"蕴含某些行动者利益的事件,部分或全部处于其他行动者的控制之下。行动者为了实现各自利益,相互进行各种交换,甚至于转让对资源的控制,其结果,形成了持续存在的社会关系。"[②] 可见,对行动各方而言,无论是支配者还是被支配者,都是拥有权力的,支配者有行动支配的权力,而被支配者有不被支配的权力,权力是相互的,行动的过程在多数情况下是互相让渡部分资源控制的结果。而行动者双方让渡资源和权利的多少却是一个经济学上的范畴——博弈的结果。博弈论依赖的基本假设是行动者行为的结果高度依赖于其他行动者的行动与反应,而这些行动与反应不确定且易变。因为这些原因,策略之于结果,有独立于无所不在的市场条件的作用。博弈论的基本理论是在水平相当的二人博弈中,局中人有一系列策略可供选择,从理论上讲,每一个对局者至少会获得一次和棋的结果。当水平相当的对局者遵循最小最大策

---

① 高宣扬:《布迪厄的社会理论》,同济大学出版社 2004 年版,第 148—153 页。

② [美] 乔纳森·特纳:《社会学理论的结构》,邱泽奇等译,华夏出版社 2001 年版,第 351 页。

略（最大化自己得分的条件下，最小化对手的得分条件）时，和棋就会发生。在现实生活中，少有上述简单的情境，更多是博弈中的对局者水平并不相当，限制条件的变化与他人行动的不确定性，意味着最明智的行动路线可能不是最小最大策略，而是表面上不那么理性的最大最小策略，以避免最糟糕的结果。

二 方法论依据

（一）敏感问题研究的尴尬

本研究试图以定量研究与定性研究结合的方法研究当前劳资关系及其冲突的问题，研究一开始就遇到始料未及的困难。定量研究要求研究者用规范化的科学的方法从抽样框中选定调查的对象。在现实的研究中，像企业这种经济组织，并非零散的个人，按惯例进行抽样是较易办到的，然而一旦涉及敏感问题，似乎就是另一回事了。但是在通常情况下，对敏感问题的调查，要做到科学抽样必须由权力部门来承担，也就是说应该由具有权力性资源的部门与机构来完成，这样才能使规范化的调查得以开展。然而，笔者的研究不具备这样的优越条件和资源。因此，随之而来出现了理想状态下的抽样科学性与现实条件下的抽样随机性的尴尬。

研究样本的选择和确定，更多是笔者"托熟人，找关系"中选定的，尽管与最初设定的三家民营企业、三家三资企业，其中，大型、中型、小型的企业各两家的计划存在一定的差距，但总体上还算是"凑足"了样本数量。因此，从严格意义上说，这种带有明显非随机性特征的抽样调查并非规范化的定量研究的逻辑，事实上很多研究也难以严格地按照概率抽样的方式来确定调查对象，即使能够在调查对象环节做到概率抽样，但是在最终的具体样本的确定中，由于多种因素的影响，也无法保证严格遵循概率抽样的原则，或多或少会出现一定的偏差。有学者认为，"应该注意到这样一种矛盾现象，社会学研究方法的规范化在一般原理上、基本程序上以及具体方法技术上对研究者所提出的要求，往往是一种理想的状态，而社会学研究者在实际研究中对各种方法的具体应用则往往是现实的。……因此，有必要认真探讨各种社会学研究方式和方法在中国社会和文化环境中的适用性和局限性,探讨它们在中国人心理上所可能产生的各种反应,并在此基础上对研究方法进行调整、改进和创造,使之能更好地接近中国社会的现实、接近中国人的社会生活和心理世界。"①

这样的资料收集方式直接产生的问题是样本代表性与结论的推广性的问题,样本选定的非随机性决定了样本只具有有限的代表性,这又与定量研究所要求的"从样本推广到整体"的方法论目的相悖。这种非随机选定的样本决定了研究结论的适应范围的有限性,不具有规范化"定量"研究所得出结论具有广义的"一般化"的推广意义,也不具有"定性"研究所得出结论的深度。可见,这种放大了个案数的样本,所得出的结论将是介于个案研究结论与"一般化"结论之间的中间状态。

本研究涉及的是劳资关系、劳资纠纷及其冲突,当前的情况是劳方处于明显的劣势,从学术研究的价值观照与人文关怀上应是为处于弱势的劳方争取话语权。但实际调查的决定性开展因素却取决于资方的默许,因为没有资方的许可,本研究连最起码的资料收集都存在问题,这将使研究的价值初衷不得不打折扣。同时,本研究的主题是劳资纠纷及其冲突的协调机制。因此,研究的价值观照上必须进行现实的中立,研究者更多地应扮演"中介者""调停者"与"协调者"的身份与角色,以不偏不倚的态度去探讨矛盾的解决途径。

在方法选择上所面临的一系列的尴尬,主要来自所研究主题的敏感性,而本来不应是敏感问题的"问题"却有着当前我国社会转型利益对立的深层原因。由于研究者不拥有动用"权力"资源的优势,本研究只能也只好采用这种少量的非随机性的样本开展研究。只好以"研究方法本身并不存在'对'与'不对'、'好'与'不好'之分,只有与研究的问题以及研究过程中其他因素相联系时才可能衡量其是否'适宜'"②来聊以自慰。这也许是笔者不得已而为之的办法,也是现实条件下决定的"适宜"的办法。本研究试图通过规范化的定量分析,研究选定样本的情

---

① 风笑天:《社会学研究方法:走向规范化和本土化所面临的任务》,《华中师范大学学报》2005年第6期。

② 陈向明:《质的研究方法与社会科学研究》,教育科学出版社2000年版,前言第2页。

况，同时通过对这些样本中的部分"劳方"与"资方"进行深入的结构性访谈，试图将问卷调查与结构访谈结合起来，将数量与定性资料结合起来，以期用多种方法的结合与综合运用来尽可能地弥补因研究主题敏感性的尴尬所导致的研究方法上的困境，从而拓展研究结论的"一般化"和"深度"的价值与意义。

（二）具体研究方法

任何一项研究都离不开具体的操作手段与方法，所选择方法的适宜性与多样性将影响研究结论的科学性和解释性。对于本研究而言，在实际的操作和运用过程中，主要运用的社会学研究方法有下列几种：

1. 质性研究方法。本书涉及的质性研究方法有：（1）文献法。通过对当前劳资关系、劳资纠纷及其冲突的文献资料的收集与分析，将当前劳资关系及其纠纷的研究现状进行理论分类，即对劳资关系及其纠纷产生的原因、特征、化解的机制等内容进行理论抽象和概括，从而把握当前研究的进展与存在的问题和不足，进而选定本研究的视角、内容与方法，为本研究的开展积累理论基础和为本研究创新性的确立寻求切入点。（2）个案访谈法。通过对雇员与雇主的深入访谈，掌握劳资关系及其纠纷的现实状况，寻求最合适的协调途径的感性与理性的依据，使研究得以丰满。本研究对研究的五个个案中的多名雇员与雇主进行了结构式的访谈，获得了一些研究资料，并与定量收集到的资料进行了相互检验，确保资料的可信度与真实性，从而为比较研究奠定基础。（3）比较法。通过对收集到的资料进行分析，比较是什么因素，如企业类型（传统企业与现代企业）、企业规模（大型、中型与小型）、雇员结构、雇主素质、企业福利、企业关系（雇员与雇员关系、雇员与雇主关系）、企业生活内容、企业劳资关系与冲突的现状等进行广泛的比较，进而分析是什么因素、什么原因、在多大程度上影响和决定着劳资关系的好与坏、劳资冲突的隐与显和激烈程度以及劳资纠纷及其冲突协调机制的选择，并对之进行理论的概括与分析。

2. 定量研究方法。研究所运用的定量研究方法主要是问卷调查法。问卷调查主要集中在珠三角地区，如广州市、中山市、东莞市、深圳市等，这一地区代表着我国经济最为发达地区的情况，该地区企业的情况正好也是中国企业的一个缩影。调查问卷共发放 600 份,每个企业不论规模的大小、劳资冲突的激烈程度等因素,均发放 150 份问卷,最后回收有效问卷 430 份。调查员的具体组成主要是笔者以及笔者的学生。调查主要涉及的内容有以下几个方面:第一,企业的劳资概况,如雇员结构组成、工作待遇、工作时间、企业规模与类型、企业主的构成等。第二,企业劳资关系及其冲突的概况,如雇员与雇员的关系、雇主与雇员的关系,企业劳资冲突的类型与方向等。第三,劳资纠纷及其冲突协调机制的选择,如雇员与雇主对劳资纠纷协调手段的看法与认识,劳资纠纷对雇员与雇主的影响等,问卷所收集到的资料通过 SPSS 统计软件进行百分比、频数、聚类等分析与处理。

在实际的方法运用过程中,除了其中一个个案涉及劳资纠纷及其冲突的具体行动外,其他的研究个案并没有直接的、明显的劳资纠纷形态及其行动。因此,在研究分析上,本书涉及劳资关系的部分"量"的数源于四个个案,本书的"质"的访谈涉及所有个案,尤其是发生了激烈劳资纠纷及其冲突事件的个案,笔者对其进行了较深入的质性研究,以期从对"麻雀"的解剖来"窥视端倪"。另外,本项研究的一个特点在于对劳资纠纷及其化解过程的理论分析,而理论分析的基础来源于社会学家们的"经典"理论。

第 三 章

研究个案简介

　　本书中涉及的私营企业主要集中在广东省珠三角地区的深圳、东莞与中山等地。珠三角地区是我国工业经济最发达的地区，也是我国私营企业最集中的地区之一，它经过改革开放30年的发展，已处于我国经济领先地位。通过该地区的私营企业存在的状态及其问题研究，完全可以窥视我国私营企业的一斑。因此，出于研究的"适宜性"，研究个案都聚集在这一地区。研究个案涉及五个企业，有鞋厂、家具厂、电路板厂、电子厂、电器厂等类型，其中鞋厂与家具厂为典型的劳动密集型传统企业。研究所选定的电子厂、电路板厂、电器厂属于"高技术产品，低技术制造"的企业，其产品自主创新能力较低，不属于真正意义上的技术密集型企业。在此，相对于所选定的两个劳动密集型企业且出于研究比较的需要，权当其为技术密集型企业。在所选个案之中，前四个个案进行了问卷调查与结构式访谈，最后一个个案因发生过工人罢工的事件，问卷调查被拒绝，只进行了结构式访谈。具体情况如下。

一　研究企业简介

（一）个案：A——中山市某出口外销鞋厂

　　A公司位于广东省中山市三乡镇，主要从事世界名牌运动鞋的生产，同时也从事制衣、制帽、皮鞋等行业之经营。该厂现建设占地500余亩，建筑面积60000多平方米，资产约上亿元，有64条生产线，员工人数近3000人，70%以上来自广东以外的省份，员工中男性与女性比例大概在

10:1 左右。

(二) 个案: B——深圳特区龙岗区某家私公司

B 公司位于深圳龙岗区,该厂已有 8 年多历史,是一家专业生产和经营现代款布艺沙发、皮沙发、吧台、吧椅等产品的私营企业。其产品主要外销于欧美、中东、我国港澳台等国家和地区,以及内销于内地各大中城市。公司现有厂房 3 栋,占地面积 2000 平方米左右,固定资产约 1000 万元,职工 300 余人,其中 95% 以上的职工为外来务工人员。

(三) 个案: C——深圳市宝安区某电子公司

C 公司是一家专业制造各种电路板的私营企业,产品被广泛应用于通信器材、计算机、各类家电、高精仪表等行业,遍及欧洲及我国香港、台湾、珠三角等国家和地区。公司现有厂房两栋,占地面积 6000 多平方米,固定资产约 4000 万元,职工 400 人,其中 98% 以上为外来务工人员。

(四) 个案: D——东莞市某电子公司

D 公司是一家专业制造摄像头的私营企业,产品主要用于手机、照相机等数码行业。其产品普及中国大陆、台湾及日本等国家和地区。公司现有厂房 5 栋,占地面积近 10000 平方米,固定资产 7000 万元,固定职工 400 多人,临时职工 400 多人,其中 90% 以上的职工为外来务工人员。

(五) 个案: E——中山市小榄镇某实业公司

中山市 E 实业公司,主要生产灯具、灯座、模具、建材等产品,其产品主要销往内地及香港、台湾等地区。该公司成立于 1994 年,当时注册资金 200 万元,经过十几年的发展,现有固定资产 4000 万元,生产占地面积 2 万多平方米,职工 300 多人,职工的来源构成为本地职工与外地职工大致分别占职工总数的 30% 与 70%。

总体上说,所"选定"的企业,基本信息如表 3-1 所示。

表 3 - 1　　　　　　　　　　　五家企业的基本信息

企业名称	主要产品	企业资产（元）	企业年龄	工人来源 本地　外地	企业所在地	企业类型
A	鞋、衣等	1 亿以上	20 多年	30% - 70%	中山市	劳动密集型
B	家具	1000 万	8 年	5% - 95%	深圳市	劳动密集型
C	电路板	4000 万	3 年	2% - 98%	深圳市	技术密集型
D	摄像头	7000 万	7 年	10% - 90%	东莞市	技术密集型
E	灯具、建材	4000 万	14 年	30% - 70%	中山市	技术密集型

除了 A 企业有 20 多年的建厂历史和 E 企业有 14 年的发展历史外，其他的企业成立较晚，都不足 10 年。处在珠三角地区的企业大都是外向型的企业，个案中多数企业的产品用于外销或出口。企业的职工也多表现为外地人口居多、本地人口较少的状况。

二　问卷调查对象的构成

本研究对 A、B、C、D 四个企业进行了问卷调查，共发放问卷 600 份，其中 A 企业 150 份，B 企业 150 份，C 企业 150 份，D 企业 150 份，总共收回有效问卷计 450 份，有效回收率为 71.7%，其中，A 企业 105 份、B 企业 122 份、C 企业 106 份、D 企业 117 份。出于研究的需要与方便，笔者将每一个企业以 100 份有效问卷作为分析和研究的样本。总体来看，调查的样本具有以下特点。

（一）性别构成

在问卷调查的样本中，男性占样本总数的 32.4%，女性占样本总数的 67.6%，女性样本总数达到了男性样本的 1 倍以上。

（二）年龄特征

在样本中，年龄小于 30 岁的雇员占总样本的 93.0%，所有的样本年龄都没有超过 40 岁。调查样本在某种程度上，体现出劳动力的因素在我国以劳动密集型和"高技术产品与低技术制造"企业中的作用。详见表3-2。

表3-2 调查对象各年龄段的分布情况

年龄段（岁）	16—20	21—24	25—29	30—34	35—39	40—44	45—49	50以上	合计
频率	136	176	60	22	6	0	0	0	400
有效百分比（%）	34	44.0	15.0	5.5	1.5	0.0	0.0	0.0	100

（三）文化程度

在调查样本中，我国劳动密集型和"高技术产品与低技术制造"的"技术密集型"的企业中，雇员的文化层次普遍较低。其中，初中及以下的雇员占样本总量的31.5%，中专文化程度的雇员占样本总量的23.5%，高中/中技/职高文化程度的占样本总量的28.5%，高中文化程度以下的样本占有83.5%的比重，而具有大专以上文化程度的样本占样本总量的16.5%。具体见表3-3。

表3-3 调查对象文化程度的分布情况

文化程度	初中及以下	中专	高中/中技/职高	大专	本科	研究生及以上	合计
有效百分比（%）	31.5	23.5	28.5	9.5	7.0	0.0	100
频率	126	94	114	38	28	0	400

（四）收入水平

从样本的情况来看，劳动者的工资水平普遍偏低，雇员月收入在800元以下的占样本总数的14.5%，月收入在801—1600元之间的占样本总数的64.0%，1600元以下的雇员占了样本总数的78.5%，月收入高于2401元的雇员占样本总数的7%，详情见表3-4。

表3-4 调查对象的月收入水平的分布情况

	频率	有效百分比（%）	累积百分比（%）
800元以下	58	14.5	14.5
801—1600元	256	64.0	78.5

续表

	频率	有效百分比（%）	累积百分比（%）
1601—2400 元	58	14.5	93.0
2401—3200 元	18	4.5	97.5
3201—4000 元	8	2.0	99.5
4000 元以上	2	0.5	100.0
合计	400	100.0	

（五）样本在企业中的工作时间

在目前企业中，调查对象在现就职企业中工作三个月至一年的，占样本总数的 36.5%；一年以上的占 63%；一年以上至二年的最多为 27%，五年以上的老员工只占样本的 7%。总体来看，调查对象在现企业中的工作时间普遍不长，详情见表 3 - 5。

表 3 - 5　　　　　　调查对象在现企业中的工作时间分布情况

	频率	有效百分比（%）	累积百分比（%）
三个月以下	30	7.5	7.5
三个月至半年	76	19.0	26.5
半年以上至一年	70	17.5	44.0
一年以上至二年	108	27.0	71.0
二年以上至三年	54	13.5	84.5
三年以上至四年	18	4.5	89.0
四年以上至五年	16	4.0	93.0
五年以上	28	7.0	100.0
合计	400	100.0	

三　访谈对象的构成

出于研究的需要，文中除有特别说明外，凡是出现 A、B、C、D、E 都分别代表上述企业名称。同时，由于雇主的英文为"employer"，雇员的英文为"employee",笔者以两个单词的最后一个字母代表雇主与雇员,即 A 企业的企业主为"AR",B 企业的企业主为"BR",C 企业的企业主为"CR",D 企业的企业主为"DR",E 企业的企业主为"ER";A 企业的雇员为"AE",访谈 A 企业的第 1 位雇员为"AE1",依此类推,"AE2","AE3"……访谈 B、C、D、E 企业的雇员与此类似。

(一) 企业主及其构成

表3-6 企业主及其构成

企业主(雇主)	性别	年龄(岁)	籍贯	文化程度
AR	男	63	广东	初中
BR	男	31	广东	大专
CR	男	33	湖北	大专
DR	男	42	广东	中专
ER	男	46	广东	初中

(二) 员工及其构成

表3-7 员工及其构成

雇员(工人)	性别	年龄(岁)	籍贯	文化程度	职位	月收入(元)
AE1	女	24	河南	中专	初级技术劳动人员	1500
AE2	女	29	广西	初中	基层管理人员	2200
CE1	女	24	湖南	大专	基层管理人员	2400
CE2	女	21	湖北	高中	初级技术劳动人员	1500
CE3	男	36	福建	初中	中层管理人员	3500
EE1	男	19	广西	中专	初级技术劳动人员	1550
EE2	男	24	湖南	职高	初级技术劳动人员	1650
EE3	男	30	湖南	初中	基层管理人员(班长)	2400
EE4	男	44	湖北	初中	高层管理人员(经理)	5500
EE5	男	23	河南	中专	初级技术劳动人员	1500
EE6	男	32	广东	初中	中级技术劳动人员	2500
EE7	男	25	湖北	高中	初级技术劳动人员	1650
EE8	男	21	湖南	中专	初级技术劳动人员	1550

第 四 章

劳资纠纷的背景

　　一般来说，一国劳资关系的好和坏，劳资纠纷及其冲突的多和少以及强和弱，与该国经济社会发展的水平呈现正相关。然而，在中国经济正处于高速增长的时期和中国经济与社会获得空前发展的情况下，中国劳资关系却日益复杂和矛盾冲突重重，这种例外是受什么原因影响的？现阶段我国拥有哪些实力和措施协调劳资纠纷及其冲突？当前的政治经济社会环境对化解劳资纠纷有什么样的机遇和可能？……探究这种现象和相关问题，必须厘清劳资纠纷及其冲突所处的社会背景。通过考察当前最为重要的社会背景并以此作为切入点，阐释劳资纠纷与经济社会发展不相关的原因，探讨协调劳资纠纷和重构劳资关系的可能空间和路径。显然，当前我国的劳资纠纷及其冲突实际上正处于两大背景之下：其一是社会转型，厘清和认识中国社会转型的各项内容以及如何定位当前社会转型过程中的阶段性特征，对于认识中国劳资纠纷及其冲突高发的例外具有重大的意义。它将涉及以下问题：什么是社会转型？怎样解释当前的社会转型？社会转型下的中国呈现什么样的特征？怎样对当前社会转型进行定位？只有阐释了这些问题，才能够对劳资冲突的特殊性与复杂性进行充分的解读。其二是治理创新，劳资纠纷是当前社会中各类关系矛盾冲突的一个重要组成部分，化解这些冲突需要政府治理与社会治理进行全方面创新，进而寻求更完善途径和更新的思维方法去协调各类社会冲突，同样，治理创新也为化解思维及其方法的突破创造了新的契机，因此，它也构成了当前协调劳资纠纷及其冲突的核心背景之一。

一　社会转型

早在 20 世纪 80 年代末，郑杭生先生率先提出"转型中的中国社会""转型社会""社会转型"等概念，并尝试在社会学理论上用它们来概括中国大陆社会的巨大变化。① 随后，社会转型的概念在整个人文社会科学得到广泛的运用和诠释。总体上来说，学术界对社会转型的认识和解读，既总体一致又存在分歧，既丰富多彩又充满滥用。

何谓"社会转型"（social transformation）？从字面意思来看，它是指人类社会从一种社会形态或社会制度向另一种社会形态或社会制度的转变，例如从原始社会向奴隶社会的转变，从奴隶社会向封建社会的转变，从封建社会向资本主义社会的转变，从资本主义社会向社会主义社会的转变等。这种转变是一种社会制度与社会形态的质的变化，是一种最为宽泛的社会转型的解释。从量的角度来看，社会转型是在同一个社会形态下，社会生活的某一个或几个方面发生了较大甚至较为剧烈的变化，但是这种变化不涉及社会形态的变化，只是一种量的积累与变化，是一种阶段性的社会巨变。

在社会转型的时间跨度上，最为宽泛的社会转型论是将其时间跨度追溯至人类社会诞生之时就开始，并认为社会转型伴随着人类社会的不断发展而不断存在。有学者立足于中国的历史与现实认为中国社会从 1840 年开始进入社会转型，并将这一转型分为三个阶段：1840—1949 年为第一阶段，1949—1978 年为第二阶段，1978 年至今为第三阶段。② 有学者认为社会转型是自 20 世纪后 20 年开始的原社会主义国家的变革过程，特别是与市场转轨（market transition）相伴随的社会转变（social transforma-

---

① 参见郑杭生《要研究转型中的中国社会》，《社会科学》1989 年第 5 期；《中国社会学年鉴：1979—1989》，中国大百科全书出版社 1989 年版。

② 郑杭生主编：《社会学概论新修》，中国人民大学出版社 2003 年版，第 23 页。

tion）过程①；有学者认为社会转型是指改革开放以来中国社会结构的变化②，等等。

在社会转型的地域范围上，当前的研究基本上关注的是中国与前社会主义国家（包括东欧、俄罗斯以及越南等）所进行的社会转型，再加上一些发展中国家如何从传统的农业社会走向现代的工业社会的发展社会学的研究。实际上，当我们从社会转型质的含义上来看，当今世界任何一个国家都在经历着社会转型，无论是社会主义国家还是资本主义国家，无论是发展中国家还是发达国家，都在经历着社会的转型，只不过由于各自的发展水平，导致其转型的深度与内容存在差异而已，如发展中国家（社会主义国家和大多数发展中国家）向着现代工业社会的转型，而发达国家（美、日与欧盟等）向后现代社会的转型。在这层含义上，社会转型与发展成了可以互换的同义词。

在社会转型的制度方向上，由于向上的制度转型才具有现实的意义，因此，宽泛的社会转型论将马克思主义的社会从低的社会制度向高的社会制度过渡的制度取代与发展趋势作为社会转型的方向。有学者将社会转型看作是原社会主义国家的变革过程，实际上所指的是原社会主义国家如何从社会主义制度向资本主义制度的转变，并暗含中国社会转型是"自下而上"地由现代社会主义向现代资本主义的过渡。有学者认为当前中国的社会转型是向一种新型的社会主义的转型，这种新型的社会主义是一种共享与共治并存的和谐的社会主义。

在社会转型的具体内容上，有学者将社会转型理解为传统型向现代型的转变，即从传统型社会向现代型社会的转变。③ 有学者将社会转型理解为社会从传统社会向现代社会、从农业社会向工业社会、从封闭性社会向开放性社会的社会变迁和发展。④ 有的学者认为，社会转型具体包括以下内容：一是在社会的生产和生产力层次上，集中地表现在经济增长

---

① 孙立平：《社会转型及其比较研究》，2006 年中国社会学年会主题报告，2006 年 7 月 16 日；中国社会学网：2006 社会学年会专题，2006 年 7 月 27 日。

② 范燕宁：《当前中国社会转型问题研究综述》，《哲学动态》1997 年第 1 期。

③ 郑杭生：《郑杭生社会学学术历程之一：中国特色社会学理论的探索》，中国人民大学出版社 2005 年版，第 256 页。

④ 参见陆学艺等《转型中的中国社会》，黑龙江人民出版社 1994 年版。

方式由粗放型向集约型转变;二是在社会经济关系、经济形态、经济体制层次上,集中地表现在由计划经济体制向社会主义市场经济体制转变;三是在上层建筑层次上,集中地表现在由高度集权的传统政治体制向民主政治体制转变;四是在思想文化的层次上,集中地表现在由反映自然、半自然经济和计划经济体制的精神文化,向反映社会主义市场经济的现代精神文化转变。从人的角度看,就是人的现代化,或者说由传统、半传统的人向现代人的转变。这包括人的思维方式、生活方式、行为方式和价值观念等的全面变化,这是人的素质的重塑。①

可见,学术界在社会转型的时间跨度、社会转型的地域范围、社会转型的制度方向上存在着多种诠释与理解。尽管这些诠释既丰富多彩又曲解滥用,既有正确的又存在误解,但总体上来说,以中国为背景,学术界更多认可的"社会转型"的意思为:社会转型是一个有特定含意的社会学术语,它是指社会从传统型向现代型的转变,或者说由传统型社会向现代型社会转型的过程,具体指从农业的、乡村的、封闭半封闭的传统型社会,向工业的、城镇的、开放的现代型社会的转型。

在笔者看来,社会转型在世界范围内都存在,并不同程度地存在影响着全球社会,全球社会普遍进入了一个社会转型时期。在转型层次上,发达国家正从现代性、现代工业社会向后现代性、后现代社会过渡;发展中国家正从传统型、传统农业社会向现代型、现代工业社会转变。在转型的向度上,资本主义社会与社会主义社会的边界正在不断地打破与模糊化,两种制度的优势正在不断地互补,全球社会转型正向一种更加和谐和完善的方向不断地过渡与转型。社会转型成为全球社会发展的动力,也使全球社会的发展方向出现了不可预期的情形。

全球社会的转型正史无前例促进着中国社会的变迁。当前中国社会转型呈现出以下几个方面的特点:第一,全面性。以经济体制改革为发端的社会转型,正席卷着整个社会其他领域的变迁。如在政治领域,政治民主制度提上议事日程,依法行政改革与增量民主不断推进,政治转型正从旧式的过分集中的高层民主向村民自治、社区自治等基层民主过

---

① 王晓明:《'97 中国传统社会向现代社会转型研究的新进展》,《教学与研究》1998 年第 4 期。

渡，从传统的自上而下的民主模式向自下而上的根基式民主模式转型；在人的改造上，中国人正从保守的、落后的、情感的传统人向开放的、文明的、理性的现代人转型与过渡，等等。第二，快速性。进入转型加速期的中国社会，正以年均9%的高速创造着将近30年不衰的经济发展奇迹，并仍表现为强劲的、富有潜力的增长势头。社会建设的各项内容，如取消农业税、实施农村义务教育、推行城镇义务教育、建立普遍化的社会保障制度等，正以前所未有的速度实施并推进着。第三，复杂性。中国的社会转型正处于资本主义制度空前统治、社会主义制度一国独秀的国际社会制度背景之下，中国所面临的社会转型的意识形态压力加大，这种压力在国内体现为对当前社会转型的狭义曲解和对改革的否定两种思潮。我国的社会转型是一种"后发、外生、渐近、赶追型"发展之路，发展中的所有问题和矛盾，如城乡二元结构、区域发展差距、贫富差距、社会保障制度建设、社会道德与责任的重建等，面临着一揽子解决的压力和困境。同时，当我们还没有实现从传统社会向现代社会转型时，后现代社会却不断地冲击而来，传统因素和力量日益削减，现代因素与力量不断加强，后现代因素不断滋生，传统、现代与后现代社会的因素与力量正扑面而来，如何处理与协调传统、现代、后现代因素和力量之间的关系，给我们所主导的从传统社会向现代社会转型增添了更多不确定的因素，同时也创造了反思的空间。

二 转型背景下的中国阶段定位

在这种全球社会转型与中国社会转型的背景下，中国社会的定位成为研究这一社会中所有问题的前提与出发点，劳资关系如何协调与劳资矛盾如何化解都取决于对当前中国社会的定位。

首先，我国正处于社会主义发展的初级阶段，这一基本事实决定了国家与政府协调劳资关系和化解劳资纠纷及其冲突的前提、基础与条件。初级阶段的社会主义说明我国工业发展水平的初级化，即高附加值和高科技含量工业明显不足。尽管当前我国已成为"世界工厂"，我国工业经济对世界经济的作用越来越大，对本国经济力量的不断增大起着基础性的作用,但是,低端产业链上所获得的末端利润使我国的初级工业在世界竞争中处于明显弱势,这种工业水平与结构决定了人口数量大国的最大的优势和发挥竞争力必须是也只能是降低劳动力的成本和消耗环境。初级阶段的初级工业在未来一段时间内将长期存在,降低劳动力成本所获得的比较优势也将长期存在,因此,试图通过工资水平的提高来改进和增进劳动者的福利和地位,其作用在当前和今后很长的一段时间内是收效甚微的。初级阶段的社会也表明了中国"三大部门"的现状,即第一产业、第二产业承担着多数劳动力的就业,而第三部门仍未成熟和发展起来。全球社会经济发展的经验表明:在第一产业尤其是第二产业没有高度发展起来的情况下,畸形高速发展的第三产业将成为无本之源,整个国民经济的发展后劲将明显不足。当前,我国第三产业没有充分发展起来与我国第一、第二产业的落后不无关系。中国从传统农业向现代工业社会转型的趋势决定了初级阶段的发展特点是更多依仗第二产业,第二产业要成为吸纳劳动力的主体,一方面,必须有大量的劳动密集型企业的存在,同时,我国大量低素质劳动力的存在与现实正好迎合或符合这种工业产业结构取向;另一方面,国家对涉及国计民生工业产业的强力控制,对非主导工业的大量退出,必然培植出大量的民营经济与企业,这些企业最大可能进入这些劳动密集型的产业。因此,国家的权宜之策在吸纳劳动力的同时,创造了大量的劳资关系,创造了劳资冲突突出的劳动密集型企业,这必将影响劳资关系的协调和劳资冲突的化解。

其次,定位在中国特色社会主义的政治制度,也将对劳资关系的协调与劳资冲突的化解产生深远影响。如果以上对初级阶段的分析是说明中国特色的话,那么,社会主义的色彩将指明劳资关系协调的方向。然而,中国特色社会主义却是一个充满矛盾的统一体,其主要体现在:第一,社会性质的价值体系与政治稳定发展方略之间的权衡。一方面,社会主义社会的性质决定了整个社会的核心价值体系和观念是维护劳动者的权益和社会地位,偏向劳动者,为劳动者服务,因此,社会主义社会应该制定一系列强有力的保障工人利益与权益方面的政策与制度。另一方面,当前我国政治发展的取向是通过"增量民主"的思路扩大民主的范围,从而建立社会主义民主制度,同时,"稳定压倒一切"的政治基本原则决定了我国的任何一项制度的建立都具有"柔和性"和"渐进性"，因此，具体层面的劳资关系的制度建设既要保障劳动者的各项权利，但又绝不可能是对劳动者权利的一种强有力的保障。这种价值体系与政治稳定方略之间的权衡，对协调与化解劳资冲突和纠纷的最终效果必然是尽量避免劳动罢工与劳资冲突群体性事件发生的可能，这表现为当前工人罢工与集会权利的名存实亡，而罢工与工人的集体性事件往往是劳资冲突中劳方最强有力的武器和维护自身利益的最终诉求手段与途径。因此，在劳资矛盾与冲突上，国家针对和倾向于劳动者的强有力保障政策与干预措施的出台将是一个长期缓慢的过程，现有劳资关系与劳资力量将持续较长的一段时间。第二，社会主义最广泛的民主基础与"自上而下"的实际权力运行矛盾。由于社会主义权力的形成是民众所赋予的，因此，社会主义最广泛的民主基础要求最大化的民众参与，并且权力的实际效应是最大化民众的利益。然而实际的民主运作过程却是"自上而下"的模式，对上不对下负责所形成的后果就是最大化地方的政绩，政绩的集中体现是地方经济的发展情况，地方经济发展好坏的衡量指标是工业的发达程度，而工业的发展主要依赖力量是资方所建立企业的多少、规模的大小、利润的多少等因素。因此，按照这种逻辑推理下去，在劳资关系领域：一方面，由于我国各自为政的地方利益和地方经济发展的严重不平衡，同时，为形成有利于地方政要官位升迁的政绩，地方政府为招商引资发展工业，促进地方经济的发展，必然给资方开出种种优惠政策与条件，并竭尽所能地维护资方的利益，从而形成地方政要与企业资方的"精英串通"。当企业发生小规模的劳资纠纷时，资方凭借自己的力量能够轻而易举地解决；当发生大规模的劳资冲突时，资方将寻求地方政要的介入，并与地方政要合谋化解，从而最大化地保障地方政要与资方的利益。另一方面，当前大量的企业没有建立工人自己的组织，工人处于"非组织化"的状态，这样的事实和力量的存在，决定了工人反抗资方的无力。即使部分组织有工会组织的存在，工会更多地呈现出"虚组织化"的状态，无法真正为工人的利益服务。因此，地方政要与资方所形成的"精英串通"能够最大化地扩大自身的利益和弱化工人的反抗力量，"精英串通"的强势力量与"非组织化与虚组织化的工人"的弱势力量在劳资关系领域形成鲜明的对照。

　　再次，定位在出口导向基础上的后发与创新型经济，对当前劳资关系的变革起着延缓和推进的双重功效。基于我国人口众多、国内资金不足、自然资源日益匮乏的事实，改革开放后，我国所选择的出口导向型的工业化道路为经济的发展作出了重大的贡献，成为当前乃至今后很长一段时间中国经济发展必须倚仗的模式。总体而言，出口导向型的工业模式是通过用劳动密集型的工业制成品出口取代粗放的初级产品的出口，更多面向国际市场，通过开拓国际市场，通过出口带动国内经济的发展。我国的劳动力资源丰富，劳动力的价格低廉，这是我国工业化的长期优势，出口导向型的经济发展模式的长期运行在很大程度上限制了劳动力价格的上涨同时也限制了在劳资关系领域进行变革的步伐，使劳动力价格的上涨和劳动关系的变革成为经济发展过程中的两难。一方面，当我国出口的工业制成品在国际市场上的可替代性非常强的情况下，劳动力价格的上涨将导致工业制品成本的上升，意味着我国出口的工业制成品的竞争力减弱，短期内将直接影响到我国经济的发展速度，同时也将使企业资方的利润减少，更何况这些年来，我国多数劳动密集型企业中资方的利润是通过压低工人的工资而获得的。据有关数据显示：企业利润大幅增长除了由于企业竞争力提升之外，也有其他一些因素在发生作用，特别是"企业成本的超常压缩"。如 1990—2005 年，劳动者报酬占 GDP 的比例从 53.4% 降至 41.4%，而同期企业营业余额占 GDP 的比例从 21.9% 增加到了 29.6%。可以说，企业利润的大幅增加相当程度上是以职工低收入为代价的。[①] 因此，提高劳动者工资水平将面临着来自政府与资方的压力，工资水平提高的步伐将比较缓慢，工资水平提高的程度也将十分有限。同时，在现有的国家政策与法律制度层面，对资方的行为较少具有约束力，在劳资双方中资方具有绝对的优势。另一方面，劳动力价格的上涨，意味着工人福利的直接增长，将直接有利于当前影响到我国劳资冲突的发生首要因素的减弱，也将有利于我国劳资冲突与纠纷的减少。当前，我国在出口导向型工业模式的基础上，从当下经济发展后劲不足和长远经济利益和安全出发，提出建立创新型经济的思路。这

---

　　① 金碚主编:《中国企业竞争力报告（2007）——盈利能力与竞争力》，社会科学文献出版社 2007 年版。

一新型经济发展模式的不断推进，必然伴随着劳动力价格的上涨和工人工资水平的提高，劳动者工资与福利的增长将为创新型经济的推进奠定雄厚且稳定的人力资本，也有利于迫使企业寻求新的利润增长方式，迫使其从压低劳动力的工资成本向产品技术和科技含量不断创新的方面进行转化。这种微观创新的活动，不仅有利于整个国家经济结构的不断升级和优化，使国家经济快速迈向创新型经济的道路，而且有利于从更深的层次和更长远的眼光推进劳资关系从冲突、不稳定型向和谐、稳定型变革。

然而，长期形成的出口导向型的工业模式与经济发展惯性，并非一个口号和一个刚确立的新的发展思路所能彻底改变的。经过将近30年的以压低劳动力价格实现的比较优势，一方面，使我国充分利用了后发优势进行产业升级换代，实现局部赶超，在我国产业结构仍然相对落后的情况下，出口导向型的工业模式与经济发展方式将会进一步延续，它的作用将会进一步放大；另一方面，30年来，这种模式和经济发展方式更多依赖的是劳动力廉价优势，并通过引进、合并、兼并等方式形成产业升级换代，它的惯性力量将严重限制我国企业自主创新的能力和动力。同样，它的惯性力量进一步促使劳资冲突成为当前所有不稳定因素之重，并将在较长的时期内影响劳资关系的发展与劳资冲突的协调。通常，高速经济增长与发展的良性循环，必然是劳动者工资水平的提高。工资水平的提高不仅有利于化解劳资冲突的高发，也是有利于我国形成创新型经济的。当前，我国对经济发展模式的进一步定位为创新型经济，反映出政府正在寻求新的工业与经济发展模式与思路，这将有利于政府加快经济治理模式的转变，将为改革现存的劳资关系和创造出和谐共享的劳资关系提供最佳的契机。同样，多年来形成的政府主导型的"自上而下"的管理方式所形成的惯性，也决定着以上远景的实现取决于政府对新的发展模式和进行新一轮经济改革的决心及其长远眼光。

最后，定位在和谐社会进程中的中国社会，对劳资关系的改善与协调将起着积极的促进作用。但是，这种作用的发挥还需要取决于多种因素与辅助制度的设置。和谐社会概念的提出意味着国家对社会中的各种不和谐和失衡关系进行调整，使各种力量与关系实现平衡甚至和和美美，这些力量与关系包括城乡关系、地区关系、官民关系、劳资关系等，在政府社会治理实现从分化优先发展向和谐平衡发展的转变,为当前劳资关系的重新调整与协调创造了重要条件和契机,2008 年新的《劳动合同法》的实施与此背景不无关系。但是,已存在较长时间的复杂、严重的劳资关系与劳资冲突并不是一部试图使劳资雇佣关系更长久更稳定的法律所能完成改善的,更何况这种雇佣关系并非只对劳方有利,似乎对面临低工资压力出现所谓"民工荒"的资方也有利。因此,在劳资关系领域,和谐社会只是为劳资关系的发展提供以下作用:第一,创造了和解的氛围。和谐社会是对整个社会所提出的一种要求和追求目标,它为社会每一个领域的关系树立了方向,也为当前劳资双方关系的处理定了基调,劳资矛盾与冲突应从合作与和解的方向发展,整个社会和谐背景为社会中各个组成部分的和解创造了社会氛围。第二,规范了政府的行政的原则。和谐社会的建设目标,规范了处理与协调劳资关系中政府的作用与作为,它要求各级政府应坚持合作、和解、共享、共赢等原则,避免偏重于其中一方,平衡劳资双方的力量,使其不能形成零和博弈。和谐社会的建设目标为劳资关系的协调创造了主观的愿望与和解的氛围,但是,劳资关系的协调与劳资冲突化解的实际效果却取决于更多的客观因素与更有效的制度设置。比如,建立相应的制度和常规化的机构规范和监督劳动合同法的履行情况,具体包括工资待遇、工资发放、工作时间、劳动安全、失业保险金与养老金的购买、劳动尊严等内容;通过立法的方式,规范和明晰政府在劳资冲突中的种种行为,如行政作为、行政乱为、行政不作为、行政误为等的行政权限和行政责任,明确政府在劳资关系中的作用与义务,明确充当化解和协调劳资冲突的强有力的中介角色,同时,避免政府成为劳资冲突和矛盾聚集的焦点。

中国正经历着从农业的、封闭与半封闭的、乡村社会向工业的、开放的、城市社会的转型:一方面,我们有着借鉴西方发达国家经过这个转型阶段的经验与教训,又有着追赶西方发达国家从现代向后现代社会的另一个转型过程。当我们全力追赶并加速同时进行两个转型时,西方发达国家正进入一个全面反思其所经历的转型的阶段,这使我们不得不对不同发展阶段的社会中的各种因素进行"进或退,保或弃"等权衡,这些因素正困扰着我们当前的转型。另一方面,传统的、现代的、后现代的多种因素正充斥着当前的中国社会,使中国社会转型充满了机遇与挑战，我们面临着后发优势和所有问题与矛盾积累并要求一揽子解决的困境。因此，如何认清当前中国社会的现状、主要特征和任务，是我们经历从传统型社会向现代型转型过程中的重中之重，对当前中国经历着的政治、经济与社会各个方面的阶段性的发展进行定位，对于研究中国当前社会中各种矛盾的化解具有重大的意义，它成为当前所有问题与矛盾化解的出发点和背景，它决定了化解所有矛盾与问题的具体手段和实际效果。

三 社会治理创新

我国全方位的社会转型，客观上促使政治、经济与社会资源进行了一轮新的配置，国家与社会的关系、国家与企业的关系、企业与社会的关系也相应地发生着一些新的变化，政府服务意识得到强化，市场力量逐渐主导资源分配，社会空间迅速成长和壮大，不断成长的各种力量对国家治理与社会治理提出了新的要求。同时，快速的社会转型，使社会各种利益的分配出现失衡，相应的制度没能较快地制定和有效地实施，社会转型的"制度堕距"，最终形成社会矛盾与社会冲突不断高发的即成事实，征地冲突、拆迁冲突、环境冲突、干群冲突、劳资冲突等矛盾在社会关系领域全面爆发，多种复杂的社会阶层关系矛盾和冲突正考验领导人的政治智慧和政府的治理能力。尽管进入 21 世纪以来，为了缓解社会冲突，解决社会问题，促进社会公平与公正，政府出台了一系列的政策措施，但是面对众多集中爆发的矛盾冲突，政府显得有些无法招架和无所适从。在此情况下，党的十八届三中全会明确提出"推进国家治理体系和治理能力现代化"，以及"推进社会领域制度创新，加快形成科学有效的社会治理体系"的治理变革目标。劳资纠纷及其冲突属于众多社会阶层关系冲突中的一个重要组成部分，劳资纠纷及其冲突的化解也取决于相关主体的治理创新的思维方式、行动方案及其创新的空间方向与作为程度。

我国的治理理论和实践研究始于 20 世纪 90 年代末，"国家治理""政府治理""社会治理"，甚至"企业治理""全球治理""治理创新"

等概念，不断涌现，日益成为学界关注的焦点。2012 年，党的十八大报告提出，"加快形成科学有效的社会管理体制，完善社会保障体系，健全基层公共服务和社会管理网络，建立确保社会既充满活力又和谐有序的体制机制"①。时隔一年之后，党的十八届三中全会通过的《中共中央关于全面深化改革若干重大问题的决定》对全面深化改革作出了战略部署，其中"创新社会治理体制"②成为全面深化改革的重要战略部署之一。"社会治理"取代"社会管理"，成为我国官方的治国理政的核心倡导，这种变化充分体现了我国治理思维和方式的转变。总体来看，国内学术界对治理理论的研究主要集中在以下几个方面。

第一，社会治理的相关概念及其主体。

西方的"治理"概念原为控制、引导和操纵之意。20 世纪末，西方学者赋予"治理"以新的含义，主张政府放权和向社会授权，实现多主体、多中心治理等政治和治理多元化，强调弱化政治权力，甚至去除政治权威，企望实现政府与社会多元共治、社会的多元自我治理。发展至今，西方治理理论已经形成多个流派，尽管如此，立足于社会中心主义，主张去除或者弱化政府权威，取向于多中心社会自我治理，却是其基本政治主张和倾向。在今天的西方学术语境中，"治理"一词主要意味着政府分权和社会自治。③ 治理是各种公共或私人机构和个人管理其共同事务的诸多方式的总和；治理是使相互冲突的或不同的利益得以调和并且采取联合行动的持续的过程。④ 现代社会，可以分为三大部门，即政府组织、市场组织与社会组织，不同的主体负责不同的部门，各个部门之间的职责范围和权责关系也不同。政府主体的主要责任是制定规则、监管调控、维护秩序、提供公共物品。超出这些领域，它的优势就会丧失，就有可能陷入"政府失灵"。市场主体的作用主要是在经济领域保障供给、实现交换、创造财富、增进福利。超出这些领域，就会陷入"市场

①　胡锦涛：《坚定不移沿着中国特色社会主义道路前进　为全面建成小康社会而奋斗》，http：//cpc. people. com. cn/18/n/2012/1109/c350821 - 19529916. html。

②　《中共中央关于全面深化改革若干重大问题的决定》，《人民日报》2013 年 11 月 16 日。

③　王浦劬：《国家治理、政府治理和社会治理的基本信义及其关系辨析》，《社会学评论》2014 年第 3 期。

④　全球治理委员会：《我们的全球伙伴关系》，牛津大学出版社 1995 年版，第 23 页。

失灵"。民间主体的责任主要是公益性和志愿性的领域，虽然它们也能经营，但经营的目的不是利润，而是使做好事的本钱能够保值增值。超出这些领域，也会陷入"社会失灵"。当然在我国，社会组织这一板块，相对于政府组织和市场组织这两个强势板块如今还很弱小，目前谈"社会失灵"还为时过早。正是由于三个主体都有各自越位、错位、缺位、虚位的可能性，都存在各自失灵的可能性，因此，如何避免其缺点的问题便顺理成章地提了出来。与统治、管理相比，社会治理更能发挥三大部门或三大主体各自的优势，更有利于彼此的良性互动，也更有利于避免各自的弱点，从而避免和减少各自的越位、错位、缺位、虚位，避免和减少各自的失灵，即"政府失灵""市场失灵"和"社会失灵"，更有利于避免彼此的弱点的聚合、叠加，避免由这些弱点的聚合、叠加所形成的恶性循环。① 显然，治理的概念明显优于统治、管理的概念。对应政府、市场和社会三大部门的不同主体，可以将其分为政府治理、企业治理与社会治理三种治理类型，正确处理这三大部门之间的关系，即是如何处理政府与企业、政府与社会、企业与社会之间的关系。对于政府治理而言，主要是制定和优化制度规则，履行监督调控职责，营造稳定公平的环境和服务。对于企业治理而言，提供优质的产品，创造合理的利润，不断创新竞争力，维持良好的劳资关系，促进共处的自然与社会关系。对于社会治理而言，挖掘社会力量，发挥其中介的作用，缓解社会冲突，协调社会矛盾。

从政治学的角度②，可以将治理分为国家治理、政府治理与社会治理。国家治理指的是在中国特色社会主义道路的既定方向上，在中国特色社会主义理论的话语语境和话语系统中，在中国特色社会主义制度的完善和发展的改革意义上，中国共产党领导人民科学、民主、依法和有效地治国理政。政府治理指的是在中国共产党领导下，国家行政体制和治权体系遵循人民民主专政的国体规定性，基于党和人民根本利益一致

---

① 郑杭生：《"理想类型"与本土特质——对社会治理的一种社会学分析》，《社会学评论》2014 年第 3 期。

② 王浦劬：《国家治理、政府治理和社会治理的基本信义及其关系辨析》，《社会学评论》2014 年第 3 期。

性,维护社会秩序和安全,供给多种制度规则和基本公共服务,实现和发展公共利益。社会治理是指在执政党领导下,由政府组织主导,吸纳社会组织等多方面治理主体参与,对社会公共事务进行的治理活动,是"以实现和维护群众权利为核心,发挥多元治理主体的作用,针对国家治理中的社会问题,完善社会福利、保障改善民生,化解社会矛盾,促进社会公平,推动社会有序和谐发展的过程"①。

第二,社会治理的核心关系——政府主导与社会平衡。

实质上,社会治理的核心主要是如何处理政府与社会之间的关系,即如何处理好政府在社会领域的存在、职责范围和力度,如何使社会力量能够发挥其职能,充分发挥其在社会领域的作用和价值。在社会领域,政府与社会应该如何分工,谁处于主导地位,各自的作用如何发挥等都存在着较大的争议。在处理政府与社会的关系上,西方治理理论强调社会力量在公共事务承担中的重要地位和功能,试图打破由政府主宰社会公共事务管理的传统格局,构建政府与社会互动协作共同治理的新格局,促成单中心治理结构向多中心治理结构的转变。然而,无论公民及其社会组织参与社会公共事务管理的范围有多广泛、强度有多大,在公共事务的传统管理中,他们始终是配角,是政府的助手,政府才是社会公共事务管理的真正主角,是公共事务的管理中心和主宰者。而治理理论强调政府不再是社会治理的唯一中心,它只是众多社会治理中心中的一个中心而已,每个治理中心均是治理网络中的一个节点,政府和社会均是这个网络中的一个联结点,是两个平等的中心。② 在现实的运作过程中,即使真能做到多中心治理结构,面对社会冲突时,如果政府与社会力量发生分歧且协调无果,如何区分政府与社会力量的责任并进行相关责任追究,尤其是对政府进行追责是十分困难的。可见,在社会治理中形成多中心有着明显的前提,即完善的法治化和民主化社会。法治化将有助于明确权责与义务,民主化将有利于促成平等协商。然而,这两个最为

---

① 姜晓萍:《国家治理现代化进程中的社会治理体制创新》,《中国行政管理》2014 年第 1 期。

② 严仍昱:《从社会管理向社会治理:政府与社会关系变革的历史与逻辑》,《当代世界与社会主义》2015 年第 1 期。

重要的条件在绝大多数发展中国家几乎均不具备，如果强行推进多中心治理结构，无疑将变成无中心的治理，最终在各自利益驱动下，无中心社会治理极有可能演变为治理无效甚至于社会无序，因而在社会领域实现多中心治理结构至少在发展中国家是一个奢望。

现阶段，在政府与社会之间的关系上，国内的学者更多倾向于政府主导，社会参与，实现政府与社会共同治理的结构。按照十八大报告，我国的社会治理是在"党委领导、政府负责、社会协同、公众参与、法治保障"的总体格局下运行的中国特色社会主义社会管理①，我国的社会治理主要关节点在于"四个坚持"，即"坚持系统治理，加强党委领导，发挥政府主导作用，鼓励和支持社会各方面参与，实现政府治理和社会自我调节、居民自治良性互动。坚持依法治理，加强法治保障，运用法治思维和法治方式化解社会矛盾。坚持综合治理，强化道德约束，规范社会行为，调节利益关系，协调社会关系，解决社会问题。坚持源头治理，标本兼治、重在治本，以网格化管理、社会化服务为方向，健全基层综合服务管理平台，及时反映和协调人民群众各方面各层次利益诉求"②。党委领导、政府主导、社会参与、良性互动，构成我国当下社会治理进程中政府与社会关系的基本原则和要求。"从现实来看，后工业化已经造就了新的社会形态，在社会治理的意义上，已经呈现给我们多元治理主体并存的局面。从这一现实出发，我们需要建构的是一种合作治理模式。"③对于我国而言，应对众多社会矛盾与社会冲突时，社会治理需要多元参与，政府与社会力量之间应建立一种合作治理的模式。在社会参与力量明显偏弱的情况下，政府应该担当主导地位和发挥决定性的作用；同时，为了及时有效地化解社会领域的矛盾与冲突，为了进一步发挥社会力量的积极作用，平衡社会矛盾与冲突各方的力量，为社会参与力量赋权和增能，也是当下社会治理创新的一项重要内容。

第三，社会治理的核心思维——社会协商，谈判共赢。

---

① 胡锦涛：《坚定不移沿着中国特色社会主义道路前进　为全面建成小康社会而奋斗》，人民网，2012 年 11 月 9 日。

② 《中共中央关于全面深化改革若干重大问题的决定》，《人民日报》2013 年 11 月 16 日。

③ 张康之：《合作治理是社会治理变革的归宿》，《社会科学研究》2012 年第 3 期。

　　社会治理的核心路径是在政府主导下，发挥社会多方的参与，形成社会纠纷中各方的共识，达成妥协与共赢，最终化解社会矛盾与社会冲突。显然，要形成参与方的共识和达成多方合作，无疑协商是不可缺少的环节。协商是达成共识的核心前提，是寻找共识和化解社会冲突的基础。然而，协商的前提是民主，协商是政治民主的核心。当前，围绕协商主要有两个概念，即民主协商与协商民主，国内学者对民主协商与协商民主的探讨较多地集中在宏观国家和政治意识形态层面。

　　在我国，宏观层面的协商民主作为内生于中国政党制度的协商民主形式，人民政协是"民主协商"在国家宏观层面上的主要运行平台。相比之下，"协商民主"是中国共产党在新的历史条件下提升社会主义民主质量和推进国家治理现代化的重要手段，其范畴不仅包括政治协商，而且包括社会协商、基层协商等，突破了党际协商为主的政治协商范畴。为适应新形势下"协商民主"的发展要求，中国特色社会主义"协商民主"不仅在国家层面上形成了政党协商、政协协商、人大协商、政府机关协商等多种协商民主形式，而且在地方上也形成了社会听证会、民主恳谈会、网络协商以及社区议事会等诸多基层民主形式，为中国共产党围绕国家重大方针、政策和其他重要事务同包括民主党派在内的社会政治团体展开协商提供了广阔的运行平台。在内容上，"协商民主"不仅包含了传统的"民主协商"所包括的党际协商等领域中的政治协商形式，另外还包含了当前社会、经济、文化等各个领域中广泛存在的一切宏观和微观协商民主形式。因此，"协商民主"的主体不仅包括中国共产党、各民主党派、无党派人士及各人民团体等"民主协商"主体，此外还涵盖了社区议事会、社会听证会、网络协商会等多种基层协商民主所包含的政治主体，充分显示出新形势下"协商民主"参与主体的广泛性和灵活性。……与"民主协商"不同，"协商民主"的价值定位在于它不仅继承了"民主协商"的政治形式，还成为多元化社会结构背景下进一步扩大社会主义民主建设的科学手段。随着中共十八大和十八届三中全会对社会主义协商民主制度的确认，标志着社会主义协商民主制度实现了从"民主协商"政治形式到"协商民主"政治制度的历史转变，为在国家治理现代化背景下全面推动社会主义协商民主制度深入发展奠定了坚实的基础。①

此种观点是将"民主协商"当作"协商民主"的初级阶段，认为协商民主是社会主义民主的新阶段，它包括"民主协商"，甚至包括社会协商、基层协商等。它更多强调是社会主义性质下的宏观层面的协商与民主，更多强调国家领导力量与其他政治力量和社会力量之间的互动关系，不同主体往往是围绕政治议题开展协商，通过协商达成共识。它对协商民主的概念及其内涵的界定过于宽泛，进而对不同领域的"民主协商"或者"社会协商"缺乏实践意义。此种观点中的民主协商与协商民主所蕴含的协商并不具有"讨论"和"慎思"的含义，而更多地包含了"咨询"之意，在中国特色社会主义民主政治语境下的"民主协商"与"协商民主"是与中国政党制度紧密相连的"咨询民主"，从根本上区别于西方协商民主语境下的"讨论民主"和"慎思民主"。

当前，对于政治领域与社会领域的协商民主，学界依然存在着一定的分歧，"社会协商，既不是简单地在社会领域展开的协商，更不是在国家层面展开的协商，而是国家与社会、政府与民众围绕着建构社会秩序，促进社会发展而展开的协商。因而，国家与社会、政府与民众的互动是其存在的前提，而这种互动所形成的国家与社会、政府与民众的交流与互动的公共空间，则成为社会协商的公共空间"②。有学者在国家与社会二分的基础上将协商民主体系分为三个层次：一是发生在政治共同体内部的民主协商过程；二是国家与社会、政府与民众直接互动的民主协商过程；三是社会民众之间的有组织的民主协商过程。将发生在政治共同体内部的民主协商称为"政治协商"，它包括"立法协商""行政协商""参政协商"等，而把国家与社会、政府与民众直接互动的民主协商和社会民众之间的有组织的民主协商，统称为"社会协商"。把民众与民众之间的有组织的民主协商纳入社会协商的概念中，民众之间的协商可以发生在一个公民组织的内部，也可以发生在不同公民组织之间，它属于市

① 宋连胜、李建：《从"民主协商"到"协商民主"——论中国特色社会主义协商民主制度的历史演进》，《社会科学战线》2015 年第 11 期。

② 林尚立：《社会协商与社会建设：以区分社会管理与社会治理为分析视角》，《中国高校社会科学》2013 年第 4 期。

民社会本身的公共领域,同样具有建构和维持社会秩序,促进社会发展的积极功能。① 尽管理论上,"政治协商"和"社会协商"并不是严格地依据协商领域和协商内容进行划分的两个概念。政治协商的内容是经济与社会发展的重大问题和涉及群众切身利益的实际问题,它就必然涉及社会生活的各个领域、各个方面,必然包含在国家与社会、政府与民众的关系中发生的各种重大问题和实际问题,而不仅仅是政治领域内部有关政治问题的协商。但是,在实际运作上,我国的"政治协商"和"社会协商",其协商领域和内容侧重点是有所区别的,其参与形式也是有差异的。

显然,"政治协商"是对政治领域和公共领域的重大问题的协商,即通过"民主协商""协商民主"促成"咨询民主",进而达成共识。尽管在社会领域也包含一定的公共议题的协商,主要是公共利益问题,涉及政府与群体之间的关系,然而,社会协商更多涉及的是社会纠纷、社会矛盾与冲突,社会协商达成共识的过程和途径与政治领域有着明显的区别。社会领域的冲突,主要是社会主体之间的矛盾,比如群体与群体之间的矛盾与冲突,更多体现为阶层之间的矛盾与冲突,它们基本不涉及政治议题,往往是经济利益或者社会利益之间分配不均的结果。在协商民主的具体形式上,政治协商发生在政治共同体内部,具有间接民主的性质,一般公众或普通社会成员则不可能直接参与政治协商的过程,而只能把表达自身权益和观点的权利授予或转让给自己选举或推举的代表,公民参与政治协商的基本形式是代议制或代表制,政治协商的实际主体是各级人大和政协的代表。比如我国政治协商的两大基本政治载体是人民代表大会和人民政协会议,参与两会政治协商的人员是通过选举产生的人大代表和通过推举产生的政协委员以及与协商议题密切相关的政府官员,他们拥有直接参与政治协商的权利和对协商议题进行表决的权利。

然而,社会协商既可以是间接代表,也可以是直接参与协商,它具有直接民主的性质。在公共议题上,民众可以以个人的身份直接与政府部门进行对话,比如政府各种接待日、听证会等对话形式,可以通过网

①　阎孟伟:《协商民主中的社会协商》,《社会科学》2014 年第 10 期。

络平台直接发表个人的见解和表达自己的利益诉求，也可以通过推举自己的代表与政府部门进行协商对话，这些都是民众与政府两个主体之间的可能互动方式，但是，从实际效果来看，他们之间并非处在一个平等的地位，沟通和处理公共议题的效果也不显著。在社会纠纷中，矛盾双方可以委托第三方，或者直接参与冲突的对话、讨论、辩论和协商，表达各自的利益诉求，达成妥协与合作，最终化解社会纠纷。当前，我国社会领域，各式各样的矛盾不断涌现，因拆迁、征地、环境、劳资等纠纷所形成的群体性事件也相当普遍。群体性事件的产生实质上是矛盾中一方的利益诉求被忽视，协商平台缺乏，沟通渠道不畅，力量失衡的行动表现。这一类型冲突的化解涉及群体与群体之间的关系，它们构成了社会协商的主体，也是我们亟待化解的焦点所在。另外，社会协商与其他四类协商（立法协商、行政协商、民主协商和参政协商）形式之间也存在一定的区别：就协商主体而言，参与社会协商的主体更为多元与广泛；就协商客体（内容）而言，社会协商的主题更为丰富、界面更为宽泛；就协商形式而言，社会协商形式更为多样、手段更为灵活；就协商规则或程序而言，社会协商的规则更为多元与繁杂；就协商效果而言，社会协商也更为迅速和准确。①

在中国语境下的社会协商，是以社会内部自主性的社会自治协商为基础，是国家与社会之间的双向运动与相互合作，是共同创造和共享社会秩序的系列民主活动。社会协商体系的现实逻辑是国家主导下的社会协商占据着主导地位，引导和规范着其他两类社会协商的发展；社会协商体系的未来发展逻辑，是在继续发挥国家驱动力的同时，社会自身力量将在社会协商的驱动方面扮演更为积极主动的角色，最终形成国家与社会高效互动和有机合作的"双动力"。然而，从实际情况来看，社会协商功效的发挥则集中体现在社会领域的矛盾纠纷与冲突之中。在此领域，国家的存在主要体现在规则的制定和契约实施的强制力保证，相对而言，社会冲突各方的"民主协商"与"协商民主"有着更广泛的含义。由于社会领域的纠纷与问题的共识形成必然经历着"讨论""博弈""慎思"的过程，因此，协商、商议、商量、审议和辩论等是社会领域的协商民

---

① 王洪树：《社会协商：中国的内生缘起与理论探索》，《探索》2015 年第 1 期。

主应有之义。在主流协商民主理论看来,它指的是协商作出决策的民主,就是决策由公民自由而平等地协商达成的民主,即"当决策是通过公开讨论过程而达成,其中所有参与者都能自由发表意见并且愿意平等听取和考虑不同的意见,这个民主体制就是协商性质的"①。

不同学科对社会协商的理解不尽相同,至今,社会协商并没有形成一个统一的概念界定。从社会学的角度来看,社会协商作为社会治理的基本方式,更侧重于社会领域的治理,它纳入了社会力量的多元参与,更注重协商主体相互间的平等地位,更多地表现出纠纷冲突各方愿意通过协商来谋求共识的诚意,通过平等协商而达成的化解方案也能被冲突各方广泛接受和认可,达成的化解方案和共识具有长效持续性,社会协商避免了纠纷冲突各方的不满情绪甚或对抗情绪的积累以及由此导致的非理性化的外部冲突,它对缓和与化解社会矛盾、群体纠纷、社会冲突具有重要的作用。社会协商实际上是为化解社会矛盾和冲突提供了一个理性化的途径。更为重要的是,社会协商也能成为理性地维护公民基本权利和利益的有效机制。② 当然,纠纷各方面对社会冲突,通过社会协商达成共识也不会是一帆风顺,必然经历着商量、辩论、谈判、妥协的过程,甚至是建立在利益博弈和力量较量的基础之上。社会纠纷中的任何一方试图通过"零和博弈"来化解社会冲突,更加不利于纠纷冲突的化解,反而会进一步激化矛盾,更加不可能达成一致。可见,只有建立在平等的基础上,以谈判协商为根本途径,照顾到冲突各方的利益诉求,以共享合作为原则,以妥协共赢为目的的社会协商,才有可能达成冲突双方都能够且愿意接受的共识或者妥协方案。

第四,社会治理的社会力量——营造中介,规范作为。

显然,社会协商的最终方案是否属于双赢的方案,决定着纠纷各方的矛盾冲突是否能够得到长期持续的化解,这对于很多社会冲突问题来说具有重大的意义,它将避免社会矛盾或者社会冲突陷入反复的对抗、内耗之中,进而增加社会行动的成本和代价。因此,建立一种力量均势,

---

① [南非]毛里西奥·帕瑟林·登特里维斯主编:《作为公共协商的民主:新的视角》,王英津译,中央编译出版社 2006 年版,第 139 页。

② 阎学伟:《社会协商与社会治理》,《南开学报》2015 年第 5 期。

对当前绝大多数不对称的社会冲突具有积极意义，它有利于促成社会协商达成双赢的化解方案。

在社会领域，相当多的社会纠纷都呈现出力量不对称性，比如在征地、拆迁、环境污染、食品安全、劳资纠纷等冲突中，相对于政府、企业而言，个人处于明显弱势的地位。这种不对称的冲突，往往都是以个人的抗争为起点，并且极有可能出现暴力型的个人泄愤行为或者非理性的群体性事件，甚至出现"大闹大解决，小闹小解决，不闹不解决"的"闹事心理与文化"，这样不仅增加了违法犯罪的风险，更无助于纠纷冲突的长效化解。因此，在非对称性社会冲突中，为处于弱势地位的一方"增力"显得尤为必要，它体现了社会协商的核心内涵，即协商应建立在平等的基础之上。

如何为处于弱势地位的一方"增力"，在日常生活的冲突中，代表弱势一方力量的"社会组织"应该是个最佳选择，这些社会组织包括官方的，也包括非官方的。当然，如果是官方的社会组织，也可能造成冲突强势的一方转化成为相对弱势的一方。通常情况下，"非官方的社会组织"能够更好地起到平衡冲突双方力量的作用，它们也能够有效地避免个人化的暴力冲突。一般来说，非官方组织具有较强的民间性、公益性、自治性和志愿性，可以通过开展各种活动，发挥其特殊功能，如民主参与、利益代表、自我管理、协商合作、公共服务等。以维护社会秩序、保障合法权益、调解社会矛盾、提供服务等为目标的非官方组织可以成为政府与企业、政府与社会、企业与社会之间的协调中介和舒缓器，进而形成一种多元开放、互动回应的社会治理机制。在社会治理的多元结构中，政府是看得见的手，市场是看不见的手，而非政府组织是它们之外的第三只手。作为一种新机制的创新，非政府组织弥补了资源配置体制的缺陷，它在全球范围的兴起，正是对"两只手"困惑所作出的积极反应和明确应答。伴随着治理理论的兴起，非政府组织日益成为社会治理机制的重要组成部分，在治理市场失灵以及社会公共事务的管理中发挥着积极的作用，尤其在为社会弱势群体提供公共服务、保护社会弱势群体合法权益等方面，解决一些长期性的复杂的社会发展问题发挥着独特的作用。① 当前,从非官方社会组织的角色和作用来看,在社会纠纷中,引入非官方组织,有利于平衡纠纷双方的力量,起到中介的作用,为社会协商起到缓冲作用,对社会冲突的化解能够起到积极的作用。

另外,为了促进社会协商的有序以及社会协商达成方案的有效性,建立相应的协商规则是十分必要的。首先,应加强社会协商各方的行为规范,即各方的行为必须建立在法治原则的基础上。所有参与社会协商的主体都必须遵守国家的法律,在社会主义法律体系内维护和增加各自的利益。坚持这一原则,就可以起到维护社会的安定团结,把社会协商对话制度引向正确的轨道。尤其是作为中介方的非政府组织,它们的代理作用是否合法有效,则更需要从法律层面进行保护和确认,只有这样,才能使中介方的非政府组织充分发挥其专业特长和缓冲功能,最大化地发挥其积极作用。其次,社会协商应坚持党的领导原则。在我国,社会协商是在以宪法为核心的法律体系规范下进行的,中国共产党的领导地位是宪法明确规定的,党对社会协商活动的领导,是法治原则在社会协商当中的具体体现,党的领导既有利于社会协商沿着正确的政治方向开展,也有利于社会协商共识的政治吸纳。尤其是当纠纷中各方的利益和共识难以达成一致时,更需要由党和政府作为最终协调力量,促成妥协方案的产生。最后,社会协商应通过协商机制和内部谈判而达成,不应通过外部性的对抗而获得。即社会纠纷应在谈判桌前通过协商、沟通和妥协达成一致,而不应通过外部的群体抗争而获得。社会协商是组织化集体之间的协商活动,组织化或代表式的协商参与,将克服群氓式参与的诸多弊端,将现阶段大量存在的对抗冲突型公共参与逐渐转化为有序合作型的社会协商参与。

总的来看,社会治理创新为社会纠纷的化解提供了新的思路与可能,社会治理创新为细分的国家与社会的职能,使其各行其职,避免了政府的失灵和市场的失灵,充分发挥了社会的力量和作用。对于政府而言,将社会矛盾与社会纠纷回归社会领域,由社会层面的力量去协调和化解,也极大地分担了政府的部分职能,避免政府成为社会纠纷的矛头所指,

---

① 　陈跃、占伟:《非政府组织在和谐社会治理中的角色和功能探索》,《行政论坛》2013 年第 1 期。

有利于促进政府工作效率的提高和改善政府的公信力；对于社会而言，大量社会组织参与社会治理，有利于促进社会组织的成长，为社会空间的拓展创造组织化的条件，避免了当前国家与社会高度重合的状况，也能够充分发挥社会组织的积极性，充分发挥它们在维护社会秩序、保障合法权益、调解社会矛盾、提供服务等方面的作用，为建立充满生机、活力与稳定的社会创造积极的条件；对于个体或者少数弱势群体而言，社会组织的介入，更能有效地代理其利益，帮助他们更理性和专业化地达成自身的利益诉求，也可能避免出现个人化的暴力冲突和群体性事件，可以将利益冲突对社会所造成的伤害降至最低的程度。显然，这对国家、政府、社会与个人都是一次机遇，是建立有序社会所必需的。社会治理创新提出的"党委领导、政府主导、社会参与"的基本原则和要求，规范了党、政府与社会主体之间的关系，它是形成多方良性互动的前提，确保了互动过程中各方的角色与地位，它是社会组织参与社会治理的基础和依据。社会治理创新也指明了社会协商和依法行动是社会纠纷化解过程的核心原则，避免了暴力式和流氓式参与，规范了各方的参与行为，使社会纠纷的协商建立在平等、民主和法治的基础上，最终使协商建立的共识和化解方案具有法律效用，使社会纠纷的长效解决成为可能。

四　治理创新背景下劳资纠纷化解的机遇

显然，劳资和谐与劳资纠纷是劳资关系的两个面向，劳资纠纷也是劳资双方的一种常态化的关系类型，劳资纠纷是不可避免的现象。尤其是当涉及重大安全事故赔偿、普遍性的工资福利降低和批量化解雇等情况时，劳资纠纷则表现得更为突出。因此，在涉及劳方的核心利益时，企业主所作出的相关决策，都不能是单方面的，更不能明显有损劳方利益，此类决策必须经过社会协商，达成共识后，方可作出决策，这是协商民主的根本要求。

当前，在社会治理创新的背景下，重大劳资纠纷应建立协商机制，通过社会协商的方式进行沟通，促成资方与劳方的一致。在劳资纠纷中，参与协商的主要是企业主或企业高层管理者与工人代表或者是工会，他们应在民主、法治的前提下,通过平等协商达成妥协和一致。通常情况下,劳方处于弱势地位,工会作为正式的社会组织,被称为工人利益的代言人,或者叫"集体发言机制"①。工会成立的初衷在于改变劳方的弱势地位,并运用组织的力量维护劳方的权利,劳方往往通过工会组织改善其工资待遇和工作条件,实现劳资关系的平衡,工会的存在则是进行集体谈判的前提。可见,工会能够成为劳方与资方的缓冲地带,成为社会协商中最重要的中介。

在建立了工会组织的企业中,工会在维护工人的利益方面发挥了积极的作用。但是,由于社会主义市场经济的快速发展,各种社会关系也在发生深刻变化,我国的劳资关系也变得日益复杂和紧张,工会自身也出现了大量的问题,比如多数工会领导人的产生缺乏民主、一些工会未能很好地履行职能、一些工会行为出现偏差、停工或怠工时工会角色混乱等,导致工人对工会的角色认知也出现了不同看法。有数据显示:在各种类型的企业当中,有二成二的人认为工会实际是在帮助企业管理职工,有三成五的人认为工会实际在搞职工福利、组织活动。认为工会实际在搞职工福利、组织活动和认为是帮助企业管理职工这两种模糊和错误的看法加起来高达五成七②,此种现象表明工会在实际运作过程中角色定位出现了混乱。

由于我国社会的快速变迁,现行的工会法及其制度本身也出现了一些制度性的问题,它们也开始不能完全适应时代变迁的需要了。我国现行的《工会法》是1992年通过实施的,它是我国刚开始探索实施社会主义市场经济的产物,无论从理论还是实践上,都深深打着计划经济的烙印。尽管在2001年对其进行了修订,但是《工会法》的基本框架和基本制度依然被完整保留。比如在现行的《工会法》中,既规定了工会的基本职责是维护职工合法权益,又规定了"工会组织和教育职工按照宪法和法律的规定行使民主权利,发挥国家主人公的作用,通过各种途径和

---

① [美]罗纳德·G.伊兰伯格、罗伯特·S.史密斯:《现代劳动经济学》,刘昕译,中国人民大学出版社1999年版,第487页。

② 孙德强:《我国工会制度的困境与出路——关于工会法实施情况的调查报告》,《中国劳动关系学院学报》2012年第1期。

形式，参与管理国家事务、管理国家经济和文化事业、管理社会事务；协助人民政府开展工作，维护工人阶级领导的、以工农联盟为基础的人民民主专政的社会主义国家政权"，以及"工会动员和组织职工参加经济建设，努力完成生产任务和工作任务，教育职工不断提高思想道德、技术业务和科学文化素质，建设有理想、有道德、有文化、有纪律的职工队伍"。这些本来是企业的职能却成为工会的义务，这就导致工会在实际工作中无所适从。这些规定在很大程度上导致了工会的性质不清、职能不明。有的工会出现"双重维护"，既维护劳方利益也维护资方利益；有的用人单位工会主席兼职严重，甚至于将其看作单位的一名中高层管理者，将工会看作单位的一个部门，一个办事机构，与用人单位一起来管理职工，使一些工会的性质发生了异化，工会本应当以维护职工利益作为自己的天职，其结果是工会自觉或者不自觉地站到资方一边，弱化了原本属于工会应有的维护职工权益的职能。当前，对于实施了 20 多年的工会法，应当作出相应的调整和修改，废除工会任务和帮助管理企业的规定，回归自己维护职工权益的基本职能。

　　在重大劳资纠纷时，工会如何进行社会协商也缺乏明确的法律规范。尽管《劳动争议调解仲裁法》以法律形式确立了协商程序的法律地位，规定了劳动争议的处理程序为协商、调解、仲裁、诉讼，但是，却没有明确协商的操作性规范，相关配套制度也不够完善。"发生劳动争议，劳动者可以与用人单位协商，也可以请工会或者第三方共同与用人单位协商，达成和解协议。"关键问题是工会应通过什么方式协商，协商的具体步骤是什么，协商的实质要件和程序要件都没有具体的法律条文规定，使得社会协商缺乏可操作性，进而影响了社会协调化解劳资纠纷的重要作用的发挥。如果没有法律的明确规定，即便通过社会协商达成了和解协议，那么这一协议有没有法律约束力也是一个问题，因而，它也影响了劳方或者工会采取协商程序达成妥协的积极性。目前，劳动争议调解的组织也出现了多元化，除了工会可以对劳动争议进行社会协商外，还有企业调解委员会、基层人民调解组织和在街道、乡镇设立的具有劳动争议调解职能的组织。这些正式化的组织对工会主导的劳动争议调解制度造成了一定的冲击，并且对工会在劳动争议调解中的地位和作用产生了较大的影响。尽管法律规定了工会组织在各种调解组织中的地位与作用,但是,这些规定多是原则性的,缺乏操作性,三方原则作为劳动争议处理的总的原则,不仅是劳动争议仲裁委员会的组织原则,还是仲裁委员会的工作原则、办案原则和制度原则,劳动争议仲裁的三方原则也未能真正落实。同时,由于工会实际上对用人单位在经济上有较强的依附性,其所有的维权言行必须严格控制在用人单位可以"容忍"和"认可"的限度之内,最终导致工会在三方机制中没有太多可以积极作为的地方。另外,工会的法律援助也未能真正落实到位,工会存在帮助职工打官司的两个瓶颈问题:法律人才的缺乏和法律援助资金的缺乏。人员及经费的影响,使工会为职工提供法律服务与帮助的范围只能限定在困难职工这一群体中,不能扩展至全部工会会员及全部职工。这与工会为全体会员及所有职工提供帮助与服务的职责不相匹配。[①]

总体来看,在我国社会主义市场经济的快速变迁和劳资关系日益复杂的情况下,我国的《工会法》和《中华人民共和国劳动争议调解仲裁法》等法律出现了明显的滞后性,对工会的角色界定仍然相当模糊,对工会的职能范围也缺乏明确划定,工会的角色和功能界定已经不能适应劳资纠纷的化解和劳资关系的调整,涉及社会协商和三方机制的现有相关法律条文过于原则和抽象,缺乏实际的操作性,导致工会的地位、作用在实践中无法充分地发挥作用,进而大大弱化了工会在劳资争议或者劳资纠纷中的功能发挥。

尽管工会在劳资争议中的作用发挥受限,且其角色和作用也常常受到质疑,但是,有工会组织与没有工会组织,无论是在形式上还是在实质上都有明显差别,至少,工会为劳方提供了一种正式的组织支持和帮助的可能,并且它也是我国法律所认可和支持的。然而,在我国非公有制企业,至今没有建立工会的企业数量也是非常庞大的。现阶段,非公有制企业作为我国吸纳劳动就业的最主要力量,他们承接了近 3 亿人的就业,它们的劳资关系问题比公有制企业表现得更为突出,尤其是中、小型劳动密集型企业成为劳资纠纷的高发地带,这其中一个重要的原因是相当一部分企业至今都没有建立工会组织。在这些企业中,由于没人组织、工人加入工会的意愿低以及成立工会的流程复杂,导致在此类企

---

① 宋艳慧:《劳动争议处理中的工会作用研究》,《人民论坛》2011 年第 20 期。

业长期出现无工会的状况，工人遭遇劳资争议或者重大劳资纠纷及其冲突时，他们无法从企业内部获取资源来维护自身的利益，他们缺乏工会的代理和帮助。通常情况下，他们要么通过个人找企业主直接交涉保证自身的利益诉求，要么通过向政府劳动部门反映利益诉求或者向社会传媒爆料自己的遭遇，以期寻求政府和媒体的介入，最终达成有利于自己利益诉求的方案。当前，由于非公有制企业工人长期无法通过正常渠道维护自身合法权益，在一些非公有制企业密集的地方甚至大型非公有制企业内部已经出现了自发性工人维权组织的萌芽，如同乡会、工友会等，这些非正式的组织实际上已经被工人们所接受，并且在劳资争议和纠纷中也开始发挥了一定的作用。

可见，在广大的非公有制企业，缺乏正式化的社会协商组织——工会，以及其他类型的可参与协调的组织，如企业调解委员会、基层人民调解组织和在街道、乡镇设立的具有劳动争议调解功能的组织等不能充分发挥其作用的情况下，大量非正式化的组织得以产生，它们通过地缘关系、业缘关系等社会关系形成一些非正式化的组织，这些组织甚至比正式化组织更多地得到了工人们的信任。缺乏法律保证和规范化的这类组织，在进行劳资争议与劳资纠纷协商时，可能出现集体对抗行动、暴力冲突事件，甚至被涉外、涉黑势力所利用，这类非正式化的组织参与劳资争议协调的法律风险是显而易见的。另外，也有相当一部分非官方的劳工维权组织和劳动争议服务部，它们也从事着劳工维权活动，同样，它们也面临着与同乡会、工友会等一样的法律风险。目前，这些非官方的劳工维权组织的生存状况十分复杂，究竟如何应对它们也存在着不同的见解。主要有以下几种看法：第一，它们的存在具有一定的合理性，它们的产生实际上是正式化的劳资纠纷协调组织功能发挥不足的一个补充，但是，要从法律层面规范它们的组织机构及其活动范围与行为方式；第二，由于它们容易受涉外、涉黑势力所利用，应禁止其存在和活动；第三，通过完善工会的职能，"收编"它们，即工会应开展工作，正面予以引导，将其纳入到工会组织的制度化框架之内。①

---

① 潘泰萍：《非公企业劳动关系与工会作用——由本田停工事件引发的思考》，《中国劳动关系学院学报》2011 年第 1 期。

在非公有制企业,这些非官方组织有着一定的市场和空间,在参与劳工维权时,有些组织出现了一些违法的现象,有些也发挥了一定的积极作用。当前,在社会治理创新的背景下,为了充分调动社会力量参与劳资争议与劳资纠纷的社会协商与协调,建立多元参与,更合理和有效地化解劳资纠纷,正确处理非官方的工人维权组织是我国政府和立法部门应密切关注的一个重要问题。当前,国家积极倡导和推进的社会治理创新,为劳资纠纷的多渠道化解和创新化解提供了可能和机遇,凡是有利于促进劳资争议和劳资纠纷的合法、公正地化解和建立和谐劳资关系的组织与社会力量都应积极对待。在国家宏观层面,对于正式化的协调组织,国家应积极推进相关立法,促成中小型企业建立工会组织,加快修订和完善《工会法》和《中华人民共和国劳动争议调解仲裁法》等法律,明确工会组织的角色、职权范围与功能,具体化工会进行社会协商的原则、方法和制度等;对于非官方的劳工维权组织,也应从立法的高度,对其角色、资金来源、职能范围、参与方式、行动方式以及调解仲裁的效力等作出明确和细致化的规定,既要积极将其纳入社会参与的社会力量范畴,调动其积极作用,又要明确规范其行动的范围、方式和效力,避免其维权行为偏离了国家的相关法律和规范。最终形成"党委领导、政府主导、社会参与、协商民主、法治保障"的劳资纠纷化解的新机制。

五　劳资纠纷复杂性与特殊性:
历史经验与现实选择

经过几十年来的发展,尽管我国经济、政治、社会等各个方面获得了巨大的发展,取得了举世瞩目的成就,但是,我们仍处于社会主义初级阶段,社会的各领域的发展还相当落后,正在努力实现从传统社会向现代社会转型过程中的阶段性社会转变,即我们正在从吸收、引进型经济向自主、创新型的经济转变,正在从高度集权的、保守的、家长的政治制度向民主的、开放的、依法行政的中国特色社会主义制度转变,正在从刚性的、冲突的、失衡的社会向弹性的、兼容的、和谐的社会转变。

如果把阶段性社会转变分为起点社会和终点社会的话，起点的社会与终点的社会在应对社会中的各种矛盾与冲突时采取两套不同的方式，处在起点与终点之中的当前中国社会，两套应对方式将对我们当前所面临的矛盾与冲突的应对产生重要影响，起点社会的应对方式所形成的惯性将左右当前矛盾的处理方式，终点社会的应对方式将为当前社会矛盾的处理方式提供最新方案。经历过从传统社会向现代社会转型和从刚性社会向弹性社会阶段性转变的西方发达国家，在应对各种社会矛盾与冲突，尤其是劳资矛盾与冲突时，有着一套完整有效的处理方式与协调机制，可供处在这一过程中的我们借鉴与学习。

（一）历史的经验

工业革命的发端标志着西方发达国家正从传统的农业社会向现代工业社会迈进，完成这一个转型过程，西方发达国家整体上经历了几百年的时间，至20世纪50年代才整体完成。在这一过程中，西方发达国家应对工业社会的主要矛盾——劳资矛盾时，在不同历史阶段采取了不同的处理方法与应对机制。以下笔者将对这一过程作简要分析与概括，以期寻求当前中国社会处理劳资纠纷及其冲突的方式和协调机制。

自由资本主义时期，涵盖了从第一次产业革命到19世纪70年代的第二次工业革命。第一次产业革命标志着西方发达国家开始从农业社会向工业社会的转型，工业化的快速推进，极大地促进了生产力的发展，也催生了大量的资本家和工人。生产的扩大与利润的扩张需要大量的原始资本积累，这一过程的完成是资本家通过对工人采取最残酷、最原始的剥削方式，以工人生活状况的急剧恶化为代价榨取尽可能多的剩余价值而换来的。在这一过程中，资本家通过推翻封建政权、建立资本主义政权的方式，建立了强大的资本主义国家机器，政府处理资本家对工人的血腥剥削采取放任、纵容的态度，对工人为争取改善工资与工作条件为主要内容的有组织的反抗采取限制、镇压、打击的方式，从而竭力保障资本家的利益。这一时期，劳资双方的力量对比中，资方处于绝对优势的地位。在力量严重失衡的情况下，政府采取自由放任的政策，法律与法规偏向资方，并与资方一道节制工人组织的形成及其活动。此时的劳资关系呈极度不稳定状态，劳资冲突总体呈现个体化的敌对状态，劳资冲突多以激烈对抗的方式表现出来。针对这种情况,为加强工人的力量,工人只有依靠本身阶级的认同,通过建立自己的工会组织,团结起来共同反抗资方,来争取生活状况的改善;在政权方面,通过成立自己的政党,反抗资本主义政权,最终建立无产阶级政权的方式来维护自己的权利。这种反抗资方的方式在马克思看来,是化解劳资冲突和彻底改变工人阶级地位的最根本的途径与方式。

19世纪70年代第二次工业革命到20世纪50年代第三次工业革命,属于垄断资本主义时期。这一时期,主要的发达资本主义国家已经先后实现了从传统农业社会向现代工业社会的转型,成为工业化程度很高的现代国家。在垄断资本主义时期,劳资关系处于不断的变化与修正之中,一方面资本家的政权从来没有停止对工人运动的压制,另一方面工人有组织的运动不断高涨,工人政党不断涌现,工人的力量不断壮大,甚至工人阶级政权国家诞生。所有这些,使资本主义国家的政府不得不调整以往的放任自流的态度和极端偏向资方的立场。为了避免工人暴力革命颠覆政权和工人激烈的罢工与反抗对完成资本原始积累的资本家进一步扩张造成重大损失,资本主义政府开始干预劳资矛盾与冲突。它们通过建立一系列的法规与制度规制劳资双方的行动,其中,政府对资方行为的有限节制和约束,对缓和劳资双方的矛盾与冲突起到了积极的作用。垄断资本主义前期,劳资冲突总体上处在组织化的敌对状态,资方有强大国家机器作为其行动的后盾,而工人有其工人组织与政党,罢工与暴力革命成为工人最强有力的武器,劳资双方力量在某种程度上形成了均势,资本主义国家从国家政权稳定的核心利益出发,试图通过一些常规化的手段、措施和制度,如政府对工业民主化的倡导,对劳资双方集体谈判的认同,对不得已而介入的“三方制”的推崇,竭力使政府成为劳资双方冲突的“中立者”“中介者”和“化解者”,而不是劳资冲突的矛头与焦点。工业民主化、集体谈判、“三方制”、初步的社会保险制度等,成为垄断主义后期资本主义政府积极干预和协调劳资双方矛盾与冲突的主导方式,使劳资关系出现了明显的缓和态势,劳资双方在应对劳资冲突时都在不同程度上采取了组织化妥协的方式和态度。

进入20世纪50年代,第三次工业革命在全世界范围内悄然而至,它以史无前例的速度与规模影响着完成了工业化与现代化转型的西方资本主义国家，至此开始，西方发达国家又迈上了从现代化社会向后现代化社会的转型，这一新的转型时至今日仍在不断地推进着。20 世纪 50 年代，世界范围内的民主解放运动不断掀起高潮，西方发达国家政府为了避免国内走向人民革命运动，政府进行了一些民主改革，对劳资关系进行全面的干预与协调，大量的劳动立法开始建立健全起来。同时，伴随资本主义高速发展，西方发达国家经济实力大幅度增强，政府有雄厚的经济实力去推进整个社会福利水平的提高，社会保障制度在西方发达国家全面铺开，工人的生活水平和福利不断提高，西方发达国家进入福利资本主义时代。在 20 世纪 80 年代，西方发达国家对高福利制度进行了调整与改革，社会福利水平有所下降。同时，福利资本主义后期，后现代力量正在使西方发达国家乃至全球社会发生质的变化。这些后现代力量和因素也使产业结构与劳资关系出现了一些新的变化，如：现代工业社会集中大规模人力进行集体作业的劳动景观已不复存在，社会劳动体系的轻型化、小型化和微型化成为一种基本趋向；有形劳动的社会地位急剧下滑；资本的自由度在全球范围达到了空前未有的水平，劳动的束缚度却因多种因素（市场供求、产业结构、技术要求、政策倾向以及地理空间等）而有增无减，劳动与资本传统的相互依赖的关系破裂，出现资本的自由化与劳动的屈服等现象。① 这些新的变化使西方发达国家甚至全球的劳资关系总体呈现出：一方面，劳动相对资本显得微不足道，劳动的自我组织能力被严重削弱；另一方面，无形劳动与有形劳动两极分化，形成体力劳动者与脑力劳动者的两极分化，使劳动者集体行动的能力被整体消解，劳动组织的组织化被严重削弱。这些变化所表现出的是在劳资双方中，劳方的力量在后现代社会的转型之中出现严重的减弱，出现了不利于劳方的社会情景。然而，西方发达国家从现代社会向后现代转型的福利资本主义时代与从传统社会向现代社会转型的自由资本主义时代存在着明显的历史分野，经过了原始资本积累的野蛮浩劫和现代工业社会的文明洗礼，劳资关系的零和博弈已无法再掉转头了。在福利资本主义时期，西方国家在处理劳资冲突方面，全面巩固在垄断时期形成的

① 郑杭生、杨敏：《社会实践结构性巨变的若干新趋势——一种社会学分析的新视角》，《社会科学》2006 年第 10 期。

各项有效的措施与制度,并通过立法的形式将其固定化和常规化,劳资纠纷及其冲突的化解应由劳资双方在既定的法律框架内予以解决,并且国家推行的福利保障制度在很大程度上使工人有了生存的安全感,避免了劳资冲突的激化,激烈的劳资冲突事件数量的减小,政府直接出面调停与干预的劳资冲突事件也大为减少,政府致力于倡导产业民主与劳资合作,维持劳资关系现有的秩序和监督劳工法律的实施。总体来说,这一时期劳资冲突处在制度化的合作状态,伴随西方发达国家经济社会的高速发展,政府调节劳资冲突的手段逐渐兼顾各方利益,逐渐采取多元调节方式,逐渐减少政府的冲击,逐渐以法制化和制度化的机制来化解劳资冲突的风险。

从以上对西方发达国家劳资关系及其冲突的简要历史回顾,我们可以看出西方发达国家在不同的社会转型时期,调节劳资关系及其冲突的手段与机制也在不断改进和完善。在从传统农业社会向现代工业社会转型的自由资本主义时期,放任、偏向资方积累原始资本,镇压、抑制工人的反抗,以压制劳方而发展资方的方式使资本主义经济获得快速发展,但同时,日益激化的劳资冲突以及工人的暴力革命的高涨使资本主义国家政权面临着灭顶的风险。在全面进入工业社会的垄断资本主义阶段,为了减少不断壮大的工人阶级力量对现有政权的颠覆,西方国家政府从政权的核心利益出发,开始节制资方,规范工人组织,力图通过各种措施避免激化劳资冲突,致力于将自己扮演成"中立者"和"协调者"的角色,使劳资冲突趋向缓和。在从工业社会向后现代社会转型的福利资本主义时期,由于这段时期经济高速发展,使西方发达国家有雄厚的经济实力致力于建设全面的社会保障制度,劳方对高速经济发展成果的较大范围和较高程度上的分享,有效地缓和了劳资矛盾与冲突,使劳资双方倾向于合作共赢。同时,政府开始兼顾各方利益和继承在工业社会时期所形成的处理劳资冲突的有效方法,并通过立法的方式将之巩固化和常规化,力图将劳资冲突的风险转移到具体制度之中。西方发达国家应对劳资冲突的各种方式与协调机制的形成基于劳资力量对比的变化和核心价值观的不断建立和调整过程。这些调节劳资关系及其冲突的手段、措施与制度的形式与其所处的特定社会转型时期,特定历史背景、政治的稳定程度、经济的发达程度、社会的发展程度密不可分。西方发达国家每一阶段主导的协调机制和手段都是从这些因素出发，并权衡轻重后制定出来的。

西方发达国家的劳资关系及其冲突调整手段、措施和制度的完善，是在经济社会处于一个相对单一的社会转型过程之中。这个社会转型时期的社会矛盾相对较少，也显得比较简单，这使西方发达国家能够有充分的时间从容应对。然而，当前中国社会是多种因素与多种力量共同作用的社会，社会正经历着快速从传统农业社会向现代工业社会的迈进，同时后现代社会的因素也大量充斥当前社会，大量的因素、力量、困难与矛盾袭面而来，社会充满着复杂性和特殊性，使我们有些惘然和措手不及。在劳资关系及其冲突方面，一方面是大量的私有经济的迅速壮大，大量私有财产的快速积累与扩张，资方的力量大量渗入政治和社会生活领域；另一方面是劳方地位的急剧下降，劳资纠纷、矛盾与冲突不断涌现和高发，充分暴露出我们协调劳资冲突能力的不足和社会主义国家公正的缺失。如何应对这些纠纷与冲突，如何体现社会主义性质及其核心价值观，如何有效地协调劳资冲突的同时保持经济的快速增长等问题，已成为考验政府执政能力的主要方面。基于中国当前的特殊背景，如何借鉴西方发达国家的历史经验与教训致力于协调高发的劳资冲突呢？

（二）现实的可能

西方发达国家所经历的传统、现代、后现代的转型，其每个转型阶段劳资关系出现的特点与内容，在中国当前社会都有不同程度的表现和遭遇。当我们整体上还未完成从传统农业社会向现代工业社会转型，却遇到了工业社会、后现代社会的种种尴尬，如私营企业主的原始资本积累的"原罪"色彩挥之不去；劳动者形成两极分化，科技型劳动和体力型劳动之间的产距进一步拉大；工人处于无组织状态，工会力量名存实亡；隐性的劳资纠纷及其冲突不断，显性的劳资纠纷及其冲突升级激化；各种有效的协调手段与方式难以实施，政府成为劳资纠纷及其冲突的矛头所指等。

针对当前异常复杂的劳资关系及其冲突，我们首先会借鉴西方发达国家的历史经验，吸收和改造西方发达国家处理劳资冲突的各种有效的方法与手段。这其中，平衡劳资力量的思路是值得借鉴的。西方发达国家在每一个转型时期,都基于劳资力量的对比,制定相应的协调劳资关系的政策和措施。当前,我国的经济发展已进入一个快车道,社会的稳定已成为当务之急。在劳资双方力量对比方面,在我国劳动力相对过剩和吸引资本投资政策导向长期存在的情况下,资方的力量将不断加强并处于绝对优势地位也将长期存在。因此,政府有必要节制资本过度扩张,培育劳方的力量,使之大体平衡,这一过程的完成应通过法律与法规的制定而实施,如通过对罢工、劳动合同、社会保险、社会责任等多项法律和政策的调整与修订;通过常规化并强有力的对资方"违规"行为的监督等,赋予劳方更多权利,以此为劳方"增权",从而避免劳资纠纷及其冲突过程中,大量零和博弈情形的发生。

其次,政府应从被动应付型治理模式向主动建设型治理模式转变,政府的角色定位应从利益共谋角色向中立协调角色转变。西方发达国家在从传统农业社会向现代工业社会转型的过程,资方政府与资方的利益共谋,极大地纵容和偏向资方,其后果是工人有组织的反抗不断升级,导致政府疲于应付,并显得措手不及,最终演变为暴力革命夺权的方式,同时也给整个社会政治、经济带来巨大的冲击。而在工业社会和工业社会向后现代社会的转型时期,政府主动建立一系列旨在规范劳资双方行为的法律与法规,并赋予劳方一系列的合法权益,使政府置于劳资冲突之外,使劳资双方在既定的程序和法律面前自行解决,除非是激烈劳资冲突,政府才以"中立者"与"协调者"角色予以调停,这样大大地化解了以往劳资冲突的最大损失者的角色,而成为劳资双方都必须仰仗与依赖的最终决策者与裁定者,并且成功地转移了劳资纠纷及其冲突的焦点所在,避免了国家政权的不稳定和社会的动荡。

再次,政府实现从利益共谋角色向中立协调角色的转变,只具备了避免政府成为劳资矛盾与冲突中矛头指向和焦点的一个条件,还需要大力培育"社会领域"与"社会机制",才能从根本上降低劳资冲突所造成的社会风险与代价。政府的治理转型和角色转变,只是把政府从劳资矛盾与冲突中解脱出来,成为劳资矛盾与冲突的"第三方"。此时,劳资双方将出现一种力量的真空,填充真空的力量除了相关的法律和法规外,社会力量将有效地弥补这种真空。因此,积极培育"社会领域"与"社会机制",使其成为劳资矛盾与冲突化解中的"第四方",将起到真正规避政府风险的作用。对于构建"社会领域"的力量，主要可从以下两方面着手：一方面，在社会力量方面，可以适当地放宽各种商会和劳资关系领域相关社会组织成立的条件以及放大其作用与功能，使其成为这一领域矛盾的协调中介；另一方面，在工人力量方面，也可放宽成立除工会以外其他正式与非正式组织的限制条件与范围，如农民工自治组织、同乡会、工人自治组织等的条件并促使其成长与壮大，使这些正式与非正式的工人组织成为协调和平衡劳资关系的一股力量。对于培育"社会机制"，主要基于科塞的观点，即建立宣泄工人不满情绪的各种"安全阀"机制。当前我国合法和惯用的宣泄渠道是"信访制度"，另外一个合法宣泄的途径为集会、游行与示威，却因种种苛刻的限制条件使其"名存实亡"，工人自组织下的各种集群行为往往又被定义为"非法"。可见，我国工人宣泄情绪与不满的"安全阀"机制相当缺乏，逐步放宽工人集体行动的条件与工人非正式组织的力量，对完善"安全阀"机制具有重要的意义和作用，它有利于缓和长期积累下来的劳资矛盾和冲突，使其不至于一旦有"导火索"就出现不可收拾的局面。

复次，对于各项协调劳资关系及其冲突的政策与法规，其调整范围与力度要有所权衡，既不能一项法规包揽所有劳动关系领域，也不能力度太大使经济效率急剧下降。劳动领域的基本法规是所有领域都应遵循的法规，通常它所规范的内容、原则与标准只是基础性的。当前，我国劳动领域的分化比较大，存在着体制内经济（国有企业、集体企业、事业单位）与体制外经济（私营企业、三资企业）、体制外经济单位的多样化、传统企业与现代企业、城乡劳动、有形劳动与无形劳动等差异，试图以一项涉及劳动关系方面的基础法规，来规制整个产业结构中所有领域的劳动关系是不可取的。显然，一项基本的劳动法规并不能发挥具体的作用。因此，需要在基本劳动法规基础上进行一些特定领域的辅助法规设计，针对不同性质经济单位、不同工种、不同行业制定相应的规范。同时，起着明显改善与缓和劳资关系纠纷和建立生活保障与社会安全感的各项福利制度，应保持一个适中的水平。西方发达国家的历史经验表明：社会整体福利水平过高，将会导致该社会竞争力下降，将使福利病侵蚀经济与社会发展的步伐；社会福利具有刚性特征，它只能升不能降，20 世纪 80 年代开始旨在降低社会福利提高社会效率的改革，使西方发达国家出现社会不稳定和经济徘徊的阵痛。我们应充分发挥社会福利与社会保障对改善劳资关系的作用,也应尽量避免西方发达国家在发展社会福利过程中出现的阵痛,根据经济发展的实际可能与长远预期,以保障最低生活和必要医疗为主要内容,将我国的社会保障制度涵盖所有人群,并在此基础上将社会保障水平适当提高。

最后,协调劳资矛盾与冲突的各项手段与措施,既要有历史的前瞻性,又不能超越特定的转型阶段。西方发达国家协调劳资矛盾与冲突的各项手段与制度的出台,在不同的转型时期,其依仗的主导模式与手段是呈现出一些差异的,它们经历着从传统农业社会向现代工业社会转型时的无规范的放任自流到现代工业社会时期对工业民主化的倡导,从现代工业社会时期的罢工制、集体谈判制、三方制的实施向后现代社会转型时对合作主义的倡导和对制度化、法制化的常规协调模式的巩固等变迁。当前,我们正处于从传统农业社会向现代工业社会转型时期,传统、现代、后现代、国内、国外等多种力量与因素在同一时空共同作用,使我们在协调劳资矛盾与冲突时,不能按部就班,即不能像西方发达国家所处这一转型时期的无规范的放任自流,也很难像处在从现代工业社会向后现代社会转型的西方发达国家一样去倡导合作主义,因为我们与西方发达国家劳资关系所处的历史起点是不一样的,西方发达国家是在完善的法规与制度基础上的合作主义,而我们却缺乏这一环节。因此,我们协调劳资矛盾与冲突的当务之急是建立一些常规化的、法制化的、制度化的手段与措施,同时,政府在其中并非放任自流,而是起到主导性和建设性作用。当然,我们并不像西方发达国家在完成现代工业社会时期协调劳资矛盾与冲突的内容与环节向后现代社会转型时才倡导合作主义,社会主义国家的性质与建设和谐社会的任务必然要求我们在当前劳资关系方面也应倡导合作主义,但是,合作主义并不是我们的重中之重,法制化与制度化的常规手段、措施和机制才是焦点所在。

总体而言,对于当前劳资纠纷与冲突的化解,我们必须从大的社会转型与小的社会阶段转变的背景出发,权衡各方因素与力量,借鉴西方发达国家的历史经验,立足当前现实,在既不影响经济快速发展和社会阶段转变的步伐,也不使劳资冲突成为一种零和博弈的情况下,尽可能地使劳资双方达到总体平衡,使劳资双方利益诉求都能充分表达和实现,尽可能地诉诸法制化与常规化的手段与机制，避免政府成为矛盾所指和焦点，从而规避劳资矛盾与冲突的风险，最终使劳资关系形成合作、共存与共赢的发展趋势和局面。

第 五 章

劳资纠纷:原因与现状

　　劳资纠纷与产业社会相生相伴,它是产业社会向前推进和发展的动因,是产业社会的主要面向。劳资纠纷及其冲突的产生有其深厚的本质根源、背景根源和具体因素,本质根源是由劳资关系本身属性所造成的冲突,主要包括劳动异化的合法化、私有制基础上的劳资利益对立、社会的不平等等方面;背景根源是由那些更加可变的,取决于组织、产业、地域、国家等因素所造成的冲突①,主要指劳动力结构、产业结构、社会发展阶段等因素;劳资纠纷及其冲突产生的具体原因包括来自法律、政策、政府、企业、工人等多方因素在工资待遇、工作时间、劳动安全、人格尊严等方面触发的问题。

一　劳资纠纷的原因

(一) 劳资纠纷的根本原因

　　马克思从劳动本质出发全面论述了劳动异化理论,在他看来,工人的贫困同其生产产品的力量和数量成反比,工人创造的产品越多,他就越变成廉价的商品,物的世界与人的世界成正比。"劳动所生产的对象,即劳动的产品,作为一种异己的存在物,作为不依赖于生产者的力量,同劳动相对立。劳动的产品是固定在某个对象中的、物化的劳动,这就是劳动的对象化。……在国民经济学假定的状况中,劳动的这种现实化

①　程延园:《劳动关系》,中国人民大学出版社 2002 年版,第 46 页。

表现为工人的非现实化,对象化表现为对象的丧失和被对象的奴役,占有表现为异化、外化。"① 马克思进一步指出,劳动异化不仅表现为劳动者的劳动成果与其劳动的异化,也表现在生产行为和生产活动之中。"这种劳动不是他自己的,而是别人的;劳动不属于他;他在劳动中也不属于他自己,而是属于别人。"② 马克思认为,"异化劳动从人那里夺走了他的生产的对象,也就从人那里夺去了他的类生活,即他的现实的类对象性,把人对动物所具有的优点变成缺点,因为从人那里夺走了他的无机的身体即自然界。同时,异化劳动把自主活动、自由活动贬低为手段,也就把人的类生活变成了维持人的肉体生存的手段。"③ 也就是说,异化劳动使劳动者与他的类本质相异化。这些异化劳动所导致的劳动同其劳动产品的异化,劳动者同其劳动活动的异化,劳动者同其劳动类本质的异化,也必然导致人与人关系的异化。而劳动异化的根源是什么? 马克思认为,"我们从国民经济学得到作为私有财产运动之结果的外化劳动(外化的生命) 这一概念。但是,对这一概念的分析表明,尽管私有财产表现为外化劳动的根据和原因,但确切地说,它是外化劳动的后果,正像神原先不是人类理智迷误的原因,而是人类理智迷误的结果一样。后来,这种关系就变成相互作用的关系。私有财产只有发展到最后的、最高的阶段,它的这个秘密才重新暴露出来,就是说,私有财产一方面是外化劳动的产物,另一方面又是劳动借以外化的手段,是这一外化的实现。"④ 外化劳动与私有制的相互作用,形成了一系列的异化现象,在解决所有异化的根本途径上,马克思认为,"我们把私有财产的起源问题变为外化劳动对人类发展进程的关系问题,就已经为解决这一任务得到了许多东西。因为人们谈到私有财产时,认为他们谈的是人之外的东西。而人们谈到劳动时,则认为是直接谈到人本身。问题的这种新的提法本身就已包含问题的解决。"⑤ 因此,消灭了私有制,也就消灭了异化劳动的根源和动力。私有制的存在成为劳动异化的根源,劳动异化形成了异

---

① 《马克思恩格斯全集》(第 3 卷),人民出版社 2002 年版,第 267—268 页。
② 同上书,第 271 页。
③ 同上书,第 274 页。
④ 同上书,第 277 页。
⑤ 同上书,第 279 页。

化的人际关系,也成为劳资双方矛盾的根源,也就是劳资冲突及其表现体现了人际关系异化、劳动异化和私有制。

基于私有制的劳资利益的差异,也成为劳资纠纷及其冲突的根本原因之一。有学者以不同的意识形态为理论背景,认为劳资关系性质有:"劳资一体论""劳资对立、冲突论""劳资互利论""各尽所能、各得其所、和谐相处论"等四个理论体系。① 尽管综观整个历史进程来看,劳资关系始终处于冲突与合作之中,冲突与合作构成了劳资关系的两个方面,但是,劳资合作是基于冲突基础上的合作,劳资冲突无论从时间段上还是实际运行状态上都是劳资关系的常态,合作是冲突面向的结果和暂时形态。基于利益差异的劳资冲突,在马克思主义看来,劳资关系的实质是阶级与阶级间的剥削与被剥削关系,是一种利益不同者之间的支配与被支配关系或对立关系。资本家购买了劳动力,劳动力就隶属于资本,劳动过程就隶属于资本,劳动结果就隶属于资本。资本家通过支配隶属于他的劳动者的劳动,获取绝对剩余价值和相对剩余价值,工人仅仅获得劳动力价值。在劳资关系发展进程中,工资福利待遇的改善,工人权益的保障,工会组织与罢工权利的确立,社会保险建立,对资方的有限节制等,并不会导致劳资双方地位的实质性变化,并不能改变劳动受资本剥削的基本状态,只不过是在较长的时间内缓和了劳资矛盾与冲突和进一步确立了资本的地位。无产阶级只有通过无产阶级革命,夺取政权,推翻资本主义制度,实行无产阶级专政,确立生产资料公有制,才能解决劳资双方的矛盾与冲突。劳资双方利益对立主要体现在生产资料占有上的差异,在资本主义社会早期,资本家通过延长劳动时间、加大劳动强度、牺牲工人的劳动安全和健康、降低工人的工资与福利、残酷镇压工人的反抗等方式快速进行资本积累。在完成资本积累的过程后,资本家无休止的利润追逐的本性促使其通过更为高明、隐秘与间接的方式,将全世界劳动者都纳入利润膨胀的剥削体系之中,而劳动者利益的明显改善和福利水平的提高,相对于资本家的超额利润显得微不足道,并且劳动者的有限利益却时常遭受资本家利润减少而减少甚至丧失的危险。

---

① 徐小洪:《论劳资关系性质的重新定位》,《北京市总工会职工大学学报》2004 年第 2 期。

因此，无论是劳动者利益得到多大程度上的改善，无论是在现代社会强调劳资的"双赢与合作"，都无法从根本上改善劳资双方利益上的根本差别，因为这些合作的面向与劳动者利益的改善是建立在资本家利润稳定快速增长前提条件之下的，这些形式只不过是缓和了劳资冲突的激化程度，并没有消除劳资冲突的存在依据和根源。

尽管当前西方发达国家社会福利水平较高，社会阶层结构实现了从金字塔形向橄榄形转变，中产阶层成为主导的社会阶层，社会公正与社会平等有了较大的改善，但是，处于社会下层的产业工人与处于社会上层的资本家之间的经济收入差距却在进一步地加大，社会的不平等在社会阶层的两端体现得尤为明显。通常，基尼系数值的大小与社会财富集中情况作为衡量分配平均程度和社会分化程度的标准，最能反映出社会的平等状况，基尼系数值越小、社会财富越分散，社会的平等性越强；反之，则社会的平等性越差。如世界上最发达的国家——美国，进入 21世纪后，经济出现一定程度的萧条，政府宏观政策又倾向于有产者，使当前基尼系数高达 0.47，占人口总数 5% 的人掌握着全国将近 60% 的财富，这些表明美国当前的社会分配严重不均，处在社会下层的产业工人与处在社会上层的有产者之间的社会分化进一步加剧。同样，当前我国的基尼系数超过 0.47，占人口总数 20% 的人掌握着全国 80% 的财富，并且我国的中产阶层所占的比重不足 20%，社会阶层仍然是"金字塔"形，大量的社会下层的贫困与少量的社会上层的奢华形成鲜明对照，所有这些表明当前我国社会不平等现象严重，经济社会获得的巨大发展与成就并没有使所有的社会成员分享。这些不平等表现在劳资关系上，体现为劳方经济收益的微小与资方利润的空前膨胀，劳方地位的进一步边缘化，资方地位的进一步强化，劳资纠纷及其冲突不断且逐渐激化。

社会的不平等在任何社会都广泛地存在着，它在工业社会主要体现在以工人阶级与资产阶级为主导的社会阶层结构之中，表现为工人阶级与资产阶级之间的利益差异与分化，若两者之间的利益差异和分化越大，则劳资冲突就越尖锐，反之亦然。可见，社会不平等反映着一个社会利益分化的格局，当它作用于该社会中的社会阶层结构时，则将具体表现出社会主要阶层，即劳方与资方之间的矛盾。因此，社会不平等也成为在私有财产基础上的一个劳资纠纷的派生原因。

（二）劳资纠纷的背景原因

在资本主义私有制基础上形成的劳动异化、劳资利益对立以及社会不平等构成了劳资纠纷及其冲突普遍存在和发生的根源，然而，不同的国家与社会劳资纠纷数量的多少和激化的程度却存在着较大的差异，这种情况显然与该社会的特定背景密切相关。涉及劳资纠纷的背景原因主要有以下几个方面：

第一，劳动力状况与结构。劳资纠纷及其冲突的产生通常在劳资力量不平衡的情况下发生，即资方占有优势地位，而劳方处于弱势地位。如果从经济学供求关系的角度来说，若资金供过于求与工人供不应求，则劳方处于稀缺地位，资方为了使其资金与劳方结合起来，实现资本的转变，必然提高劳方的利益，极力避免由资方原因所导致的劳资纠纷及其冲突。反之，若资金供不应求和工人供过于求，则表明资金的稀缺，资方处于稀缺地位，由于相对丰富的劳动力与稀缺资本的鲜明对照，资方必然最大化自身的利益，劳资纠纷及其冲突就不可避免。这是对劳动力数量的简单分析，是理想化的描述，它在全球化和机械化的背景下被彻底颠覆，劳动力相对于高度机械化与全球人口爆炸显得严重过剩了。当前，在什么样的情况下，劳动力相对于资本才会出现稀缺的情况呢？只有存在在特定的新兴产业，并且社会对这种产业的市场需求量巨大的情况下，渗入这一领域的资本能够获得最大化增值时，这一领域的劳动力方能成为稀缺因素，此时才有可能产生资本对劳动力的依赖。这种情况的发生通常是在技术含量非常高的产业，资金才会对少数技术性人才形成依赖，但它绝非普遍存在。可是，我国的事实是：农业已成为边缘产业，农村仍有6亿农民需要转移到非农产业中去，其中有2亿多农民工群体往返于城乡之间，还有庞大的城镇下岗人员和隐性就业人员，再加上每年近800多万大学毕业生等就业群体，我国的劳动力数量是绝对多，就业压力十分巨大。并且我国快速推进城市化进程，需要在较短的时间内解决农村人口向城镇人口转移的问题，这种劳动力数量绝对多与资本相对少的矛盾进一步凸显，这必然导致在宏观政策层面，更多地依赖资本的力量与作用，也使资本的稀缺地位得以体现，资本对劳动力的强势地位得到进一步的强化。同时，我国劳动力的文化素质比较低，同质性强的劳动力状况,表明劳动力的可替代性强,在劳资冲突发生时,在劳资谈判中,试图通过强调劳动力自身价值显得无关紧要。劳方的无足轻重,资方的盛气凌人,在缺乏疏导与协调机制的情况下,劳资双方的纠纷与冲突将出现极端化的倾向。

第二,三大部门及其发展水平。三大部门内的结构及其发展水平,即第一、第二、第三部门内的比重及其当前的发展情况。首先,我国的农业已经成为农民的生计农业,它是农民的口粮,绝大部分已不可能实现农业产业化的道路,但是,它却涵盖了6亿人口规模,并且这种情况在短期内将无法改变。其次,工业是我国经济发展的主要力量,工业成为实现现代化转型的依托力量,工业结构内部只有劳动密集型的产业才能更多地吸纳向城市化转移过程中的农村人口,劳动密集型的产业将随着工业产业结构不断向资金密集型和技术密集型产业的升级而逐步衰弱,而非劳动密集型产业对劳动力的吸纳十分有限。然而,我国存在大量的低文化素质的人群,这些人口是不可能向资金和技术密集型产业转移的,我国既定的向"创新型工业"转变必然将大量的非专业化人口排斥在外。当前,我国的工业水平较低,大量的劳动密集型企业成为工业中的主导力量,这些企业中工人的可替代性强且缺乏与资方谈判的资本,面临劳资纠纷时将处于绝对不利的地位,这样的产业结构与工人结构决定了我国劳资双方矛盾重重且冲突不断升级与激化。相反,资金密集型尤其是技术密集型的产业之中,资方对技术工人的依赖有利于提升劳方地位,双方发生冲突时也不至于完全出现有利于资方的零和博弈。同时,我国推进的产业升级也将导致大量劳动密集型企业的分化与重组,其中,许多企业面临着破产,破产中的代价(如资方携款欠薪而逃等)转移或强加给工人的情况也开始涌现,这些情况无疑将引发更大的劳资冲突。最后,服务业是现代化国家的主要标志,成为发达国家吸纳劳动力的主要部门。通常情况下,它是建立在农业和工业,尤其是工业极端发达的基础之上,如果盲目推进,将会面临当前一些发展中国家的遭遇——工业基础薄弱、过度城市化中"城市病"和"乡村贫困"。在我国,随着工业水平的不断提高,在应对劳动力供求总量矛盾与就业结构性矛盾时,服务业成为我们重点发展的领域。然而,服务业与工业一样都广泛存在着"超常规压缩工人成本"的问题,这一问题在服务业更加严重。与工业相比，服务业领域各种规范更加不完善，服务业所要求的文化与技术水平更低，工作时间更长，工资待遇更低，劳资冲突更多。因此，要实现服务业成为我国劳动力就业的主要领域所面临的问题更多，其过程也会更艰难。

第三，社会发展阶段。不同的社会发展阶段，劳资冲突的情况将有所不同。社会发展阶段为劳资纠纷及其冲突的化解提供了一个时代背景。通常情况下，当经济发展落后，政府对劳资双方的矛盾较少协调，以放任资方的零和游戏为代价，想方设法为资方服务，从而促进经济的发展。当经济发展具备一定的规模且发展平稳时，政府将以社会管理者的身份出现，它有能力与实力去"节制资本"且推进各项缓和劳资冲突的政策与制度的建立和完善。当经济不景气且衰退的情况下，原先制定的各项福利和保障劳工的制度将进行一定程度的偏向资方的变化，比如 20 世纪80 年代初西方发达国家的福利制度改革。因此，社会发展阶段对劳资双方的影响主要取决于作为社会管理者——政府的各项政策与措施，政府政策和制度的出台、调整与经济发展状况的好坏绑定在一起。当前，我国经济持续高速增长已有 30 多年，政府已经拥有了很强的能力与实力去调整长期以来对资方的放任自流，制定相应的保障劳方利益的政策。目前，顾及劳方的《新劳动合同法》和兼顾弱势群体的和谐社会理念的出台和推进，与我国经济社会所处的阶段不无关系。

第四，社会文化及其传统。经济发展水平的高低对劳资双方及其冲突的影响是一目了然的，然而，它所决定的社会发展阶段并非决定劳资政策及其取向的唯一因素，而社会文化及其传统对劳资冲突及其影响更为深远。比如法国，作为西方发达国家的一员，相对于美国、德国和日本，它的经济发展缓慢，其主要原因在于其工业效率较低，工业的低效率迫使当前法国政府对劳工政策进行改革，这种改革却引发了更大层次的冲突和矛盾，其中，法国的文化及其传统对长期的低效率和冲突不无影响。法国文化的保守传统，影响着法国人追求安逸和享受生活，使法国人更多地追求人本主义而非高效率的功利主义。因此，其劳工法律与政策的制定也深受其影响。在这一领域，任何大的变动都会受到较大的阻力。可见，社会文化的惯性及其作用对劳工政策与制度的制定存在着不同程度的影响，劳工政策与制度直接影响着劳资冲突的产生、发展与结果。当前,我国对和谐社会的倡导与推进是吸取与再造中国传统儒家文化,它已经开始影响和作用到我国的劳资领域,和谐社会的背景下劳资关系领域已经出现一些变革。随着中华文明的重建及其发展进程的不断发展,传统文化的作用将进一步得到体现,它将对形成"和谐共赢"的劳资关系起到更为积极的作用。

(三) 劳资纠纷产生的具体原因

当前,劳资纠纷及其冲突不断涌现,集会、罢工、上访等重大事件层出不穷,有的甚至以绑架、凶杀等极端形式表现出来,劳资冲突成为社会最不稳定的因素,也是建设和谐社会的最大阻力。一些关于劳资冲突的调研、数据与报道的涌现,引发了社会的广泛关注。当前引发劳资纠纷的具体原因多种多样,如工资低、拖欠工资,劳动时间过长,遭体罚、被打、被辱骂、被限制人身自由,用工制度不规范等,总体来说,可以将这些具体的原因归纳为以下几类原因。

1. 权益受损

在法律的框架内,工人是拥有一系列的权利,这些权利包括劳动报酬权、劳动安全权、休息权、团结权、罢工权等,有学者将这些权利称为劳动权。[①] 通常情况下,工人的权益受损往往是指他们的劳动权受到侵犯,从而导致其利益受损,引发劳资冲突。在我国,由于工人集体行动的权利,如游行示威权、罢工权等集体劳动权在现有制度框架下的实际缺失,因此,由于集体劳动权受损而引发劳资冲突的现象较少。权益受损更多的显现为由于个人劳动权,如劳动报酬权、休息权等引发劳资冲突,这其中物质利益受损成为劳资纠纷及其冲突发生的首因。物质利益受损主要指的是工资问题,工资是工人获取劳动报酬,是工人生存的基础与工人劳动的首要权利。尽管我国对工人获取劳动报酬的权利有明确的法律规定,但是,各种形式的剥夺工人获取劳动报酬的侵犯行为仍常发生,这其中,拖欠工资成为当前较为普遍的现象。有数据统计:自2000 年以来,东莞市两级法院受理的劳动争议案件数量逐年增多。2000

---

① 常凯:《劳动权:当代中国劳动关系的法律调整》,中国劳动社会保障出版社 2004 年版;李炳安:《劳动权论》,人民法院出版社 2006 年版。

年受理的劳动争议案件不足 600 宗,2005 年增长至近 4000 宗,案件数量是 2000 年的 667%。2006 年 1—7 月,两级法院受理的劳动争议案件数为 4093 宗,与 2005 年度同期相比增长率约为 70%。其中 70% 的劳动争议案件涉及拖欠工资。① 资方还通过克扣工人工资的手段剥夺工人获取报酬的权利,具体如:不按法定规定支付工人的加班费,减少工人的加班费,克扣工人的补助、津贴、奖金,以低于地区最低工资标准支付工人工资,等等。国家统计局的相关数据表明,20% 的农民工都遭受过被克扣工资。② 另外,不为工人购买社会保险也是资方剥夺工人获取劳动报酬的一种更为普遍的现象:一方面,社会保险对于工人而言,是更高层次的福利与保障,在当前拖欠、克扣、不支付工人劳动报酬盛行的情况下,社会保险更是一种奢望;另一方面,我国大量存在的劳动密集型的工业结构状况,这对于以压缩工资成本为获利方式的资方而言,社会保险似乎是企业更大的负担。

(1) 休息权被大量剥夺。《劳动法》规定:任何单位和个人不得擅自延长劳动者的工作时间。国家实行劳动者每日工作时间不超过 8 小时,平均每周工作时间不超过 44 小时的工时制度。用人单位由于生产经营需要,经与工会和劳动者协商后延长工作时间,一般不得超过 1 小时;因特殊原因需要延长工作时间的,在保障劳动者身体健康的条件下,经劳动者同意,延长工作时间每日不得超过 3 小时,但每月不得超过 36 小时。也就是说,用人单位要安排加班,与工会和劳动者协商并取得同意是必经的程序,否则,用人单位强行让劳动者加班加点,便是一种违法行为。但是,现实的情况是:绝大多数的加班并没有征求工会和劳动者的同意,更不要说协商。③ 据广东省总工会女职工部课题调研组 2004 年对全省涉及广州、深圳、珠海、东莞等 10 个市的电器、玩具、制衣、制鞋等 89 大类共 49 家制造企业的一线女职工所做的调查显示:有 15.5% 的女职工每天加班加点 1 小时以上;有 22.3% 的女职工每天加班加点在 2 小时以上;

---

① 乔建:《七成劳动争议案件涉拖欠工资》,《南方都市报》2006 年 9 月 14 日。

② 方烨:《国家统计局调查:2 成农民工被克扣过报酬》,《经济参考报》2006 年 10 月 27 日。

③ 曹林:《加班——中国成为劳动时间最长国家之一》,《京华时报》2006 年 6 月 21 日。

有 13.2% 的女职工每天加班加点在 3 小时以上;甚至有 7.8% 的女职工每天加班加点在 4 小时以上;有近一半女职工每天工作时间为 10—12 小时。① 又如东莞市福某斯托公司,不执行政府制定的最低工资标准,并强迫工人加班,在 2006 年 4 月,工人加班 50 小时,已超过劳动法规定的 36 小时,引发了工人拒绝加班的集体行动。② 可见,当前资方剥削劳方休息权的现象十分突出,超时工作、加班加点也是引发劳资冲突的重要因素。

(2) 工人劳动安全权被剥夺。根据《劳动合同法》《劳动法》及其他有关法律、法规的规定,用人单位必须建立健全劳动安全卫生制度,严格执行国家的劳动安全卫生规程和标准,规范化、科学化地安排生产作业,对劳动者进行劳动安全卫生教育,积极采取切实有效的劳动安全卫生措施,防止劳动过程中的事故,减少职业危害。然而,当前大量处在产业结构低端链上的中国私营企业是通过减小企业制造成本和压缩工人工资来获取利润,在这一事实面前,工人的劳动安全卫生可想而知。如有数据显示:我国有毒有害企业超过 1600 万家,受到职业病危害的人数超过 2 亿。2003 年全国报告各类职业病发病数为 10467 例,其中尘肺病发病数占了 80%,急、慢性中毒约占 20%。20 世纪 50 年代以来我国报告累计尘肺病例 58 万多人,这个数字相当于世界其他国家尘肺病人的总和。当前,尘肺病死亡人数 14 万多人,现患者 44 万多人。同时,由于目前厂矿企业劳动者的体检率低,报告不全,专家估计实际发病要比报告的例数多,尘肺实际发生的病例数不少于 100 万例。③ 又据深圳市卫生局数据显示,1990—2005 年,深圳全市共发生职业中毒 355 宗,中毒人数 896 人,其中死亡 45 人,并且"发展呈上升趋势"。当前,深圳全市 19700 家工厂中,存在严重职业毒害因素的企业高达 9392 家,与职业毒害因素接触的工人就有 30 万人。职业危害发病率 80% 以上分布在特区外的宝安、龙岗两区,以"三来一补""三资企业"为主,集中在制鞋、五

---

① 何达志:《广东制造行业近半女工一天工作 10 到 12 小时》,《羊城晚报》2004 年 5 月 13 日。

② 周桂平:《10 名工人拒绝超时加班被指煽动罢工》,《信息时报》2006 年 6 月 2 日。

③ 王成旻:《中国两亿余人遭受职业病侵害,其中尘肺病占 80%》,《北京娱乐信报》2005 年 4 月 20 日。

金电镀、塑胶玩具、印刷、家具等行业,其中涉外企业占到九成以上。深圳职业中毒95%发生在台资、港资等涉外企业。中毒的主要原因是:作业场所没有卫生防护措施,毒物浓度严重超标;工人长时间加班作业,没有个人卫生防护用品;工人缺乏自我保护意识和个人防护知识。① 当这些工人遭受到职业病和工伤时,劳资之间的冲突不可避免,尤其是当工人的伤亡代价得不到妥协解决和合理补偿时,劳资之间的冲突将向更极端的形式发展。

(3) 工人的人格尊严被侵犯。我国《宪法》明确规定,公民的人身自由不受侵犯。禁止非法拘禁和以其他方法非法剥夺或者限制公民的人身自由,禁止非法搜查公民的身体。公民的人格尊严不受侵犯,禁止用任何方法对公民进行侮辱。《劳动法》也规定,侮辱、体罚、殴打、非法搜查和拘禁劳动者的,由公安机关对责任人员处以 15 日以下拘留、罚款或警告。构成犯罪的依法追究刑事责任。人格尊严是人的最基础的社会地位且应得到社会和他人最起码的尊重,这是个显而易见的道理,且得到了多项法律的保障与规定,然而,在我国劳资力量严重失衡的天平上,工人的人格尊严却屡被践踏。如在 2002 年 8 月,位于广州所辖区从化市旗杆镇的永钊钻石厂,因为丢失了 4 粒钻石,在遍寻不着的情况下,管理人员要求工人在同意书上签字,然后对车间的 103 名员工进行搜身,让员工们脱光衣服一丝不挂地接受检查。② 又如 2000 年 5 月 25 日,广东省中山市横栏镇中横灯饰厂以职工杜某涉嫌盗窃生产用原料镍块和银盐为由,纠集多人用胶辊和麻布包裹的铁水管对其进行毒打,强迫其承认盗窃生产原料和“供出”其他盗窃人员名单。随后,他们根据杜某“提供的名单”,分别将 19 名职工分批叫进办公室,一一进行殴打,强迫他们承认盗窃行为,并将这些职工非法关押在厂房内。③ 辱骂、搜身、殴打甚至奴役成为侵犯工人人格尊严的一套行为逻辑,在这样的资方行为逻辑

---

① 杨兴云:《深圳市 30 万工人受职业病侵害,近半企业需整改》,《经济观察报》2006 年 5 月 21 日。

② 谢冰、卢汉欣:《工人丢失 4 粒钻石　103 名工人一丝不挂接受检查》,《南方都市报》2002 年 8 月 23 日。

③ 钟鞍钢:《私企职工权益亟待保护　组建工会刻不容缓》,《法制日报》2000 年 6 月 25 日。

下,劳方的反抗也不可避免,劳资双方的冲突将随着资方行动的升级,也将不断激化和升级。

2. 保障不力

我国劳动者参加社会保险面狭窄,有数据显示:有近60%的企业没有给劳动者上任何保险,其中一部分参保企业仅为主要管理、技术人员和一部分工人投了保,即使参保的企业,其保险范围也仅集中在养老保险、医疗保险。① 劳资纠纷及其冲突的各种形式与种种现状,充分暴露出我国劳资保障的相关领域制度的缺乏及保障力度的不足。这体现在以下几个方面:

首先,社会保障问题,其在劳资方面涉及的是人群的差异和体制的差异。社会保障在人群方面的差异体现在二元化的"工人",在我国存在着城市工人与农村工人,即通常所说的工人与农民工。一般来说,城市工人聚集在国有企业和产业类型较高的私营企业之中,而农民工往往在劳动密集型的私营企业之中就业,相对而言,农民工缺乏城市社会网络中的各种增加自身行动能力的资源。另外,尤其在经济发达的大城市,城乡分割的户籍制度也在有形与无形地限制和削弱农民工社会保障权益范围。因而,在保障缺乏和行动资源匮乏的情况下,聚集在劳动密集型的农民工成为最易被侵害的对象,因此形成的劳资冲突也表现得更为激烈且更易走向极端。另外,社会保障在体制方面的差异体现在不同类型的企业在保障方面存在着很大的差异。我国存在着多种所有制经济成分,公有制、私有制、混合所有制等并存。通常,国有企业较好地实施了国家政策法规所赋予工人的各种权利与保障,而在私有部门,则更多地依赖其自身的发展状况,存在着完全、部分实施法律所规定的由企业购买工人的相关保险。私营企业一般的做法是从自身利益出发,将工人区别对待,部分文化程度高或掌握着企业核心部门的工人部分或全部享受由企业支付的保障,而绝大多数的工人被排除在外。这种做法在很大程度上分化了工人一致行动的能力,使工人团结合作困难重重,进一步促进了资方在劳资冲突中的强势地位。

其次,用工规范问题。《劳动法》《劳动合同法》等法规对工人的劳

---

① 温春继:《目前我国劳资关系紧张的主要原因及对策》,《中国劳动关系学院学报》2010年第2期。

动时间、劳动报酬、劳动安全卫生、劳动保险等进行了明确规定,这些内容实际上规范了企业的用工制度。从理论上说,如果企业按照这些规定行事,劳资冲突将不会形成对企业和资方直接的冲突,因为这些都是国家宏观层面已规定了的,只不过是按法按章办事。然而,现实涌现的大量的劳资冲突,其直接原因都是企业没有按照相关法规规范用工,导致加班加点、克扣与拖欠工资、无视劳动安全卫生等行为频繁发生,甚至出现了一些"血汗工厂""奴隶工厂"。规范用工的核心体现为按劳动合同来用工。劳动合同是指劳动者与用人单位建立劳动关系、明确双方权利与义务的书面协议,是否签订劳动合同关系到劳资关系的存在与否及其合法性的问题。相当多的传统企业在劳动合同上存在的主要问题包括:(1)忽视签订劳动合同。在生产类型的企业中,存在非法用工的行为,逃避社会保险等必须履行的义务,故意拒绝签订劳动合同。在技术含量较高的企业,企业为了压低工资,短期使用员工的技术而故意以口头约定试用期而拖延或者拒绝签订劳动合同。(2)合同条款模糊或残缺。尽管职工与企业主签订了劳动合同,但是这些合同有的条款是模糊的,有的关于职工权利的条款根本没有写进劳动合同。(3)不平等的劳动合同。一些企业主为了转嫁成本或风险,迫使打工者签订所谓"生死合同"(如出现工伤、残废及死亡等,企业一方可不负任何责任),这些合同是违背劳动法及相应法规的。[①] 规范用工是企业长远、持续发展的依据和动力,长期不规范用工尽管使企业获得了短期利益,但是,它也使企业处于紧张的劳资内耗之中,使企业失去了长期发展的动力,失去了应对通货膨胀、货币升值、产业淘汰等各项风险的能力,最终在面对社会不断进步所形成的更为严格的用工规范时显得无所适从甚至关门倒闭。正如2008年1月1日新《劳动合同法》的正式实施所引起的企业波动与阵痛,如转嫁风险、转移产业、淘汰出局等,这多少与多年来用工不规范存在着一定的联系。

再次,劳资双方沟通渠道不畅通,劳方缺乏强有力的利益表达机制。这种现象主要表现在以下几个方面:(1)劳方维权意识不强。特别是以农民工为主体的私营企业,由于农民工流动性大、非正规就业等方面的

---

①　席群、吕佳:《外资企业劳资关系冲突的成因及对策》,《中国人力资源开发》2008年第8期。

原因,他们缺乏维权意识,对合同、权利不在乎,他们最关心的是支付工资。另外,在一些家族式传统型生产企业里,企业是家族自己的,在谋求企业发展和进行日常管理过程中,企业主极少与劳方进行交流与沟通,较少考虑和关注劳方的想法。同样,多数企业员工只是将自己看作企业的打工者,企业的发展与管理跟自己没有多少关系,企业主想怎么做就怎么做,自己东家不打打西家,对企业的前途命运表现出无所谓。当遭遇劳资冲突时,劳方极少有实力与企业主力争和理论,他们要么忍气吞声,要么辞工跳槽。(2)缺乏工会组织或者是工会力量虚化。大量中小型企业的一个普遍特点是缺乏工会组织,即便是建立了工会组织,工会大都依附企业,往往是作为一种行政职务被用来调节管理层内部的人事安排,工会干部由企业干部兼任甚至实行"委任制",不少企业工会是由资方控制的,名存实亡。[1] 致使工会职工代表职能逐渐削减,工会代表职工经济利益和利益表达载体的组织功能日渐式微甚至流于形式,工会核心职能基本虚化,工会并不能承担代表工人利益、平衡劳资力量和化解劳资纠纷与冲突的作用。(3)公开舆论表达渠道不畅通。公开舆论表达即媒体话语权,主要指借助新闻媒体、网络报纸等载体表达利益诉求,以期影响政策输出。在劳资关系中,资方往往凭借其强势地位,根据集团利益需要利用媒体来扩大对公共政策制定的影响,并极力赋予公共政策利于集团的解释,以实现群体利益最大化。……在劳资双方利益表达媒体话语权的博弈中,资方把持着话语霸权,而劳方缺乏接近媒介的能力,既不能及时掌握与自身利益相关的信息,也驾驭不了媒介话语权以发出自己的"声音",自身的利益诉求也就无法通过主流媒介得到表达。在媒介表达中,劳方被逐渐边缘化,虽然也有媒体代言劳方争取权益的事件偶见报端,但是个案事件难以撑起整个劳方媒介话语权平台,也难以打开公开舆论表达渠道的畅通局面。[2](4)其他利益表达方式效力有限,有些还充满风险。有些工人通过私人接触的"庇护型"利益诉求

---

① 龚维斌:《我国现阶段劳资矛盾产生的原因及对策研究》,《当代世界与社会主义》2005年第3期。

② 赵春玲、殷倩:《劳资利益表达的失衡与治理——论转型期我国和谐劳资关系的建立》,《宁夏社会科学》2009年第3期。

作为其利益表达渠道……由于交易双方的关系既缺乏保障也缺乏公正,对于从属地位的一方甚至是低下的,这使交易成本和交易结果都带有很大的不确定性。并且这种以"关系"为依托、交易为实质、按"潜规则"运作的"私人接触",对于正式制度存在着潜在的冲击。[①] 有些工人通过偷懒、开小差、诽谤、怠工、偷窃等方式进行"日常抵抗",尽管能起到心理宣泄的作用,但是此方式表达自身利益诉求的效果则微不足道。有些工人以死抗争以及游行、示威、静坐等方式的群体抗争,这些抗争方式可能给公共安全和秩序带来负面的影响,甚至有些极端的群体性抗争还充满了"政治风险"。可见,当合法的利益表达渠道不畅通或者正常的利益表达机制缺乏时,劳资纠纷与冲突要么以劳方的退让结束,要么以更激烈的劳资冲突的形式表现出来。

复次,化解劳资纠纷及其冲突的机制缺乏。化解劳资纠纷及其冲突的机制,分为正式化的机制与非正式化的机制。正式化的机制是法律所赋予的,如法院诉讼、依法罢工、集体谈判、信访等;非正式化的机制包括大量的集群性行动与个体性行动,如非程序化的游行、示威、罢工、静坐、"跳楼秀"等。当前,正式的维权机制,如法院调解遵循的是"调解—劳动仲裁—法院诉讼"的过程,劳动争议仲裁是劳动争议处理的法定必经程序,一旦发生劳动争议,调解不成功或不愿调解时,当事人必须先申请劳动仲裁,非经仲裁不得向法院起诉。在法院诉讼的路径中,劳方要在漫长审理过程中等待,诉讼程序的时间限制,使劳工没有足够的时间、金钱和精力与资方对抗,因此他们中的大多数要么选择忍受与沉默,要么用非正式的手段去解决。同样,依法罢工又受到严格的条件限制,且这种形式在我国基本上名存实亡。而集体谈判与集体协商,在我国多数私营企业中也基本不存在。可见,我国的正式化的机制存在着超出劳方承受力的时间和金钱,周期较长、限制条件多等问题,因此,在现实生活中,劳资冲突的化解往往是通过非正式化的机制来解决。对于劳方而言,非正式手段存在着被贴上"非法""不理智""野蛮"等标签的风险,但是,非正式手段的"立竿见影""直接掌控""成本相对

---

①　张志昌、刘勇:《转型期我国工人利益表达方式及特点分析》,《政法学刊》2012 年第 1期。

低""周期较快"等特征,使其成为劳资冲突中更为普遍的手法。正式化解手段实践操作上的相对"不可取"与非正式化解手段的"危险性"使当前化解劳资冲突的机制相对缺乏,这种状况使当前缺乏疏导机制的劳资冲突高发且呈现出激化的趋势。

最后,地方政府不作为。劳方、政府与资方通常是现代工业社会的三大力量,政府的中介与协调能力的有效发挥会使劳资力量的天平保持平衡。当前,劳资关系偏向资方的严重失衡现象,反映出政府在其中应尽的责任与义务的缺乏。在市场经济的口号下,政府不干涉私营企业的经营与管理,劳资矛盾由双方自行解决的放任做法,实际上就是政府的不作为。在缺乏政府的监管与经济利益的追逐下,资方与劳方之间很难达成一致,资方追求成本最小化和利润最大化永无止境,而劳方需要以追加资方成本来实现改善工作条件和提高福利待遇,这对矛盾在资方处于绝对优势的情况下,劳方要求的实现显得不可能,除非有政府的作为,即政府的强制性政策及其监管。考验政府的是经济发展与社会稳定之间的取舍,一些经济发展落后的地方政府"千方百计"地"招商引资",且对资方进行了许诺,在追求经济增长、政绩、财税收入等因素影响下,对资方的一些违法违规行为视而不见,对劳方的合理要求充耳不闻,这将必然牺牲劳方的利益和助长资方的不法行为。这种做法的后遗症是劳资冲突激化且高发,社会和谐与稳定受到威胁。通常,在一些经济发展迈向"快车道"的发达地区,社会的稳定成为政府工作的"重中之重",即便是这些地方,长期以来政府的不作为所积累的劳资矛盾也并非一时之功可以化解的。

二　劳资纠纷现状:基于样本的调查

在中小型企业中,工人对企业主剥削的认知表现为较高的水平,劳资关系建立在"不友善"关系认知的基础上。基于样本调查的数据,将近半数的样本认为企业主通过各种方式盘剥工人,只有25%的样本不这样认为,还有26.5%的样本对企业主是否对其存在着剥削无明显认知。具体见表5-1。

表5-1　　　　　　　　　工人对企业主剥削的认知情况

内容 ＼ 状况	是（%）	否（%）	不清楚（%）
企业主通过各种方式盘剥工人	48.5	25.0	26.5

　　多数工人对企业主的剥削认知程度呈现出的高水平，反映出我国中小企业中劳资纠纷的根源突出。基于此种认知的劳资关系，具有了某种"对立"的性质，这种关系的紧张，则通过企业生活中的具体内容反映出来。

　　首先，从企业加班的情况来看。加班加点成为样本的一个共性，调查的五个个案中都存在着不同程度的加班情况：

　　　　我们企业上班时间是早上8:00，有的时候是7:00，主要是根据季节的变换，像冬天就8:00，其他季节是7:00，上午从7:00到12:00，下午13:30到17:30，晚上一般要加班，从7点开始，加班时间不等，有活做的时候加班到晚上12点钟都有，一般情况下到21:00到22:00就差不多了，大概2到3个小时，没有活做的时候，甚至会轮着休息。（据AE1所言）

　　数据显示，加班的时间1—2小时的样本占样本总量的49%，加班2小时以上至3小时的样本占样本总量的12.5%，加班3个小时以上的占样本总量的18.5%。可见，在我国，企业的加班加点情况十分突出。具体见表5-2。

表5-2　　　　　　　　　调查对象的加班情况

	频率	有效百分比（%）	累积百分比（%）
0小时	24	6.0	6.0
1小时以下	38	9.5	15.5
1—2小时	196	49.0	64.5
2小时以上至3小时	68	17.0	81.5

续表

	频率	有效百分比（%）	累积百分比（%）
3—4 小时	50	12.5	94.0
4 小时以上	24	6.0	100.0
合计	400	100.0	

像我们这种企业，哪里没有加班加点的。你还别说我们这种类型的企业，就算是国有企业还不是一样加班的。我们又不少工人一分钱，加班费我们都是支付给工人的。有些还要求多加班，多挣些钱，甚至于有些工人加班时，为了多做点活，同一组的其他工人还有意见（因为他把别人的活给做了）。（据 AR 所言）

我们企业是实行二班倒的，白天一班，晚上一班，机器都是24小时运转的，你看我几千万的机器设备，如果我们停工三四天，就亏本了，加班也是没办法的事。（据 CR 所言）

当前，在工作时长上，尽管企业的加班有各种各样的原因，有企业生产自身的特点，有企业利润的考虑，但是，可以确定的是企业主为了最大化地开动机器设备和充分运用劳动力，总是希望以尽可能低的时间成本、设备与劳动力成本，获取更多的利润。对于工人而言，他们更关心的是加班费的多少，以及加班费是否能及时支付，加班费往往成为工人们一项重要的收入来源：

整天都在厂里（一般企业都包吃住，企业所在的地方通常在比较偏僻的地方，较少有娱乐场所）[1]，反正也没有什么事，在寝室也没什么好玩的，只要时间不长，去加班也没什么的。（据 AE2 所言）

通常，我们的老员工的基本工资为 812 元，新来的工人为 690元，基本工资是我们完成了企业的规定的工作时间，才能获得的，一般是每天 7 个半小时到 8 个小时。加班费比基本工资折算的平均小

---

① 括号中的内容为笔者加注，下同。

时要高许多,平时加班 1 小时 4.7 元,逢星期六和星期天为 6.2 元每小时,一般只要每个月不请假,加班也加满了,大概每个月的工资有 1500 元的样子。(据 CE3 所言)

可见,工人加班的收入几乎与工人的基本工资相当。但并不是所有的工人都对加班的收入持满意的态度的。样本中,员工对加班费不满意的比重占样本总数的 55.9%,只有不足 10% 的员工对加班费持满意的态度,详情见表 5-3。

表 5-3　　　　　　　　　　工人对加班费的满意度

非常满意（%）	比较满意（%）	一般（%）	不太满意（%）	很不满意（%）
3.1	6.7	34.4	36.8	19.0

其次,在劳资日常生活中,拖欠工资成为媒体关注的一个重要领域。从样本的情况来看,资方对劳方工资的拖欠,处于大体均势的情况,如拖欠工资非常普遍的占样本总量的 8.5%,比较普遍的占样本总量的 14%,一般的占样本总量的 28.5%,不太普遍的占样本总量的 18.5%,不知道的占样本总量的 18.5%。拖欠工资及压低和不按法定规定支付工人加班费的情况,如表 5-4 所示。

表 5-4　　　　　　　　　　涉及工资的相关内容

内容　　　　状况	非常普遍（%）	比较普遍（%）	一般（%）	不太普遍（%）	很不普遍（%）	不知道（%）
企业主拖欠工人工资	8.5	14.0	28.5	27.0	10.5	11.5
企业主延长劳动时间,压低、不按法定支付员工加班费	9.0	14.0	25.5	20.5	23.0	8.0

在我们企业,拖欠工资情况并不多见。我们工资是每个月 20 号发放,但是当月发的工资只是上个月的工资。除非企业把你给辞掉了,其他任何情况,如辞职,企业是不发他一个月工资的,因为你

总有一个月的工资在企业那里，不知这种情况算不算拖欠工资。(据CE2所言)

对于资方而言，为了避免工人频繁跳槽和熟练工人离职，通过变相地扣压一个月工资的方式，给工人们造成一点损失，以此稳定"打工队伍"，毕竟，相当一部分工人还是"舍不得"这一个月的收入的。同样，在样本中，资方对劳方利益的侵害，还包括资方对劳方的人格侮辱，不为员工购买社会保险，禁止员工成立工会情况等。

> 去年，我们公司有四卷"金线"不见了，老板要求每一个车间都必须调查，当时以班组为单位进行了搜身，但是，最后还是没有找到。至此以后，我们进出公司门口都必须检查，公司的保安拿着金属检测仪无论是身体还是行李都必须经过检测。(据CE2所言)

在样本中，类似对劳方人格侮辱的现象表现还比较普遍。调查样本的数据显示:有15.5%的调查对象认为企业主非常普遍地存在着侵害员工人格的类似现象，13.0%的调查对象认为这种现象比较普遍，44%的调查对象认为存在着不同程度的对劳方人格方面的侵害现象和事实。

样本企业不同程度地存在着对员工的人格侵害，至于为员工购买社会保险，对于普通员工来说，明显是一种奢求。"为谁买社会保险，不为谁买社会保险"企业似乎有着明确的计算，数据显示:有将近66%的调查对象是企业没有为其购买社会保险的。正如BR所说:

> 其实，我们也很想为职工购买社会保险，这样职工也高兴，他们的积极性肯定会比较高，对我们也是有好处的，但是，现在的情况是市场竞争太激烈，我们为职工购买了社会保险，负担将加重，我们也赚不了多少钱，我们根本就竞争不赢对手，因为别人也没有谁去购买社会保险，要购买也只是为企业里一些文化程度高的人和企业的管理人员购买。

激烈的竞争和整个行业的不规范，似乎道出了企业主的"为难"，也道出了我国私营企业的"尴尬",即主要是通过压低工资的方式获取利润空间。但是,对工人成立工会组织方面,企业主却显得立场比较鲜明:有18.5%的被调查对象企业禁止成立工会的情况非常普遍,14.5%的样本认为这种现象比较普遍,认为这种现象一般的有9.5%,认为这种现象存在一般以上的共计42.5%,认为这种情况不普遍的有14.5%,不清楚的占样本总量的42%。具体内容见表5-5:

表5-5　　　　　　　　　企业日常生活中的现象

内容 ＼ 状况	非常普遍（%）	比较普遍（%）	一般（%）	不太普遍（%）	很不普遍（%）	不知道（%）
企业主有体罚、侮辱员工等行为	15.5	13.0	15.5	22.5	19.0	14.5
企业不为员工购买社会保险	24.0	20.5	21.5	10.0	9.0	15.0
企业禁止员工成立工会组织	18.5	14.5	9.5	11.5	4.0	42.0

可见,在成立工会问题上,企业主视工会为其"对立"的力量,他们不愿意自己的企业成立工会,调查样本企业基本上无工会组织。这种情况与我国中小企业工会缺失的总体状况基本一致,甚至在一些大型跨国企业,工会组织缺失的现象也比较普遍。统计表明,世界500强企业中已有483家在华投资,但截至今年6月底,世界500强在华跨国公司总部及其下属近6000家法人公司建会率不足50%。在建会集中行动中,全总给阿斯利康、3M、壳牌等企业发出了督促建会的邀约函,可至今没有回应。① 在劳资双方遭遇劳资纠纷与冲突时,工会的缺失,使劳方的力量显得更弱,劳方利益诉求表达的正式化渠道不畅通,劳资双方处在直接的对立之中。

样本的情况,从一个微观层面折射出我国私营企业中劳资关系的运行状态。在劳资关系认知中,劳资纠纷的根源性认知表现得相当高,多数劳方对企业主的"剥削认知"表现得十分敏感,这种剥削与被剥削的

---

① 杨傲多:《全总欲拔跨国公司拒建工会"钉子户"》,《法制日报》2008年9月22日。

关系认知成为劳资双方天然对立的前提。然而，绝大多数工人对劳资纠纷与冲突的背景性原因没有概念，他们并不认为"工作不好找"是造成他们地位低下的原因，对于他们而言，技术含量不高的工作，在哪里工作都可以，"东家不打打西家"，只有工资尽可能高一些就可以了。而导致劳资纠纷与冲突的具体原因，如超时工作、克扣工资、人格侮辱、无社会保险等问题，已经成为工人们"日常生活世界"的常态，他们有了相当强的"忍受力"。当前，这些有可能成为触发劳资纠纷与冲突的潜在诱因要转化成为现实的冲突，则需要矛盾量的积累、劳方认知程度的提高和激化矛盾冲突导火索的出现。

第 六 章

劳资纠纷：结构与功能

尽管劳资纠纷及其冲突是私营企业的永恒话题，但是劳资纠纷及其冲突的存在状态，如频率的高低、次数的多少、激化程度的强弱却在不同的企业表现不一。通常情况下，劳动密集型企业劳资纠纷发生的可能性大，并且这类企业中的劳资冲突更易出现极端化的情形，而技术密集型企业劳资纠纷发生的几率较小，劳资纠纷及其冲突倾向于以和解与妥协的方式化解。这其中的缘由是什么？有无规律可循？表现出什么样的特征？是什么因素起着作用？等，这些问题笔者试图通过实证式调查作出部分解读。

一 企业规模与劳资纠纷

基于《统计上大中小型企业划分办法（暂行）》（国统字〔2003〕17号）和《部分非工企业大中小型划分补充标准（草案）》的相关规定，结合研究个案企业的实际情况，可以将调查企业分为：工业企业、计算机服务及软件企业、商务及科技服务企业等三类，如表6-1所示：

表6-1　　　　　　　　企业分类情况

行业名称	指标名称	计算单位	大型	中型	小型
工业企业	从业人员数 销售额 资产总额	人 万元 万元	2000 及以上 30000 及以上 40000 及以上	300—2000 以下 3000—30000 以下 4000—40000 以下	300 以下 3000 以下 4000 以下

续表

行业名称	指标名称	计算单位	大型	中型	小型
计算机服务	从业人员数	人	300 及以上	100—300 以下	100 以下
及软件企业	销售额	万元	30000 及以上	3000—30000 以下	3000 以下
商务及科技	从业人员数	人	400 及以上	100—400 以下	100 以下
服务企业	销售额	万元	15000 及以上	1000—15000 以下	1000 以下

新的企业划分标准指出，大型和中型企业须同时满足所列各项条件的下限指标，否则下划一档。企业 A——中山市某出口外销鞋厂属于工业企业中的大型企业，企业 B——深圳特区龙岗区某家私公司属于工业企业中的小企业，企业 C——深圳市宝安区某电子公司属于商务及科技服务企业中的中型企业，企业 D——东莞市某电子公司属于计算机服务及软件企业中的中型企业。

笔者以企业 A 与企业 D 的调查样本的数据作简要的描述与分析。在企业规模上，企业 A 属于规模大的企业，企业 D 为规模较小的中型企业。尽管，两个企业都没有发生激烈的劳资冲突，但是，我们可以将两个企业中一些具有潜在冲突性质的因素作简要的对比。

大企业中的工人与中型企业中的工人对企业主的剥削的认知上，企业 A 中的工人样本认为企业主通过各种方式盘剥工人的占样本总量的 43.3%，企业 D 则为 46.2%，两者差异较小。具体内容见表 6-2 和表 6-3。

表 6-2　　　　　A 企业中工人对企业主剥削的认知情况

状况 内容	是（%）	否（%）	不清楚（%）
企业主通过各种方式盘剥工人	43.3	28.2	28.5

表 6-3　　　　　D 企业中工人对企业主剥削的认知情况

状况 内容	是（%）	否（%）	不清楚（%）
企业主通过各种方式盘剥工人	46.2	23.0	30.8

　　同样,在劳资关系的具体内容,如在企业不为员工购买社会保险,企业主有压低、不按法定规定支付加班费等指标上,企业规模的大小对其影响不大。在调查样本中,在有压低、不按法定规定支付加班费的行为认知上 A 企业与 D 企业分别为44%与39%,在企业不为员工购买社会保险上的认知上分别为40.5%与46.2%。可见,涉及企业的经济利益或者说资方的经济利益时,私营企业在本质上是相同的,他们都倾向于压低工人成本的支出,获取更多的利润,这种现象与企业的规模没有什么关联。具体情况见表6-4。

表6-4　　　　　　　　　　劳资经济生活中的现象

内容　　　　　　　　状况（%）	非常普遍（%）	比较普遍（%）	一般（%）	不太普遍（%）	很不普遍（%）	不知道（%）
A 企业有压低、不按法定规定支付加班费的行为	6.0	10.0	28.0	24.0	25.0	7.0
D 企业有压低、不按法定规定支付加班费的行为	4.0	13.0	22.0	21.0	29.0	11.0
A 企业不为员工购买社会保险	19.5	13.5	7.5	21.3	8.0	30.2
D 企业不为员工购买社会保险	22.3	17.4	6.5	17.8	20.6	15.4
A 企业有拖欠工资的行为	3.2	9.3	26.6	17.0	35.2	8.7
D 企业有拖欠工资的行为	11.3	15.2	13.3	11.0	22.5	26.7

　　然而,在涉及劳资关系的政治生活层面,样本的数据显示,大企业与中、小企业之间存在一定的差异,如在企业工会的问题上,大企业比中型企业显得更为宽容,大企业对工会组织的接纳程度高于中小型企业。具体数据见表6-5。

表6-5　　　　　　　　　　劳资政治生活中的现象

内容　　　　　　　　状况（%）	非常普遍（%）	比较普遍（%）	一般（%）	不太普遍（%）	很不普遍（%）	不知道（%）
A 企业禁止员工成立工会组织	12.2	14.5	16.4	21.0	16.7	19.2
D 企业禁止员工成立工会组织	31.5	23.3	9.5	12.4	11.2	12.1

　　尽管,企业是否成立工会在很大程度上取决于政府的作用,各级政府是推动企业组建工会最主要的力量。在我国当前劳资力量严重失衡的情况下,员工所能起到的作用甚微,上述数据并不能真实地反映出环境因素的影响,但是,作为一个变量,这种比例至少能够反映出样本企业中劳资关系在政治层面活动与产业民主上的某种差异。

二　雇员结构与劳资纠纷

　　在企业中,雇员结构对劳资纠纷的影响主要包括工人的性别比例、年龄结构、文化层次结构等方面。其中,文化层次对劳资纠纷及其内容的理解最具有代表性。

　　样本数据显示:对"企业劳资纠纷问题越来越严重"的认知,不同文化程度的工人存在着一定的差异。大专以下文化层次的工人对企业中劳资纠纷的敏感性偏低,初中及以下文化层次的工人中有25.1%认为企业劳资纠纷越来越严重,不知道企业是否有劳资纠纷的有47.7%,中专文化层次的工人中36.7%认为企业纠纷冲突越来越严重,而不知道企业是否有劳资纠纷的有22%。其中,大专文化层次的工人中50%认为企业劳资纠纷越来越严重,本科文化层次的工人中48.9%认为企业劳资纠纷越来越严重。具体情况见表6-6。

表6-6　　　文化程度不同的工人对企业劳资纠纷严重程度的认知

不同文化层次	非常严重(%)	比较严重(%)	无所谓(%)	不太同意(%)	不知道(%)
初中及以下	12.8	12.3	11.5	15.7	47.7
中专	13.0	23.7	17.5	14.7	31.1
高中/中技/职高	17.9	11.3	15.4	25.7	29.7
大专	21.4	28.6	16.0	13.6	20.4
本科	25.7	23.2	18.4	17.3	15.4

　　数据显示:文化程度高的工人倾向于持有企业劳资纠纷及其冲突严

重的认知。当然,并不是说文化层次越高的雇员,对企业劳资纠纷认知越严重。它还受到很多因素的影响,如雇员对企业的满意度和受重视程度等,正如 DR 所言:

> 现在,在我的企业,本科毕业来的大学生比以前多了一些,但总数只占员工总数的 1/10,大概只有 40 多人,并且经常做不长,有的做不久就会跳槽。通常,他们刚来的时候,跟我们这里的一般技术工人的工资水平差不多,除非他们不想在这里待,要是他们工作一段时间后,我会根据事先约定的工资待遇给他们加薪。他们在企业中还是有许多机会,我们的大部分管理职位和市场开拓方面的职位都给了他们,我们也为他们购买社会保险,他们在企业的吃、住方面都比一般的工人要好。至于你(指笔者)所说的,我和他们之间的劳资纠纷实际很少,很多情况下,是他们辞职了,带走了一批客户,我都拿他们没办法;相反,企业的其他员工,经常为了食堂的伙食、住宿、工资等问题反映到我这里。

这里存在着一种悖论,一方面是企业待遇相对较低且文化层次低的员工经常为企业日常生活领域的琐事与资方及其代表者发生矛盾与冲突,在劳资纠纷及其冲突的认知上,他们却表现得十分的迟钝;另一方面具有优越性且文化层次较高的员工,他们较少与资方发生矛盾与冲突,即使存在着冲突和矛盾,他们也部分拥有资方对他们的"容忍",然而,在劳资冲突的认知上,他们表现出高度的敏感。

> 其实,老板对我们还不错,只是我总觉得,我们工作几年了,每天加班加点,又没有什么像其他工人一样,通过计件的方式,明确给出加班费,多数情况下都是白忙,没有报酬。我们总不能跟他们(一般的员工)比,他们打几年工就回家乡了,我们还得在这里待下去,这么点工资怎么行呢?其实,老板很抠的。(据 CE1 所言)

相对文化程度低、工资收入较低的"过客打工者"而言,较好的生活际遇、较高的生活要求和落地生根的期望,给了文化程度相对较高的雇员以直接地压力,经济与现实的考虑和权衡,使他们的相对剥夺感处于一个较高的水平,这种不满具体落实到劳资关系领域,可能成为他们对劳资纠纷及其冲突表现出敏感的主要原因。

三 雇主构成与劳资纠纷

性别、年龄、文化层次、籍贯、生活经历等因素影响了雇主的行为方式。在样本中,这些因素或多或少地影响了企业主处理劳资关系和劳资冲突的方式,也构成了协调劳资纠纷及其冲突的决定性方面。

公司的小老板(三个人合伙投资,其中一个资本少的合伙人被称为小老板),我们有什么问题,如伙食、住宿、加班费、休假等方面,都去找他,可能是因为厂的很多职工都和他是老乡,比较好说话。(据 CE1 所言)

你不知道,我们老板,以前当过兵,视我们为贱民。刻薄粗野,说话不算话,动辄骂人,他对男员工常常骂道:"再这样,我踢爆你屁股。"女员工做错点事,就被骂神经病。并且,他自视武力雄厚,常常在员工面前耀武扬威,甚至于打人。公司里从高级管理人员到普通员工对他都是骂声如潮,不绝于耳。(据 EE2 所言)

有一次,我们有职工向他(ER)反映说:"企业食堂卫生比较差,饭菜又不好,饭不够吃不说,时常吃到馊饭。"你看我们老板怎么说:"你以为你住酒店啊!包吃住,有得吃就不错了。要是你们不想吃,就把食堂关了,我每年还能省几十万块钱。"我们老板保护手套都不给发的,有一个包装员工,一天内就在包装时被天花板划伤手指两次,血流不停,只好自认倒霉。有一次,有个员工在机械冲压时,手指被冲断了,他要求公司给予工伤事故赔偿,老板最后给他支付了医药费,其他的什么也没有。他还说:"给医药费已经是很够意思了,你就不用想其他的了。"(据 EE1 所言)

可见，在劳资日常互动中也充满了技巧与方法，以"籍贯"、"熟悉度"和"可接近度"等认知判断作为互动的前提，工人们更愿意与性格好、易相处的企业主进行沟通和交流，他们对专横无理的企业主充满了无奈和敌视。在处理劳资问题时，性格与工作作风不同的雇主，其态度、语言与行为表现出一定差异，这些都将影响劳资关系的好与坏。

围绕日常生活，工人与资方不断互动，互动效果的好与坏，又体现为日常事务的处理效果。企业"生活世界"的实践过程，是劳资矛盾与冲突得以产生、持续、激化和化解的过程。劳方对资方的信任与合作，取决于资方对企业"生活世界"中劳方所面临问题的合理解决与面对。然而，劳方对资方的不满、怨恨与敌视，在很大程度并非取决于问题的有效解决，而是资方对劳方的尊重和问题沟通的良好态度，这些反映出资方的素质。

从社会学的整体分析视角来看，当前劳资纠纷及其冲突日渐成为社会关注的焦点，其主要原因无疑与劳资冲突对社会和谐与社会稳定造成的危机和风险有关。在劳资纠纷及其冲突中出现的一些集群性行动，每每都能触动政府的神经，劳方非正式的抗争与行动，也时常被定义为"非法"，说明了社会对劳资冲突的负面估计过于严重，似乎一提到冲突就对稳定构成了威胁。然而，社会学家科塞更强调冲突的整合作用，他认为："……社会冲突增强特定社会关系或群体的适应和调适能力的结果，而不是降低这种能力的结果。"[1] 因此，全面理解劳资纠纷及其冲突的功能对于我们正确把握和处理劳资双方的行动具有重要的意义。基于社会学的相关理论，本书将冲突分为正与负功能，潜与显功能，强与弱功能，并分析这些功能在劳资纠纷中的具体存在状态。

四 正与负功能

达伦多夫认为，社会冲突的根源是社会结构中的阶级结构。阶级结构不是根据是否占有生产资料划分的，而是根据统治与服从之间的权威

---

① [美] L. 科塞:《社会冲突的功能》，孙立平译，华夏出版社 1989 年版，前言。

关系来划分的。现代社会是围绕权力和权威形成统治与被统治两个阶层，社会成员是靠着一种压制性力量强行结合在一起。正是由于这种阶级结构导致了权威的分配不均而使得个人或组织在互动过程中产生了冲突。权力、权威的差别性分配激化了"强制协团体"各子群体之间的斗争。当群体从"准群体"向"显群体"转换时，社会冲突就真正形成了。"准群体"是指当统治阶级和被统治阶级的利益处于由人们所承担的角色决定而未被人的意识所察觉的利益阶段时的群体，而当那种由固定角色地位决定的客观利益变成显在的、为人所察知的时候，准群体就变成了"显群体"。在"显群体"阶段，"准群体"时期潜在的利益要求就变成了明确地阐述出来的斗争纲领或意识形态。社会冲突的最根本原因在于冲突双方经济利益的对立。冲突团体的矛盾爆发可以打破对峙局面，导致结构的变迁和权威与利益支配关系的再分配，将对社会稳定和社会整合产生破坏性结果。一旦社会冲突形成了，企图压制和消灭冲突是徒劳无益的。在现代社会中，只能通过制度化来调节冲突。①

　　科塞批判了功能主义过分强调社会的整合与一致，轻视冲突，并把相关的社会现象，如越轨与歧视等轻易地看作均衡社会系统的病态。尽管他也认为功能理论忽视了权力和利益的维度，但他并没有追随达伦多夫，强调冲突对社会稳定与社会整合的破坏性结果。相反，他通过强调冲突对社会系统的整合性与适应性功能来修正达伦多夫的分析。② 他认为，社会冲突绝不仅是一种破坏社会稳定与整合，单纯引起变迁过程的因素，社会冲突对于社会团结、一致、整合同样具有重要的积极的促进作用。冲突具有负功能的同时，也具有正功能的一面。何为正功能与负功能？社会学家默顿认为，"功能是观察到的那些有助于一定系统之调适的后果。负功能是观察到的那些削弱系统之调适的后果"③。科塞也指出，正功能主要表现在冲突对社会具有内部的整合功能、稳定功能，对新群体的形成具有促进的功能，对新制度和规范的建立具有激发功能，是重

---

① 侯钧生主编：《西方社会学理论教程》，南开大学出版社 2001 年版，第 173—175 页。

② ［美］乔纳森·特纳：《社会学理论的结构》，邱泽奇等译，华夏出版社 2001 年版，第 178 页。

③ ［美］默顿：《社会理论和社会结构》，唐少杰、齐心等译，译林出版社 2006 年版，第 152 页。

要的社会平衡机制;负功能主要表现在分裂、破坏群体的团结,甚至引起群体结构的解体,导致社会的不稳定。

对于冲突在何种情况下发挥正功能与负功能,科塞做了具体的条件研究。对于群体内冲突的功能,科塞认为冲突的功能取决于冲突的性质和群体结构。从冲突的性质看,如果群体内冲突的双方不涉及群体基本、核心的价值观念,那么,冲突就会对社会结构发挥积极的功能;如果群体内冲突涉及群体基本、核心的价值观念,那么冲突就会造成社会结构的毁灭。从群体内部结构来看,群体需要其成员以全部人格投入且压制冲突,那么爆发的冲突使群体有解体的可能;如果群体要其成员部分人格的参与且允许冲突的存在,那么爆发的冲突能够消除成员对抗的紧张状况,从而对社会结构具有稳定和整合的功能。对于外群体的冲突,科塞认为,在结构松散和开放性社会里,非实质性的社会冲突具有正功能,它有助于现存的规范获得新生,助长了有各种不同目的的联合和联盟;反之,在封闭的社会结构里,如果没有或不充分的对冲突的容忍或制度化,冲突会具有反功能。对于现实性冲突与非现实性冲突,现实性的冲突是"那些由于在关系中的某种要求得不到满足以及由于对其他参与者所得所做的估价而发生的冲突,或目的在于追求没有得到的目标的冲突"[1]。现实性冲突总体上具有正功能,它是社会变迁的主要促进因素,是达到特定目的的手段,能够消除冲突的原因,从根本上解决问题。它能使社会系统更加关注个人的需求,增加社会系统的团结,使社会系统更有效地适应变化了的环境。而非现实性冲突却没有任何结果可言,具有不可预期性,不具备较高的可控性。[2]

基于以上理论分析,运用于当前的劳资纠纷及其冲突之中,具有较强的解释与应用价值。在私营企业内,劳资纠纷显然具有正功能与负功能,它的正功能体现在劳资冲突将促进企业进一步完善企业制度,加速实现产业的自主创新,提升企业应对新的法律与法规的能力,使企业进一步的适应社会的变迁和社会环境。它的负功能体现在企业关系紧张,企业内耗严重,进而使企业陷入困境,甚至濒临破产的绝境。既然劳资

---

[1]　[美] L. 科塞:《社会冲突的功能》,孙立平等译,华夏出版社1989年版,第35页。
[2]　侯钧生主编:《西方社会学理论教程》,南开大学出版社2001年版,第181—187页。

纠纷及其冲突是企业普遍存在的形式,那么,企业所面对的是如何最大化的发挥冲突的正功能,最小化的承担冲突的负功能所产生的代价,甚至将冲突的负功能转化正功能,企业在这一方面能力的大小与科塞对冲突的正功能与负功能的分析不无联系。

首先,私营企业是一个内群体,劳资冲突涉及劳资双方关系的协调,在劳资双方内部,冲突的正功能与负功能取决于劳资双方冲突的性质与情感卷入。劳资双方冲突的性质应涉及最基本、核心的价值体系,对于资方而言,其核心的价值在于企业的正常运转和企业利润的获得;对于劳方而言,其最基本的价值要求在于与其劳动相符的报酬、安全的工作环境和必要的休息时间。当劳资冲突中的任何一方触越了另一方的最基本价值底线,极端形式的冲突不可避免,如当劳方以破坏机器、罢工等形式直接影响到资方企业的存在,资方最终以解雇工人为手段,使劳资冲突的负功能得以最大化的发挥;同样,当资方克扣与拖欠劳方工资、无视劳方的安全与卫生、超限加班加点等方式使劳方生活、身体健康、生命安全得不到应有保障的核心利益诉求底线时,更为极端的个体行动与集体行动将不可避免,此时,冲突的功能更多表现为负功能。在劳资双方的情感卷入方面,如果劳资双方对企业具有较深的情感卷入,企业民主建设比较完善,劳资冲突对企业更多地发挥出正功能;反之,如果企业是专制型治理方式,劳资冲突的爆发将会是致命的,这种现象在中国家族式私营企业和合伙型私营企业中尤为突出。如果劳资双方情感无涉,企业有一套完整的协调机制,劳资冲突将有助于缓解劳资双方的对抗与紧张和促进劳资双方的了解,对企业的进一步整合具有积极作用;反之,当企业没有任何协调机制,劳资冲突的负功能可能会最大化的发挥——反正没交情,不用顾及什么。

可见,劳资冲突中矛盾的宣和泄与协调机制和渠道关系密切,这种宣与泄的机制正是科塞所说的"安全阀机制"。科塞认为,敌对情绪与冲突是有区别的,敌对情绪不等于冲突,如果敌对情绪通过适当的途径得以发泄,就不会导致冲突,就像锅炉里的过量蒸汽通过安全阀排出而不会导致爆炸一样,从而有利于社会结构的维持。他将这种机制称为"安全阀机制",认为安全阀机制对任何社会都是必要的,尤其是刚性、僵化的社会。实质上安全阀机制是在不破坏社会结构的前提下使敌对的情绪得以宣泄，从而保持社会整合的一种制度。在私营企业内，资方利益压倒一切的企业必然是缺乏安全阀机制的企业，这种企业中，劳方的不满将最终引发极端的冲突；反之，利益兼顾的私营企业，各种发泄情绪的渠道畅通，不满、怨愤的情绪会有效的疏导，劳资的紧张不会导致极端的冲突。

最后，关于劳资双方现实与非现实冲突问题，对于劳资双方现实冲突而言，它是有利于企业及早应对，并寻找冲突产生的原因，解决冲突的可能条件与方式，避免企业劳资矛盾积累到不可收拾的局面，当然所有这些的实现取决于资方的决心与能力，即资方要有决心与能力遇到纠纷与冲突就及时化解，尽量避免矛盾与冲突进一步积累和膨胀。非现实冲突是企业将来要应对的，它取决于不同企业主对冲突敏感性和协调力的差异，所谓"防微杜渐"与"防患于未然"，这些显然对企业主的要求更高，长久忽视非现实冲突也将使矛盾不断积累，导致企业主力不从心无法应对，使企业产生颠覆性的负功能。

五　潜与显功能

从主观目的与客观后果的角度来区分，功能可以分为潜功能与显功能。默顿指出："显功能有助于系统调适、为系统参与方期望和认可的客观后果。潜功能是无助于系统调适、系统参与方不期望也不认可的客观后果。……行动的未预期的后果有三种类型：（1）对所指定的系统具有功能的后果，这些构成后果构成潜正功能；（2）对所指定的系统具有负功能的那些后果，这些后果构成潜负功能；（3）那些与系统无关的后果，它们既不在功能上也不在负功能上影响这一系统，即非功能后果中那些实际上很不重要的后果。"[①] 这里关于显功能与潜功能的正向与负向的作用，与系统的界定密切相关，是参与各方形成的系统还是更高层次的系统，如果是参与方形成的系统，默顿对显功能的界定与正功能存在重合，

---

① ［美］默顿：《社会理论和社会结构》，唐少杰、齐心等译，译林出版社 2006 年版，第153 页。

但是从主观目的的角度来分析,参与各方的动机不尽相同,对其中一方具有正功能,对另一方可能具有负功能;对一方具有显功能,对另一方可能具有潜功能。从客观后果来看,显功能是可以预见的后果,这种后果可能对参与各方都具有正功能,也可以是参与各方都不期望出现的。因此,在具体的分析中,从系统不同方的角度进行分析,潜功能与显功能及其正向与负向的作用完全具有转化的可能。通常情况下,我们认为显功能是人们设想到和认识到的客观后果,而潜功能是未被人们认识和想到的客观后果。

在潜功能与显功能的认识上,默顿进一步指出:"事实上,类似潜功能概念常常被社会科学家用来观察指定达到某一目标的标准化活动,而这一目标在自然科学看来是不可能达到的。……但是,当行为不是对准一种明确不可达到的目标时,社会学观察者就不太可能考察这种行为的间接功能或潜功能。"① 主观目标应具备可行性,目标越高其潜功能就越不明显;目标过低其显功能就越突出。

潜功能与显功能具体作用的发挥必须在特殊的系统之中,并且与系统本身的特性具有相关性,"某一组织的社会功能有助于确定结构(包括这种结构中涉及的人事招募),正如这种结构有助于确定实现这些功能的有效性一样。……但是,地位不能完全决定群体间行为的相互关系。功能改变着这些关系。只要各个亚群体有不同的需要,无论其个别的希望和意图是什么,这些群体都会由服务于这几种需要的集中化结构'整合'进这个社会中。用一句有多种含义并且这些含义还需进一步研究的话来说,结构影响功能,功能影响结构"②。

在私营企业劳资纠纷及其冲突之中,工人们以内耗、磨洋工、罢工等行动方式表达利益诉求,此类冲突的显负功能,体现为企业的生产经营受到影响,效率不高,资方的利润减少等;资方对于工人们的利益诉求采取不回应甚至罚款、开除的打压方式,可能使劳方丧失更多的利益与权利。如果劳资双方积极、合作和有效地沟通和协调劳资纠纷与冲

---

① [美]默顿:《社会理论和社会结构》,唐少杰、齐心等译,译林出版社2006年版,第173页。

② 同上书,第195页。

突，那么此类冲突的显正功能则体现为企业团结与劳资关系和谐的进一步加强，企业效率的进一步提高，劳资双方都在不同程度上获益。劳资冲突的潜正功能表现为劳资双方长期合作所创造出的企业的活力与生命力，相反劳资冲突的潜负功能则表现为积蓄已久的不满、矛盾，使企业内耗严重，企业效率低下，劳资冲突可能一触即发且呈现不可收拾的状态。

劳资纠纷及其冲突所涉及的焦点，即劳资各方的目标问题。通常情况，劳资双方都想最大化的实现各自利益，排除"博弈"的因素，各方的诉求目标越高其潜功能就越不明显；诉求目标过低其显功能就越突出。资方通过增加劳动强度制造更多的商品，从而获得最大化利润，如果劳动强度超出了劳方的承受力，劳方消极怠工的现象必将增多，相反企业的效率并没有多大程度上的提高，资方行动的显负功能突出，而潜正功能则不明显；反之，如果企业的劳动强度弱，劳方较易完成，则其显功能突出，潜功能不明显。在劳资谈判中，如果双方都为了自己的利益最大化，双方矛盾进一步激化的可能就越明显；反之，双方达成一致的显正功能就越明显。

按照默顿的"结构影响功能，功能影响结构"的观点，显功能、潜功能与结构相互影响和相互作用。企业的潜在矛盾与纠纷是否能够转化为现实的冲突，主要取决于企业劳资结构：资方的个人素质高，企业员工的素质高，有利于形成均衡的力量，企业内劳资纠纷的潜功能较多，而显功能较少，企业内劳资纠纷的潜负功能不易转化于企业的显负功能；资方的个人素质低，企业员工素质无论高低，企业内劳资纠纷的潜功能走向前台的可能性都会加大。企业内劳资纠纷的潜负功能被大量的转移与消化，将有利于企业劳资关系和谐发展；反之，企业内劳资纠纷的潜负功能与显负功能积累并发，而企业的结构又缺乏必要的弹性，只会导致企业劳资关系的加剧恶化。

六　强与弱功能

如果从运用手段与客观效果来区分，笔者认为功能可以分为强功能与弱功能。强功能是某些因素或行为发挥着超出系统承受力,或使系统处于震荡的作用。弱功能是指系统中的因素或行为对系统本身的作用较小,对系统的影响不明显。如果因素或行为对系统产生强有力的正向效应,则称该因素或行为具有强正功能;反之,则是强负功能。如果因素或行动对系统产生比较微弱的作用,无论这种作用是正向还是负向的,它都是一种弱潜功能,它对系统的影响有一个累积的过程,在这一过程中,如何利用与避免弱功能,很大程度取决于系统自身的属性。

运用手段的激烈程度直接决定着其产生功能的强与弱,如果运用手段倾向于暴力化与极端化,系统中的所有问题集聚在一起,并且需要"一揽子"解决,该手段发挥的作用显然具有强功能;反之,如果运用手段倾向于均衡化与折中化,系统中的问题通过"渐进化"的化解,手段发挥的作用则具有弱功能。然而,是什么因素影响着手段选择,手段的运用导致冲突出现激烈化的程度呢?德国社会学家达伦多夫认为,当组织的技术政治和社会条件越是得不到满足时,冲突就越激烈,冲突会越具有暴力性;统治与被统治群体间的流动越少,冲突越是激烈;对被统治者在资源分布上的剥夺,越是从绝对状态转向相对状态,冲突越是具有暴力性;冲突群体之间相互调节达成协议的能力越是不足,冲突越是具有暴力性;冲突越是激烈,结构变迁与再组织的程度越大;冲突越是具有暴力性,结构变迁与再组织的速度越高。[①] 科塞进一步指出冲突的因素和行为起到强功能还是弱功能与系统或结构自身密切相关。他认为,系统中的单位越是分化与功能性相互依赖,冲突越有可能是频繁但低烈度和低暴力性的。即系统越是功能无法替代,系统中的权力中心越是集中且对冲突群体越是压制,冲突越有可能是激烈化与暴力性的。

从冲突运用手段的客观效果来看,当群体内权力集中方对冲突群体进行压制时,客观效果上使受支配方不得不采取以下适应行为:遵从、创新、仪式主义、退却主义与反抗[②],从长远角度,前四种行为方式对系统的整合产生着弱负功能,然而,反抗对系统的整合起着强正功能。

---

① ［美］乔纳森·特纳:《社会学理论的结构》,邱泽奇等译,华夏出版社 2001 年版,第 176 页。

② 前四种行为方式可以看作其对系统发挥着弱功能,最后一种行为方式是努力改变系统与结构,而不是在这种系统与结构中适应它,因此,最后一种行为方式对系统发挥着强功能。

　　劳资关系应归入内群体的范畴,劳资关系系统中的各因素及其行为方式,在不同程度上表现出强功能与弱功能。在劳资关系领域,强功能会在以下情形出现:当劳方或资方的核心利益诉求长期得不到满足时,劳资冲突倾向于激化,且会伴随着暴力行动的出现;当劳资双方的力量严重失衡,劳资双方不存在讨价还价的空间时,劳资纠纷及其冲突越倾向于暴力化。当劳方在企业中获得的利益诉求无法替代,资方对劳方越是压制,劳资双方的冲突越可能激化和暴力化。同样,弱功能体现在:劳资关系不紧张时,劳资双方的行为方式倾向于潜在和折中,常以不满、抱怨的形成表现出来。当劳资双方的利益诉求都能具有一定弹性,存在讨价还价的空间时,劳方的行为更多地表现为遵从、创新、仪式主义、退却主义等形式。

　　综上所述,劳资纠纷及其冲突和企业规模、雇员结构、雇主构成等有着密切的关系。企业规模的大小与劳资纠纷的多少没有必然联系,但是,企业规模不同,劳资纠纷与冲突的表现形式和化解途径却存在着一定的差异。企业规模越大,其制度化、合同化管理越规范,对工会组织的接纳程度越高,企业内的劳资纠纷与冲突更倾向于组织化和制度化的途径去化解;反之,企业规模越小,企业内的劳资纠纷更多以非正式的途径来化解,极端的、个人化的劳资冲突更容易产生。在企业内部,面对劳资纠纷与冲突时,不同的雇员所表现出的态度和行为存在着一定的差异,导致差异的主要原因既有个人的原因也有企业管理的因素。对于文化素质高、技术含量高的企业员工,企业所提供的各种待遇和福利明显强于普通员工,在劳资纠纷中资方对他们的"容忍度"更高。然而,他们对自己的发展预期大大高于普通员工,对劳资纠纷与冲突的敏感度也强于普通员工,在劳资纠纷与冲突面前,其行动方式表现的比较温和。待遇较低且文化层次低的普通员工经常因为企业日常生活领域的琐事与资方及其企业管理者发生矛盾和冲突,然而,他们对这些矛盾与纠纷的感知程度却比较低,甚至他们并不把企业主延长加班时间,降低加班费用等情况当作劳资纠纷的一部分,在他们眼中,只有开除、工伤不补偿和拖欠工资才是劳资纠纷的核心,这些情况的发生是他们不能容忍的,这些可能促使他们以激烈的行动方式来表达自己的利益诉求。在劳资关系的日常互动中,劳资冲突的化解与激化的可能,在很大程度上取决于企业主方面，雇主的文化程度、性格、态度、籍贯等因素起着十分重要的作用。与雇员相同的籍贯，增添了劳资双方的熟悉和亲近度，劳资纠纷与冲突通常以较温和的方式呈现出来，双方之间可沟通的空间也相对较大，对于劳资纠纷与冲突的协调具有一定的积极作用。雇主的性格与态度对于劳资纠纷的协调起着重大的影响，专横无理的雇主，压制着工人的利益表达，劳资之间的矛盾处在长期被压制的状况之下，劳方无任何宣泄和表达不满的渠道，这种状态明显不利于劳资纠纷与冲突的化解，也不利于企业效率的改善和提高，劳资纠纷与冲突的爆发对企业的破坏力是不可低估的；相反，相对低调和温和的雇主更容易获取雇员的认可，他们在处理日常的劳资矛盾时，更容易得到雇员的理解和支持，对劳资纠纷与冲突的协调具有明显推动作用。

在劳资纠纷与冲突中，雇主、劳资结构与企业制度设置影响劳资纠纷与冲突功能的取向——潜正功能与潜负功能、显正功能与显负功能、强正功能与强负功能、弱正功能与弱负功能。其中，雇主对劳资冲突功能的认知显得尤为重要，劳资纠纷及其冲突究竟发挥什么样的功能，直接取决于雇主的认知、态度与行为方式。如果雇主将劳资纠纷与冲突当作"洪水猛兽"，进而一味打压劳资纠纷与冲突，压制不满，忽视劳方合理的利益诉求，容不下不同声音，这种认知、态度和应对方式将使劳资冲突以潜负功能、显负功能、强负功能的作用形式表现出来。在这种刚性、对立的劳资关系下，劳资纠纷与冲突，要么以内耗的方式，要么以激烈化个体或集体行动表现出来，它不仅降低了企业生产经营的效率，也使企业面临着巨大波动甚至倒闭的风险。因此，对于雇主而言，对劳资纠纷与冲突应持有全面的认知，既要看到它的负功能，更要看到它的正功能，即显正功能、潜正功能与强正功能。劳资纠纷与冲突的正功能集中体现为两个方面：一是折射出企业管理与制度方面出现了问题，劳资双方沟通渠道不畅通，企业的劳动效率受损等；二是为更合理更有效的制度建设提供了契机，为建构有效的信息沟通渠道和完善劳资协调机构与平台创造了可能。作为企业最主要的管理者和雇员的互动方——雇主的认知、态度与行动方式对劳资纠纷及其冲突的化解起着决定性的作用。其次，在不同的劳资结构中，劳资纠纷与冲突的存在状况及其功能的表现形式也存在着一定的差别。在技术密集型的高科技企业，劳方和资方的文化素质都处于一个比较高的水平，双方之间的纠纷与冲突往往集中在劳方发展空间与议价收入方面，劳资双方要么通过直接的谈判协调达成一致，要么通过法律途径解决矛盾。当纠纷与冲突未能达成一致时，此类劳资纠纷与冲突以显负功能和强负功能的形式出现；反之，则以显正功能和强正功能的形式发挥作用。在劳动密集型的企业，劳资双方或者劳方的文化素质相对较低，劳方对劳资冲突的感知相对迟钝，但涉及拖欠工资、无工伤补偿等情形时，他们则高度敏感，面对此类纠纷与冲突无解决的可能时，他们则以激烈的行动方式来实现自己的利益诉求，此时，此类劳资纠纷与冲突主要以显负功能和强负功能的形式表现出来；反之，则以潜正功能和弱正功能的形式呈现出来。在技术密集型的高科技企业，员工利益诉求的达成是伴随着提高相应条件资格，即更高收入水平与职位的获取，必须以相应的绩效为标准。因而，此类以劳方利益诉求为取向的纠纷化解，将以更高的效能（显正功能与强正功能）体现出来。然而，在劳动密集型企业中，劳方的利益诉求实质上是属于劳方应有的权益，此类纠纷达成一致，并不能以强正功能和显正功能的形式呈现出来，至多是以潜正功能和弱正功能的形式表现出来。最后，极端、过激的劳资纠纷与冲突的发生，所反映出来的核心问题是企业管理制度出现了问题。在任何企业，不满、抱怨、怠工等形式的消极内耗是普遍存在的，劳资纠纷与冲突是企业日常生活的常态，它是不可避免的，也是企业保持一定活力之所在。但是，如果一个企业发生极端、过激的劳资纠纷，比如"劳方以死抗争""威胁雇主，获取补偿"、罢工、集体上访、静坐等形式，则充分暴露了企业管理和制度建设的问题。当过激、极端劳资纠纷发生之前，企业的正式化机构与制度，比如工会组织、人力资源管理部门等都不足以协调和应对分散化的劳资纠纷与冲突，则说明企业正式化的机制和制度设置不能适应劳资关系的变化，因此，有必要重构劳资关系管理的部门与制度。同样，此类纠纷也反映出企业的非正式沟通渠道不足或者是效用有限，比如同乡会、各种业缘、趣缘团体等，它们不能够将劳资纠纷与冲突的实际情况及时反映到企业管理层或者企业主，说明企业主对于这些非正式群体的管控和运用能力有待改善和提高。为了避免过激、极端劳资纠纷的产生，这些都是企业主在日常企业管理过程中值得反思的方面。

第 七 章

劳资纠纷:关系与行为

劳资关系是伴随着资本主义制度的产生而产生，它是工业社会的主要关系。资本主义社会"一方面使社会的生活资料和生产资料转化为资本，另一方面使直接生产者转化为雇佣工人"①。这一过程就是"从土地中解放出来的自由人当中，领先一步成为企业家的人最终变成了资本家；而落后于他们的人则只是从土地当中解放出来而已，他们的自由只局限于或者是廉价出卖自己的劳动力，或者是等待死亡"②。进而最终形成了资本主义社会的两大对立阶级：工人与资本家。

劳资关系（industrial relation）是工业社会的主要关系，被称为工业关系，又被称为产业关系。劳资关系指私有制企业中的劳动关系，所体现的是雇佣工人与雇主之间的关系。这一概念使用得最为广泛，其主体明确、界限分明。具体情况下，我们将劳资关系分为广义和狭义。狭义的劳资关系，主要体现在两个方面：一是制度研究，针对的是工作场所的工作规则；二是冲突研究，把劳资关系仅仅视为阶级冲突的一个方面，定位于当代资本主义的综合分析之上。它指的是工厂、企业或公司内部，在一定的生产资料所有制下劳动者与管理者和资本所有者在生产过程中形成的社会和经济关系。广义的劳资关系是工作中人们的行为和互动关系，它研究的是个人、群体、组织以及机构是如何作出规范劳资双方雇佣关系的决定的，其内容包括对工人及工会、雇主及雇主协会以及规范劳资双方关系的制度的研究；对公共政策和法律框架在影响雇佣劳动关

---

① 《马克思恩格斯全集》（第23卷），人民出版社1972年版，第783页。
② ［韩］金秀坤：《韩国劳资关系》，方振邦译，经济科学出版社2005年版，第4页。

系方面的作用的研究；对雇主与工会的权利关系以及相关的政治、经济和社会因素的研究等。

我国快速向工业社会转型，工业社会的主要关系是产业关系，它也成为我国的主要关系。然而，我国通常以劳动关系来描述我国社会的工业关系。劳动关系的意义过于宽泛，劳动关系既可以用于国有制企业、集体所有制企业，也可以用以民营企业、三资企业。如果从劳资关系一般的含义上讲，民营企业、三资企业都是建立在私有制经济基础之上，确切的界定应为劳资关系。同时，我国对私有制企业的界定也不清晰，如存在着私营企业、民营企业、三资企业等说法，有的将民营企业与私营企业混合等同起来，有的将私营企业涵盖民营企业等，实际上，如果从严格意义上讲，主要从出资方的角度来看，如果主要出资方是"私人或私有者"，不管其是不是作为经营者都应称为私营企业；如果主要出资方是"国家或集体"，不管其经营者是谁，即使存在着部分私有资本，都应称为公有制企业。从经营管理的角度来说，公有制企业必须委托个人作为其法人代表替其经营，委托人最终要对国家或集体负责，从本质上也可称为国营；非公有制企业可能是出资方直接经营，也有可能是其代表替其经营，同样，委托人最终也要对其资本方负责，从本质上也应称为私营。民营企业、三资企业、国有企业、集体所有制企业、混合所有制企业，只不过是从出资方的角度上进行划分的。而从经营者的角度所区分的公营与私营，最终反映的也是谁是出资方的问题。因此，笔者将不同资本所有者，无论国内公民还是国外投资者，统一将民营经济与三资企业称为私营企业，也就是说将私有制企业统称为私营企业。

对于我国而言，劳资关系所涉及的是私营企业的劳资关系，其主要是资方与劳方的关系以及在此基础上形成的其他互动关系。劳资关系的良性与恶性互动是由企业法规的实施情况、企业制度运作情况、劳方与资方的权利的实践情况，劳方与资方对各自义务的履行程度等共同影响和决定的。

西方发达国家对劳资关系进行了系统的研究，并建构了一些相关的理论与模式。其中，较具有代表性的有：邓洛普模型、克雷格模型和动

态系统模型。① 邓洛普的《劳资关系制度》（1958 年），建立起现代工业
社会中的劳资关系模式，被称为邓洛普模型。他指出，劳资关系是一个
在整个社会体系中与经济和政治体系相重叠的次级体系，劳资关系体系
是由一定的行为者（雇主的管理人员、员工和政府）、一定的环境（包括
技术、动力和产品市场、法律及在整个社会体系中权力的分配）、一种融
合劳资关系体系的意识形态以及一套管理工作场所行为者的规则所组成。
劳资关系的核心问题是管理者和工会之间就有关工作制度（work rules）
的谈判。这些工作制度包括两个普遍范畴，一是有关福利的规则，包括
工资、休假、倒班等；二是有关雇佣者和雇主工作权利和义务之间的规
则，如成绩标准、提升规定和生产程序、雇佣和解雇的程序等。② 前一种
范畴的工作规则常常是大众化的；后一种范畴的工作规则有赖于管理者
与工会之间的谈判。这些谈判是个不断进行的过程，但多数已经制度化。
这些制度化的过程主要包括三种过程：（1）人们对工会和管理代表的各
种合法性权利和责任的认知。这一阶段包括人们了解工人参加工会的法
律权利、工会组织运作的权力、管理者和工会管理者的权利以及与他们
相关的法律和劳动合约的义务的知识。（2）劳动合约的谈判过程，其中
包括各种策略、技术和谈判技巧。在这一过程中有着罢工和协商等斗争
形式，这一阶段发生的事件常常被媒体和公众所关注。（3）不断协商化
的劳动合约过程，这是在日常生活层面应用和实现合约的过程。③ 当劳资
双方的谈判因各种原因无法继续进行的时候，政府相关部门成为了第三
方，由此形成了现代协调劳资关系的"三方制度"。总体而言，邓洛普的
模型尽管对于限定在特定环境中的劳资关系的分析十分适用，但是，它
没有考虑日常的相互作用对劳资关系的影响，也没有试图预测劳资关系
的走向，基本上是一种静态模型；同时，也没有把一些内部因素，如工
人受教育程度和经历、管理层的管理风格和经历、公司的使命或远景、
财务资源及实物资源等涵盖其中。这一点在克雷格模型中得到了体现。

---

① 赵薇：《劳资关系系统模型及其在我国的适用性》，《管理世界》2002 年第 7 期。

② John Dunlop, 1958, Industrial Relations Systems, Henry Holtand Company, New York, pp. 13 - 16.

③ Willian H. Holley and Kenneth M. Jennings, 1991, The Labor Relations Process, Fourth Edition, The Dryden Press, p. 16.

克雷格模型主要考虑劳资关系的环境、参与者、相互作用的过程及结果，并认为是内外部因素共同决定着劳资关系。克雷格认为劳资关系并不是存在于真空之中，每一个组织中都有自己特有的劳资关系，而且每个公司、行业、工会都会有许许多多不同的影响劳资关系的内部和外部因素，外部因素包括通货膨胀、产品市场、失业、资本和技术、货币市场、劳动力市场等的变化；内部因素有劳动力的老龄化、在就业者中妇女的增加、少数民族人员的增加，等等。动态系统模型强调所有的投入、投入转化的过程以及产出，并试图预测适合一定条件的劳资关系。这里的投入包括邓洛普和克雷格模型中所提到的内部和外部的因素；转化过程是指日常行为、对申诉的处理、仲裁、争议及争议的解决等；产出是指工资水平、福利、安全、罢工和停工等。在我国，有学者将劳资关系的类型分为和谐型劳资关系、矛盾型（摩擦型）劳资关系、冲突型劳资关系。[①] 有学者借鉴了邓洛普的模型，在劳资双方的利益关系假说、劳动者的劳动态度假说、工会或劳动者团结假说的基础之上，提出"谈判—契约型"劳资关系模式，认为它是一种现代协调劳资关系的理想类型，并且可以用于解释三资企业劳资关系。如表7-1所示。

表7-1　　　　　　　　　　　　劳资关系模式

利益关系	产业关系模式	对劳动者劳动态度的假定	工会状况
利益冲突型	冲突型	懒惰论	反对劳动者团结
	谈判—契约型	团结论	工会基础上的集体谈判和集体合同
利益一致型	包容型	理性论	无工会

资料来源：佟新：《"三资"企业劳资关系研究》，《学海》2005年第2期。

邓洛普模型构建了劳资关系的特定外部环境和因素，克雷格模型将内外因素结合起来充实了劳资关系确立的背景，动态系统模型用"投入—产出"的经济学公式诠释劳资关系的演变，"谈判—契约型"从利益

---

① 徐小洪：《冲突与协调——当代中国私营企业的劳资关系研究》，中国劳动社会保障出版社2004年版，第208—209页。

关系的角度解释劳资关系。总体而言,上述理论与观点尽管分析了劳资关系形成的原因,部分说明了劳资关系的形成类型,但是,忽视了劳资双方的行动对劳资关系确立的作用,并且在形成特定的劳资关系之后劳资双方的行动又将如何? 这些理论与观点并没有进一步的分析与说明。笔者将结合邓洛普模型、克雷格模型、动态系统模型等理论和观点,把劳资关系分为三种理想类型,并系统分析不同类型劳资关系形成的原因与要素,具体分析劳资行为与劳资关系之间的演化。

一 合作关系与协商取向

如果劳资双方对涉及劳资双方利益,如工资待遇、休息制度、工作制度、劳动保障与安全等问题,进行协商,达成一致,并且共同遵守,这样企业生活状态中的劳资关系可以看作一种合作关系。学术界用"合作主义"的概念描述这种劳资关系,我国学者又将"合作主义"称为"统合主义""法团主义"等。[1] 关于"合作主义"的概念,比较权威的定义是:"合作主义是一种特殊的社会——政治过程,在这个过程中,数量有限的、代表种种职能利益的垄断集团与国家机构就公共政策的产生进行讨价还价,为换取有利的政策,利益组织的领导人应允通过提供其成员的合作来实施政策。"[2]

相对于自由主义所强调的个人自由,个体竞争,反对政府干预,合作主义则认为,个体竞争与私营企业的存在是必要的,但是,集体有利于保护个体交易的安全和预期的稳定,降低了信息成本。合作主义重点强调组织与社会集团的作用,主张通过政府的介入,起到一种平衡作用。[3] 从产业革命开始,合作主义经历 20 世纪前旧合作主义(强制合作主义)阶段和 20 世纪后新合作主义(自由合作主义)阶段。前者多出现

---

① 参见康晓光《经济增长、社会公正、民主法治与合法性基础》,《战略与管理》1999 年第 4 期;张静《法团主义》,中国社会科学出版社 1998 年版。

② [英] 戴维·米勒等主编:《布莱克维尔政治学百科全书》,邓正来译,中国政法大学出版社 2002 年版,第 186—187 页。

③ 参见张静《法团主义》,中国社会科学出版社 1998 年版,第 31—34 页。

于早期工业化国家,而且大多与不够发达国家的政权联系在一起。在这类合作主义国家中,协商合作的决策权大多属于国家,政府甚至可以创建和维持所有的合作团体,指定或者罢免各团体的领导人,通过这些合作团体进行自上而下的社会控制。后者往往集中在欧美日等发达国家,突出地表现为:(1)与旧合作主义针对整个社会各方面进行控制不同,新合作主义主要针对劳资关系,以劳资关系的规范为主要对象。(2)劳资双方协商确定双方的利益关系,制度本身主要以政府、企业和工会三方合作为核心。(3)劳资双方各自代表组织的成立,双方之间是否合作、如何合作,都是双方自主决定,没有来自政府或者法律的强制。(4)与传统的合作主义严格控制的劳资关系系统,以及自由主义经济体曾经长期存在的纷乱的劳资关系相比,合作主义的新形态主要表现为由国家、雇主组织和工人组织通过谈判决定经济和社会政策的"社会伙伴"关系。① 总体而言,新合作主义劳资关系体制是指这样一种治理机制:劳工和雇主形成相应的利益团体,二者经常在政府的参与下,在各个层次,以多种多样的方式(例如集体谈判、三方协商、集体协议、产业民主等等)展开合作,以处理相互之间的经济利益关系,获取双方最佳经济效果,同时也有助于增进社会的公共利益。②

从 20 世纪劳资关系发展的历程来看,当前世界各国都试图从强制合作主义向自由合作主义转变。同样,我国也不例外。然而要实现自由合作主义阶段的转变,也即建立一种合作的劳资关系,需要一些基本条件和因素:(1)宏观政策和法规具有合理性、强制性,并且得到监督和贯彻执行。在国家政策层面,涉及劳资关系方面的法律与法规,其制定之前应进行多方调查和论证,进而形成真正具有合理性的法律与法规,并建立各种渠道进行监督,依据不履行法律与法规的强制性惩罚内容使其得以贯彻实施。(2)劳动权受尊重和重视,它是当前建立合作劳资关系的核心与基础。处于优势地位的企业对工人基本劳动权的保障,如工资

---

① 参见郑秉文《合作主义:中国福利制度框架的重构》,《经济研究》2002 年第 2 期;[加] R. 米什拉《资本主义社会的福利国家》,郑秉文译,法律出版社 2003 年版。

② 杨鹏飞:《新合作主义能否整合中国的劳资关系?——以上海市的实践为例》,《社会科学》2006 年第 8 期。

报酬权、休息权、劳动安全卫生权等的保障，加以对员工日常生活与成长轨迹的细微关注，都将营造良好的劳资关系氛围。（3）建立在劳资双方认同基础上的劳动协调机制的充分、完善和畅通，将有利于形成良性的劳资关系。劳动协调机制是劳资双方在发生矛盾的情况下一种保障和预防机制，劳资双方建立的协调机制应建立在双方认同的基础之上，如工会主席应避免由资方及其亲属担任，他应从工人群体中产生，具有较强的活动能力；同时，又能妥善处理与资方的关系，方能得到劳资双方认可。劳资双方的协调机制应具备有效、充分和畅通的原则，方能使劳资关系出现僵局时，有更多回旋的空间和余地。（4）劳资双方拥有"风险分担与效益分享"的相关机制。这种机制的核心体现在：一方面当企业面临经济困难需要压缩成本或者面临超负荷完成产量时，员工让渡部分利益使企业渡过难关或者获得短期利润；另一方面当企业利润率提高时，也应努力改善员工的工资与福利。它是经过资方与劳方的多次"投入—产生"的过程而形成的一种稳定关系。（5）劳资关系有着良好的基础，具有一定的积淀。这一方面涉及劳资双方日常互动的领域，劳资双方日常良性互动将形成和睦、和谐相处的关系，这种关系在长期的积淀中将形成良好的企业文化，这将有效化解劳资双方的矛盾与冲突。

　　各种因素与条件的具备和不断积淀，使日常生活中的劳资双方呈现出合作为主导的关系，这种关系既是互动的结果，也必将影响劳资双方的日常互动时的行为取向，即劳资双方总体上倾向于协商与对话。通常，劳资双方的合作及其协商需要一个对话的平台，即在企业建立一个常设的机构，如劳资权益协商代表委员会，以便应对和协调企业活动中出现的矛盾与冲突。劳资权益协调代表委员会不同于工会组织，工会主席往往代表员工对集体合同中涉及员工的工作时间、休息、休假、工资报酬、福利、劳动安全卫生以及女员工的特殊保护等内容进行协商和确认，并签订企业集体合同。当集体合同中员工的权益受侵害时，劳资权益协商代表委员会就出面向企业提出书面建议，或者向上级工会报告要求协调，直至提交劳动仲裁机构裁决。劳资权益协商委员会对涉及员工切身利益的事情则由劳资双方充分协商来决定，协商结果在得到大部分员工代表认可后生效。在代表资格的规定上，劳资权益协商委员会代表不同于职代会代表，在职代会中企业高层管理人员均可视为职工代表出席会议，而劳资权益协商委员会的代表不包括企业高层管理人员,他们只能作为资方代表与员工方代表进行协商谈判。以合作为主导的劳资关系表现为日常企业生活中的协商与对话,这种协商与对话的一般程序是开展劳资权益协商对话前一周,将对话的主要议程及其内容用书面材料告知员工,征求他们的意见和建议。对话完毕后,将对话的内容和结果用书面形式向全体员工通报并公示一周,最后,形成劳资双方共同认同的行动方案和企业工作制度。

包括劳资权益协调代表委员会在内,其他多种劳资纠纷与冲突的协调制度和平台设置,如工会组织、集体谈判制度、三方机制等,都为劳资合作提供了平台和可能。在合作主义的构建过程中,各方普遍对三方机制寄以厚望,建立在三方合作机制基础上的"合作主义"是工业化国家协调劳资关系、缓解劳资矛盾与提高劳动生产率和经济绩效的重要手段。三方合作机制的重要作用在于它能够借助于一些"合作因素"来平衡社会各主要利益集团之间的利益关系,使劳资关系从"零和冲突"转向"正和交换",由此带动其他社会经济目标,如社会福利制度、劳动保障、公平就业等的协调发展,从而促进经济社会的和谐与稳定。[1] 在目前的劳资关系失衡的情况下,要实现三方合作机制为主的"合作平台与机制"的价值与作用,政府主导的地位和作用则显得十分重要。特别要明确政府在三方协商机制中的主导地位,各级政府劳动行政部门应通过强有力的执法监督和社会监控手段,确保三方协商达成的各项决议能够为劳资关系双方自觉遵守。[2] 政府的介入为平衡劳资力量提供了一种可能,社会力量(主要是非政府组织或民间机构)介入劳动关系治理领域,则促成了劳动关系多方治理的新格局。然而,政府与社会力量的介入只是短暂地增强了劳方的力量,在劳资日常互动中,劳方自身实力的增强才是解决合作可能的基础条件。显然,在劳资双方的力量比较之下,资方处于强势地位将长期存在,无论外界力量介入什么程度,劳资问题始终

---

① 吕景春:《和谐劳动关系的"合作因素"及其实现机制——基于"合作主义"的视角》,《南京社会科学》2007 年第 9 期。

② 陈少晖:《新合作主义:中国私营企业劳资关系整合的目标模式》,《当代经济研究》2008 年第 1 期。

取决于劳资双方,尤其是劳资合作的可能,更多的由劳方自身实力来决定。因此,为了促成劳资双方更多合作的可能,为劳方赋权显得尤为必要。只有通过建立工会组织、职工代表大会、工人委员会等组织,以及加强司法、仲裁、执法保障,才能切实增加工人的实力,最终,使劳资关系、劳资纠纷与冲突回归到劳动者与企业主及其各自代表机构与人员"自行处理和自主协商"的局面。

劳方的实力决定了劳资双方是否有合作的可能,合作的实质是双方共同让渡某些利益,进而实现长远或者双方利益的最大化。利益让渡到什么程度则是在劳资双方讨价还价的协商中实现的,因此,合作必须经历谈判、协商的过程,通过协商与对话,弥合分歧、寻求共识、达成共识和实现双赢。劳资之间形成的合作关系及其协商的行动倾向,使劳资关系呈现出良性互动,有利于增强企业的凝聚力和竞争力,有利于激发劳方的创新,推动企业技术革新,进而,使企业利润的增加和不断壮大成为可能,也为劳方工资与福利的不断增长创造条件。这种理想化类型往往聚集在具有"长远规划"、一定规模、经济效益,负有企业社会责任的私营企业之中,这些企业在我国并不多见。因此,劳资合作及其协商的企业是一种"少数的意外"。我国大量的未成长起来,经济效益通过压缩工人的工资与福利、牺牲工人劳动安全卫生而获得的私营企业之中,劳资关系及其行为倾向则又是一番景象。

二　内耗关系与妥协取向

在社会学看来,内耗是事物处于某种无序或不协调状态下,其系统内各组成部分之间的作用相互抑制、冲突,从而使各种有用力量相互抵消的现象。也即内耗是一种无组织力量,它瓦解事物的内部结构,削弱事物的外部功能,阻滞、破坏事物的进化发展。无论是在社会生活之中,还是在经济生活中,大量存在着内耗的现象。在企业生活中,内耗关系似乎成为一个折中的劳资关系类型,它成为我国私营企业劳资关系的

"常态"。① 有学者借用矛盾的概念理解劳资之间的内耗关系,并将其分为:自觉矛盾型与压制性矛盾型。②

内耗的分类角度必然涉及内耗产生的原因,冲突理论认为,企业在运作过程中必然会产生不一致或者冲突,导致企业内耗不可避免。有学者从分配和职位晋升的角度分析内耗产生的原因,认为一方面个体贡献具有相对性,个人通常依据其对企业总收益的贡献来核定其应得利益是否公平,然而,企业是一个协作生产的组织,大多数情况下,个人的贡献难以精确测量;另一方面每个人都有可能过高地估计自己的贡献,低估其他人的贡献。个人对分配不公的理解导致企业内耗滋生。同时,企业内部较高职位的相对稀缺,并不能为较多的个体提供职位晋升的机会也会导致个体不满。③ 这种从经济学的角度分析内耗的原因并不充分也不普遍,其原因主要在于我国多数企业的内耗是在劳方利益处于被剥夺的背景下,劳方在"无能无力""无法抗争""不得已而为之"的情况下表现出的"无奈""不满""抱怨"。因此,内耗是多种原因共同作用的结果:(1)劳资利益差异。资方以追逐绝对剩余价值为目的,劳资之间的紧张状况不可避免;劳方在工资待遇、休息时间、劳动安全卫生等方面的利益时常被剥夺,而资方的剥夺并没有超越劳方的生存底线,在缺乏导火线和突发事件的情况下,劳方通常以消极怠工的方式宣泄不满。(2)企业文化的缺失。多数私营企业不存在企业文化,劳方往往是企业临时或短暂雇用,劳方随时随地都面临被解雇的可能,劳方很难拥有归属感,劳资双方都缺乏长远的"投入—收益"的循环机制,功利性与短期性行为频繁。因此,劳资双方之间的内耗似乎是一种"理性选择"。(3)企业管理的缺陷。我国私营企业规模小,私营企业主往往直接管理和控制着企业,"家长制"作风盛行,企业主对企业长期的高压管理,大量的矛盾与冲突积蓄起来,而工人缺乏集体行动的能力,工人的无能无力只能以内耗作为其抗争的手段。(4)企业宣泄的渠道不畅。劳资矛盾的积累如

---

① 张维迎认为内耗是企业的一个普遍现象,参见张维迎《产权安排与企业的权利斗争》,《经济研究》2000 年第 6 期。

② 徐小洪:《冲突与协调——当代中国私营企业的劳资关系研究》,中国劳动社会保障出版社 2004 年版,第 208 页。

③ 孙玉麟、王政铭:《企业常见内耗机理分析》,《科学学研究》2007 年第 6 期。

果能够通过一些渠道与机制宣泄出来，劳资之间的内耗程度将不同程度地减轻。当前，内耗作为企业的"常态"说明企业没有提供劳方宣泄的渠道，或者说这种渠道不畅通。然而，一方面，劳方缺乏与资方讨价还价的能力；另一方面，劳方的生存又不得不依赖资方。在这种"两难"的情形下，以内耗表现出的"潜在抗争"不可避免。

劳资之间的"内耗关系"是力量均衡的结果，虽然资方处于绝对的优势地位，但劳方的工作激情的高低是劳方可以自由支配的，资方无法掌控劳方的工作能力与劳动效率，无法衡量"消极怠工"的程度并以此名义处罚劳方，资方只能伺机而动。同样，资方的剥削也没有绝对超出劳方的承受力，劳方个体反抗使个体直接面临解雇的风险，"内耗"无疑是明智的反抗手段。建立在内耗基础上的劳资关系，决定着劳资双方的行为取向表现为妥协，一旦劳资双方的矛盾与冲突没有突破各自的底线，"内耗关系"和"行动妥协"将会不断持续下去。

从劳资内耗关系的形成与行动妥协倾向产生的一般过程来看，在劳动力市场上，个体择业的场所往往是基于其能力的大小作出的判断，工人最终所就业的企业，相对于工人而言，是具有阶段的合适性。换言之，个体的岗位及其相关待遇是与个体的能力相关的，个体在一定阶段只能如此，别无它法。因此，资方对这一职位上所采取的行为，劳方只有在一定时期内"忍受"和"妥协"。如在劳动密集型企业，如制衣业、制鞋业、玩具制造业等行业，工人普遍面临着工作不稳定的就业状态，以及企业不签订劳动合同或者按照资方的单方面意见签订劳动合同、工资水平低、劳动强度大、工作时间长、劳动安全卫生差、无社会保险等状况。与此对应，这些企业的工人，往往是一些文化程度比较低的人群，他们只适合做此类技术含量不高的工作。当然，资方对每一岗位（社会地位）都有相应的行为模式，任何个体都会面临着不同程度的这种窘境（只不过能力高的个体，相对处境要好一些，应对能力要强一些）。可见，从劳方进入劳动市场的第一步，就面临着岗位与自身能力之间的某种妥协和权衡。当劳方开始为工资而工作时，资方对其角色权利与义务的规定是他无力改变的，他只有接受和妥协，若是有不满的情绪，他只能以不让资方发觉的"偷懒""怠工"等"内耗"方式宣泄，随着他在企业工作经验和社会资源的积累，他的利益诉求也会得到不同程度的满足，使他的不满情绪保持在一个较低的水平,此时,"内耗"和"妥协"并没有消散。如果此时他的利益诉求仍得不到满足,他要么选择辞职,要么进行反抗,其结果要么是资方妥协,要么是被辞退。因此,在地位不平等、利益有差异、权益被忽视等情况下,劳资的内耗关系不可避免地形成,劳资内耗的后果无疑使劳资关系紧张,企业凝聚力下降,劳动生产率降低,企业利润与工人福利在不同程度上受损。建立在内耗关系上的劳资行动上的妥协,又为企业建立合作型的劳资关系创造了契机,即劳资之间的摩擦与矛盾为增进劳资双方的了解创造了条件,此时,资方对劳方权利和利益的调整与进行新制度设计的改革,可以大大地降低企业内耗的程度。

三 对抗关系与阻隔取向

当劳资双方的"内耗"出现激化或者不断升级,使劳资双方行动上的"妥协"成为不可能时,劳资双方之间的关系就呈现出一种对抗性。"对抗关系"是劳资冲突的一种剧烈形式,在日常企业生活中,"对抗关系"同"合作关系"一样并非劳资关系的"常态",如果将劳资关系从良性到恶性进行序列分类,即"合作关系"——"内耗关系"——"对抗关系","对抗关系"是一种最糟糕的劳资关系。尽管,在马克思主义看来,私有制必然最终导致工人与资方的对抗,但是,在现代社会,劳资对抗关系并不必然发生,只有具备了特定条件与因素时才有可能发生,同时,这种对抗关系的发生也是劳资关系互动的结果。

劳资对抗关系的形成,既可能是劳资双方经历了无法"妥协"后的选择,也有可能是处于绝对弱势地位的劳方在面临"生存底线"时的"最后抗争"。通常,对抗关系的发生,主要涉及:(1)劳方的权益受到重创,且得不到有效弥补。如在企业生活中,资方长期拖欠和克扣工人工资,强制工人加班加点,忽视工人劳动安全且造成了事实的伤害,侮辱工人人格与尊严等事实,使劳方利益严重受损,一旦这些事实超出劳方的承受力,并且经过劳方向资方的交涉无果时,劳资双方的关系就迅速升级,劳资对抗不可避免。(2)劳资冲突的协调渠道不充分且协调无效。劳资双方发生矛盾时,劳资双方不得不直接交涉或谈判,交涉或谈判一旦形成僵局,在缺乏中间环节的情况下,交涉或谈判可能无法再有突破,劳资双方的对抗就因此而生。这些中间环节包括工会组织、劳资协商委员会、职工代表大会、行业协会、仲裁委员会、法院等,企业内部直接面对的中间环节是工会组织、劳资协商委员会与职工代表大会。我国大部分私营企业都不存在这些机构,导致劳资冲突发生,对抗关系持续,直到最后爆发。同时,我国大量的工人具有农民意识和同乡情结,他们诉诸外部的中间环节所消耗的成本过高,因此,劳方往往倾向于以极端的形式去寻求有限利益的获得,如破坏机器、浪费原材料、罢工、静坐、绑架或暗杀资方等方式,去实现工资的兑现、工伤的补偿等利益诉求。(3) 资方的强力支配与控制。大量的私营企业处在资方直接控制下,企业管理的人为因素和色彩浓厚,资方为获得最大化的剩余价值,对劳方实施着最大化的控制和支配,采取原始的、粗暴的管理方式迫使劳方屈服,在这样的氛围之中,劳资之间的关系必然是对抗的。

劳资之间的对抗关系,使劳资之间的沟通出现困难,此时劳资双方的行为倾向于阻隔,即互相僵持、互不让步,直到劳资矛盾具备了斯梅尔塞的基本条件①后彻底爆发。从对抗关系下的劳资行为倾向阻隔的发生机制来看,通常,在形成劳资对抗关系的私营企业中,资方在面对缺乏团结一致可能的工人时,资方的优势地位将不断巩固和增强,资方对劳方的强力控制将进一步加强,资方的专断与武断也会不断升级,对劳方的裁决具有不可改变的权威,且没有必要与劳方讨价还价;对于劳方而言,经历了多次的利益交涉无果后,与专横的资方继续谈判和交涉已不可能也没有必要,这种状况的出现导致资方与劳方无论是从心理上,还是从事实上都倾向于阻隔。

对抗关系下的劳资双方都倾向于阻隔,阻隔的打破依赖突发事件的产生,或者是劳资双方极端行动的发生。比如,资方对工人的解雇,对工资的无限制拖欠,对工伤的责任推卸等事件,以及劳方的罢工、示威等集体行动的发生。这些极端的事件和行为,无论对于资方,还是劳方

---

① 斯梅尔塞建构了集体行动的基本条件,他认为,环境条件、结构性紧张、普遍情绪的产生或共同信念的形成、诱发因素、行为动员、社会控制力等条件和因素决定着集体行动的产生。

都是无法承受的,资方将面临着巨大的利润损失,甚至遭遇倒闭、破产的风险;同样,劳方也将面临着失去一段时期的生存依托,甚至触犯法律的风险。可见,对抗关系下导致的劳资阻隔,使他们回避和搁置对抗,只会导致对抗向更激化的形式爆发,这种爆发最终的结局极可能是两败俱伤。

从理想类型的角度来说,劳资关系存在着合作关系、内耗关系与对抗关系,它们对应着劳资双方的协商、妥协、阻隔的行为取向。不同的劳资关系对应着不同的行为取向,不同的行为取向对劳资双方产生着完全不同的作用和效果。构建以合作为核心的劳资关系,实际上是构建"劳资两利"的劳资关系。劳资两利思想从本质上说就是一种内外协调的机制,能够达到构建和谐劳资关系的要求。劳资两利思想对构建和谐劳资关系的启示在于:建立外部约束框架、多重沟通协商谈判机制和仲裁机制、利益分享机制。基于劳资两利思想构建和谐劳资关系重点是要严格落实监督制度,完善集体谈判制度,建立共同治理机制和团队合作机制。① 实际上,劳资两利与合作的劳资关系更多地取决于资方。对于资方而言,最主要的是树立"法治"与"以人为本"的两种思维方式,应以法治思维和法治方式化解劳资纠纷与冲突,把劳资关系的建立、运行、监督、调节的全过程纳入法治化轨道;应以人为本,坚持共建共享,统筹处理好促进企业发展和维护劳方权益的关系,推动企业与劳方协商共事、效益共创、利益共享。协商是劳资合作的前提,合作将为劳资带来双赢的收益。劳资合作是劳资双方共同追求的理想目标,然而,劳资关系的常态更多地表现为内耗,内耗是劳资纠纷与冲突的一种潜在的表现形式,既是劳资关系的一种无可奈何的状态,劳方对自己的处境不满,只能通过此种方式进行宣泄,资方想消除内耗提高生产效率而不得,也是劳资妥协的后果,劳方改变不了现状,只能如此,资方的各种企业管理制度也无法阻止职工内耗行为的存在。内耗的形成实际上是劳资双方妥协的产物,劳方不能突破现有的互动方式促使利益诉求的可能达成,劳方显得"无能为力,安于现状";资方加强企业制度管理也无法改变劳

---

① 刘涛:《劳资两利思想的启示以及构建和谐劳资关系的途径》,《改革与战略》2017 年第 2 期。

方的行为方式,资方是"无可奈何,只得如此"。基于妥协行为之上的劳资之间的内耗关系也具有一定的合理性,再优化的企业管理制度,都会出现制度钝化,再高的劳工热情,都会出现消退。可见,内耗关系和妥协行为是劳资之间的常态。对抗关系则是劳资双方矛盾与冲突激化的关系类型。当劳资纠纷及其冲突出现明显有失公平,利益的天平向其中一方倒的情况时,对抗就成为不可避免的现象。劳方个人化的极端抗争和群体性的事件都是对抗关系的表现,资方的解雇劳方、拖欠工资、无工伤补偿等行为也是对抗关系的体现。对抗关系的形成意味着劳资双方沟通的渠道堵塞,劳资各方的行为都是倾向于孤注一掷和阻隔对方,进而实现自己的利益诉求。显然,对抗关系和阻隔行为是最差的劳资关系及其行为,任何一方的胜利都是以另一方的彻底失败为前提,它是严重有损劳资关系的。因此,在劳资纠纷与冲突中建立合作为主的劳资关系,才是符合各方利益的,有利于和谐劳资关系的构建。从根本上讲,协商才有合作,合作关系的形成取决于资方的意愿、责任与长远眼光。

第 八 章

劳资纠纷的化解途径

　　伴随劳资关系从"合作"—"内耗"—"对抗"的不断恶化，劳资行动倾向也相应的从"协商"—"妥协"—"阻隔"逐次更替，这一过程反映出劳资纠纷及其冲突不断地激化和升级，如果说内耗和妥协是劳资纠纷潜在的或者隐性的状态的话，那么，对抗和阻隔则是劳资纠纷的显性的状态。隐性冲突的有效化解对劳资关系走向合作与协商意义重大，否则，它将转化为显性的劳资冲突，进而对劳资双方造成重大的损失；显性冲突的化解将直接影响到企业的生存与发展尤其是当对抗的集体行动发生后，冲突化解的成与败对劳资双方的影响更大。通常情况下，当劳资纠纷及其冲突发生时，劳资纠纷及其化解的具体途径有以下方面。

一　非正式途径

（一）消极内耗

　　消极内耗产生的原因既有来自环境、制度等方面的原因，也有来自个体自身的原因，任何一项原因的作用都有可能使个体通过消极内耗的方式作出反抗，因此，它成为劳资纠纷与劳资冲突中的"常态"。消极内耗实质上可以理解为"非暴力不合作"或者"合作打折扣"，它作为劳资关系中潜在的、温和的反抗方式，其主要有不满、抱怨、怠工、损坏机器、浪费原材料等形式。它在劳资关系领域至少可以发挥以下功能：一方面，它能够追加资方的生产成本，降低劳动生产率，进而减少资方的利润；另一方面，通过消极内耗，劳方的不满情绪和心理得到短暂的宣泄和平衡。

尽管消极内耗的功效并不如罢工、集会、游行与示威来得激烈，但它毕竟对资方带来一定的影响，它作为一种手段促使资方作出一些让步和妥协，擅长管理的资方通常采取提高工资、改善企业福利的形式来提升"士气"，从而提高企业的劳动生产率，甚至以此为契机营造合作与协调的劳资关系。相反，专横的资方则通过各种方法（比如安装监控设备、解雇等）力图去控制、压制、消灭劳方的内耗。可见，劳方所采取的内耗在企业内部是一把"双刃剑"，由于内耗往往表现为工人的单方行动甚至是个体行动，它的成效如何取决于资方对"个体价值"的权衡，以及资方治理企业的理念、眼光、魄力等因素，资方对不同工人个体的区别对待，也决定了不同个体内耗的命运，对"可替代性弱"的工人，消极内耗的方式为其地位和报酬福利的提升起到明显促进作用，对"可替代性强"的工人，消极内耗的方式可能使其处境进一步恶化甚至被淘汰和被解雇。因此，消极内耗尽管对劳方的风险最小，但是其后果却是因人而异、差异明显。

同时，消极内耗作为一种非正式、非制度化的反抗方式，在社会层面并不具有正向的意义和价值，因为社会并不提倡以"内耗"的方式浪费社会财富，降低社会的劳动生产率和社会的竞争力，经济社会所追求的是劳动效率和财富的快速增长，显然，内耗是与社会的目的背道而驰。同时，稳定与和谐也是社会的目的，如果说内耗至少避免了社会的动荡，进而维持了社会的稳定，那么它必定影响到社会的和谐。因此，在政策层面和社会层面，都力图减少内耗，增进和谐。可见，消极内耗在宏观层面得不到社会的支持，但是，它不可避免却又是企业生活的"常态"，它对社会与企业稳定、对劳工心态的平衡具有的暂时功效，是社会与企业不得不支付的成本。

（二）罢工对抗

劳资之间呈现出对抗关系，双方的行为倾向于阻隔，这种状态不会持续太久，最终将以劳方的集体行动来打破，这些集体行动包括集体上访、静坐、围堵党政机关、阻断交通、罢工等，劳方力图通过这些正式与非正式的集体行动迫使资方满足其要求。这些集体行动中，罢工的争议最大且对资方的威胁最为直接。

罢工是指受雇佣的全部或大部分雇员,在其利益受到剥夺与侵害时,在一定的时间内集体停止工作甚至必要时阻止他人工作,要求雇主满足其条件的一种行为。它是劳动者在劳动关系中的矛盾尖锐或激化、劳动权利遭到严重损害而且无法通过集体谈判获得保障、其他救济途径无效或者关闭的情况下,被迫采取的自我保护、强化斗争的手段,是在体制内渠道或者(劳动)契约途径不能给予或者不能及时给予合理的权利保障的情况下而采取的应急性措施,也是一种为促进劳资双方公平地、有效地博弈或交易而必需的集体行动。① 具体而言,它包括五个构成要件:(1)罢工是劳动者在自己方面与用工单位方面利害相反而又不能通过和平手段加以解决时所采取的经济斗争手段。(2)罢工是以维持、改善劳动条件或获得其他经济利益为直接、间接的目的。具有政治性、革命性或其他性质的罢工不属劳动法理论论述的范围。(3)罢工是指被招用劳动者所为的业务的停止。诸如承揽人、承租人、承包人等在各自所处的承揽、承租、承包关系中,为民事法律关系中的一方主体,不是建立了劳动关系的被招用者,他们即使发生集体性的类似罢工的不作为行为,也不能称为罢工。(4)罢工仅为劳动合同的中断,不是劳动合同的终止,劳动合同并没有随罢工而失效。罢工结束后的复工,不是新劳动关系的缔结,而是原劳动关系的继续。(5)罢工是多数劳动者所为的有组织的业务停止。一人终止业务,不能叫罢工。它并非企业内全体劳动者参加才算罢工,只要共同停止业务的人数达到能对用工单位一方产生一定影响和压力的程度,就可算作罢工。罢工者之间须有某种程度的有组织的联系,而不是单个分散地停止业务。单个劳动者的停止劳动,有的国家称之为野罢工,仅为单个人违反劳动合同的行为,不能作为罢工行为而受到劳动法的保护。② 根据罢工的目的、性质,将罢工分为政治性罢工和经济性罢工。通常,世界上许多国家,将政治性罢工定义为"非法",对经济性罢工予以法律认可与保护。而且这些国家的宪法或法律或单行法

---

① 陈步雷:《罢工权的属性、功能及其多维度分析模型》,《云南大学学报》2006 年第 3 期。

② 史探径:《中国劳动争议情况分析和罢工立法问题探讨》,《法学研究》1999 年第 6 期。

规，都有关于公民罢工权①的规定。

在我国，1975 年和 1978 年宪法规定公民有罢工的自由，但它完全是作为公民的一种政治权利来看待的，忽略了罢工权的物质性或利益性的特征，也没有具体的实施细则，使罢工权成为阶级斗争的手段。这也是 1982 年宪法取消罢工权的理由之一。我国取消公民的罢工权，还有一个重要理由是：罢工权是资本主义社会的东西，在社会主义制度下，工人是国家的主人，工人阶级与国家利益根本上是一致的，哪怕是停工停产一分钟，都会使国家和全体人民的利益遭受很大的损失，甚至还可能被个别坏人所利用②，"可见，罢工自由对维护安定团结、发展生产、实现现代化不利"③。

在这样一种思路下，我国的罢工权在长达 30 年里实质上一直成为"空缺"和"真空"。经历了多年的改革开放后，我国的经济、政治、社会等方面的状况和条件已经与 1982 年制定现行宪法，取消罢工自由时有很大差异。比如，我国已经产生了大量的非公有制经济，并且这些经济成分已占据了我国经济总量的半壁江山以上，劳资关系成为社会生活中的重要内容，劳资矛盾和劳资冲突，已经成为影响我国社会和经济和谐稳定发展的最主要的因素。生产的私人占有和经济利益的最大化的追逐，使得劳资矛盾重重，又加上严重失衡的劳资力量的天平，极端化的劳资冲突不断涌现，罢工事件频频发生。罢工等集体行动在当前发挥了保护性的功能和促进力量平衡的功能，即一方面防止劳动关系的履行对劳动者造成严重损害；另一方面作为斗争手段和压力机制，迫使雇主妥协、促进劳资关系平衡。因此，罢工成为劳方在无助的情况下的"杀手锏"，即应对极端化劳资冲突的一种强有力的工具，它的存在和运用对于劳资力量严重失衡下劳方具有极强的"价值性"和"合理性"。

然而，现在的问题是：在我国，罢工制度没有其相应的法律地位，这种过度规制实际是规制不足，现实中存在的罢工现象以及罢工等产业

---

① 罢工权即罢工的自由，或者称为罢工的自由权利，它是公民的一种宪法性权利即基本权利。

② 问清泓：《关于罢工权的反思》，《江汉论坛》2004 年第 7 期。

③ 参见张友渔等《宪法论文集》（续编），群众出版社 1982 年版，第 181 页。

行为的不规范所造成的社会冲击更大。① 正是在这种情况下,本应将罢工看作一种劳方反抗资方的正式途径或称制度化手段,在我国,却成为一种非正式途径和非制度化手段,工人罢工成为跨越"非法"② 底线的风险行动。现在的困境是:一方面,当前我国多数罢工,呈现出自发和无组织状态,它已对社会稳定构成了不可预期的风险。同时,这些罢工的起因却大多是工人的生存受到资方直接威胁所导致,劳资力量对比严重失衡,政府想通过罢工权的赋予来"节制资本",却又担心放开罢工权后对社会稳定造成冲击。另一方面,我们既没有正视国家立法存在局限性、滞后性,执法和司法在时间和空间上的局限性,国家对劳资冲突的预防和干预能力的有限性(不能及时地解决问题、提供充分的救济),又没有承认罢工等集体行动作为对抗资方的工具与手段的必要性与合理性。

在这样的背景下,当前,中国的罢工呈现出:(1)三资企业、私营企业成为罢工的高发地带,举行罢工都未按惯例先行宣告。(2)罢工事件涉及人数有限,没有发生过许多企业联盟罢工的事件。(3)罢工具有突发性。有的罢工在争议形成之初未经调解、仲裁等程序,而是突然发生的,用工单位措手不及,有关部门着手调停处理时因事先情况不明也增加了难度。(4)罢工事件均由劳动争议而引起,是属于劳动法范围内的罢工。(5)罢工事件一般能得到妥善的处理,职工的合理要求能得到满足,或者得到谅解,少数不合理要求经解释后也能自动放弃。但有的罢工事件处理不彻底,一时平息,争议后患并未消除。(6)罢工事件虽然规模和影响都不大,但缺少法律的规范,处于无序的自发状态之下,这种状况对维护社会秩序稳定和促进社会主义市场经济发展,都很不利。③

既然劳资激烈冲突大量存在,罢工事件又不可避免,非组织性罢工增强了劳方的"价值"却又给社会造成重大风险,那么,我们可做的事情是如何平衡劳资力量,如何将罢工发生的频率和罢工剧烈程度降低。

① 郑尚元:《建立中国特色的罢工法律制度》,《战略与管理》2003 年第 3 期。
② 以国际的视角来看,无论我们是否应当让罢工合法化,工人自发罢工在各国均是不合法的,政治性罢工更是被国际公约所排除,详见董保华《劳动者自发罢工的机理及其合法限度》,《甘肃社会科学》2012 年第 1 期。
③ 史探径:《中国劳动争议情况分析和罢工立法问题探讨》,《法学研究》1999 年第 6 期。

要做到这一点，当前首先我们必须给"罢工"正名，即必须承认罢工权为劳动者权益的固有内容和必要保障，必须承认罢工权为劳动者"人权"的内容，必须根据经济基础的改革和变化，将罢工权以法定的形式赋予工人；也必须避免"罢工权"的滥用。有学者认为，尽管我国的罢工权立法尚不明确和健全，亟待完善，但是作为基本人权，国家已在国际公约中原则认可，并在相关法律中体现。在我国，罢工并不违法，依其他规定来惩处罢工属法律适用不当或于法无据。在现行法律框架中处理罢工事件，应当坚持理性对待，法治解决的原则。① 对于罢工权及其法律，我国的法学家作出了积极的尝试和探索。② 当前，工人罢工，不管是违法，还是法理容忍，是作为劳资对抗关系的激烈形式，也是作为工人们最强行动的利益诉求方式。无论政府与法律的认可度与接受度如何，它事实上已经成为工人们的一种利益行动取向，这些都是我国政府和法律界所不得不面对的一个核心问题。在新的形势下，加快罢工立法的进度，用法律手段规范工人的罢工行动已经提上重大的议事日程。

二　正式化途径

相对于不满、抱怨、怠工、损坏机器、浪费原材料等形式的"消极内耗"和罢工、集体上访、静坐、围堵党政机关、阻断交通、围困政府等"集体行动"，"中介协调""集体谈判""契约规制"等化解劳资冲突

---

① 常凯：《关于罢工的合法性及其潮热规则》，《当代法学》2012 年第 5 期。

② 比如，罢工权的赋予应注意：第一，罢工的宪法确认与具体法律规制相结合。即先有宪法规定，后有具体法律规制的模式。在我国《工会法》《劳动法》等相关法律中应先设置罢工制度，在条件成熟时，再由《宪法》确认"罢工自由"之基本权利。第二，限定罢工的人员、场所和行业。罢工制度的建立前提是不损害社会和公共秩序，通常，公务人员、军事人员以及公共服务行业人员应限制其罢工。第三，对罢工规定严格的程序。《工会法》和《劳动法》对罢工的程序予以严格限制，防止政治性罢工的发生，并取缔非产业行为，如集体上访、静坐、阻塞交通和围困政府等非法行为。第四，规定和平义务与和平纠察。在集体合同或集体协商期限内应限制罢工。在争取自身利益时，可以依法按照相应程序举行罢工，但须设置纠察且应坚持和平的原则，和平纠察的设置应与当地公安和劳动部门沟通，争取他们的支持，反对以武力解决问题。具体参见郑尚元《建立中国特色的罢工法律制度》，《战略与管理》2003 年第 3 期；问清泓《关于罢工权的反思》，《江汉论坛》2004 年第 7 期；等等。

的手段与方式更能得到官方的认可与赞同,因此,笔者将"消极内耗"和"集体行动"看作非正式化或非制度化的协调方式,将"中介协调""集体谈判""契约规制"看作正式化或制度化的协调方式。

(一) 中介协调

如果把劳资关系的主体界定为劳方及其工会与资方及其行业协会之间的关系,那么,其他任何力量的介入,如政府、仲裁委员会、大众传媒、NGO 组织等都属于劳资关系的"中介"。笔者将这些力量卷入劳资矛盾与冲突中的协调作用统称为"中介协调"。

在劳资纠纷及其冲突的协调过程中,首当其冲的利益攸关者是政府,因为我国的多数工人的集体行动在对资方无威慑力时,直接冲击的是政府部门。政府,一方面成为劳资纠纷及其冲突中的矛头所指;另一方面成为工人集体行动的希望,即劳资纠纷及其冲突的最终裁决者。当然,目前劳资冲突和劳工集体行动的高发,多少与政府在治理过程中的某些缺失存在着密切联系。正如 W. 阿瑟·刘易斯所言:"在一个稳定的社会中,政府只对很少的事情进行干预……但是,在发生迅速转变的社会中,很难有什么政府可以忽略的问题。"① 而且"国家越落后,一个开拓性政府的作用范围就越大"②。在我国整体仍十分落后且社会加速转型的情况下,劳资纠纷与冲突又成为影响社会发展与稳定的主要因素,政府应发挥什么样的作用?应该如何进行治理创新?

在马克思理论看来,政府作为国家权力的组织体现,其本质是由国家的性质决定的。国家是实行阶级统治的社会公共组织,政府正是执掌这一国家权力的国家机关。政府的权力就具有两重性:一方面,它是一种阶级权力,体现了统治阶级的意志和利益;另一方面,它又是一种社会公共权力,扮演着超然于社会各阶级、阶层、集团之上的公共利益代表者的角色,去管理国家的政治、社会和经济生活。因此,作为社会主义国家,政府在制定有关法律及立法原则中应当体现其基本的利益倾向,

---

① [美] W. 阿瑟·刘易斯:《经济增长论》,梁小民译,上海人民出版社 1994 年版,第 477 页。

② 同上书,第 520—521 页。

即保障劳动者的利益，提高和改善劳动者的生存与发展环境。同时，作为社会公共权力，又要综合和代表劳资双方的利益，缓和双方的矛盾，把劳资纠纷及其冲突控制在既有的社会秩序范围之内，保证社会经济的稳定性和持续性。在当前的形势下，我国政府必须做到以下几点：

首先，必须明确政府介入劳资关系领域责无旁贷。如果政府采取一种自由主义的取向，即对劳资矛盾与冲突不闻不问，且劳资冲突由劳资双方自行解决，这在当前劳方力量处于绝对弱势的情况下，实际上是牺牲劳方的利益，偏袒资方，放任资方对劳方的剥削。其后果是劳方地位更低，劳资纠纷及其冲突不断，社会稳定受到严重威胁，因此，政府介入劳资关系领域是其职责所在。政府介入劳资关系与劳资冲突领域至少能够起到以下作用：在劳资关系建立的起点上，劳动已经从属于和屈从于资本。如果没有政府力量的介入与干预，劳方的权益就无从谈起，就会出现更多的"血汗工厂"和"奴隶工厂"。政府的介入，可以通过国家机器，如立法、行政等手段对侵犯劳方合法权益的行为予以制裁，从而保护劳方的利益和保障社会的公平与正义。在劳资纠纷及其冲突发展的过程中，政府对劳方的组织（工会、职代会等）的强制建立和工人集体行动（主要指合法罢工）的认可，都将从根本上增加劳方与资方"讨价还价"的资本，为劳方在劳资矛盾与冲突中争取平等的协商地位和促进劳资冲突得到公正地解决创造条件和提供保证。

其次，必须发挥政府在劳资纠纷及其冲突中的平衡作用。当政府介入劳资关系领域，其把握的力度也显得尤为重要。当我们在出台一系列提升劳方地位和保障劳方权益的政策与法规时，应该充分权衡经济与社会发展的情况和新的政策与法规的利与弊。简单地说，大幅提升劳方的地位和福利，固然能够得到广泛的群体基础（因为劳动者总是一个社会多数），但是，它可能支付的代价却是经济发展减缓，就业问题增多等阵痛。因而，平衡劳资力量的政策、法规的出台应循序渐进，审时度势。比如，在我国2008年1月1日《劳动合同法》正式实施的背景下，入冬的珠三角正在经历一场前所未有的转移之痛：上千家鞋厂倒闭，万余港企面临关闭潮，更多数量庞大的中小企业计划迁离这里。在中国经济版图上曾独领风骚多年的珠三角，昔日热闹、辉煌的"世界工厂"的场景或将成为历史。①当然，笔者并不是说新的《劳动合同法》超出了我国经济社会发展的水平，相反，它正好是我国经历了 30 年改革后"迟来的规范"。之所以会出现这种剧烈的阵痛，一方面说明我国劳资领域一直都不规范，突然出现的"规范"却让资方无所适从；另一方面说明我国 30 年间缺乏一些过渡性的刚性规范，对劳动合同规范的长期忽视和对资方的实质纵容。所有这些都说明政府没有较好地起到平衡劳资力量和协调劳资冲突的作用，当前我国经济发展的水平和能力已经今非昔比，社会稳定与和谐也已不得不提上议事日程，此时的政府所为是一个迟来的"就位"。

最后，政府应扮演好自身的角色。从世界各国的经验来看，通常，政府在劳资关系中扮演着的五种角色：（1）劳动者基本权利的保护者（Protector）。（2）集体谈判与雇员参与的促进者（Promoter）。（3）劳动争议的调停者（Peace-maker）。（4）就业保障与人力资源的规划者（Planner）。（5）公共部门的雇佣者（Public sector employer）。针对我国的情况，有学者认为，当前我国政府在劳资关系中应扮演九种角色：一是劳工政策的制定者；二是劳工权利的保护者；三是劳工就业的促进者；四是劳动法制的践行人；五是劳动安全的守护神；六是人力资源的开发管理者；七是劳动基准实施的监督者；八是劳动争议的调停者；九是劳资和谐的倡导人。② 总体而言，政府在出台相关的政策与法规和扮演以上角色时，必须充分保证经济效率的提升与社会公平的体现，同时，也必须保持其"中立"的立场和原则，积极地、具有建设性地促进劳资纠纷与劳资冲突的化解。

当前，我国政府在劳资领域介入的具体实践体现在三方制中。在2001 年 8 月，由劳动与社会保障部门代表政府、中国企业家协会代表雇主、中华全国总工会代表工人的国家级别协调劳资关系的三方会议成立并开会，这个三方制的基本功能是提出意见和建议，对三方交流的情况，对劳资关系的法规政策进行审议、讨论和修改。在地方上，三方制已经

---

① 《劳动法实施触发多米诺效应：珠三角工厂大撤离》，《齐鲁晚报》2008 年 1 月 23 日。

② 李炳安、向淑青：《转型时期政府在劳资关系中的角色》，《中国党政干部论坛》2007 年第 6 期。

从省延伸到市、县区，并向乡镇、街道、经济开发区延伸。在一些乡镇地区，三方制扩大了内涵，把劳动争议与仲裁，区域/行业集体谈判和协议签订，以及协议实施监督也视为三方制的工作内容。所谓"三方制"是指在制订劳动法律法规、调整劳动关系、处理劳动争议方面，政府、劳工和雇主三方代表共同参与决定，相互较量、相互制衡、相互磋商、相互协调。这种"主体自主协商，政府适时调整"是当前世界劳资协调领域普遍运用的手段。

当前我国"三方制"的运用主要涉及由地方劳动保障部门代表基层政府、雇主和工会，他们共同对劳资关系的重大问题进行规范和协调处理。这种基层的三方制在我国发挥着重要的作用：第一，有效地平衡了劳资力量。地方政府的积极参与，改变劳动者的弱势地位，改变劳资对话中的力量对比，对资方的侵权和违法行为进行了有效的节制。第二，较好兼顾各方利益。基层政府、雇主、工会，在"相互较量、相互制衡、相互磋商、相互协调"中，能够较好地平衡各方利益：对资方而言，基层三方制避免了企业的波动，保证了企业利润的稳定获得；对劳方而言，保障了其生存与发展所必需的物质生活资料的获得；对基层政府而言，保持了地方经济的稳定增长和就业的增加，增强地方经济的发展能力。第三，有效地避免了过激的劳资行动的发生。它能有效地避免工人自发的、非组织化的集体维权行为所带来的风险，也能够避免雇主大规模的解雇工人的行动，使劳资矛盾在相对理智的状态下通过法律程序得以解决。在现实的实践过程中，基层三方制运作方式如图8-1所示。

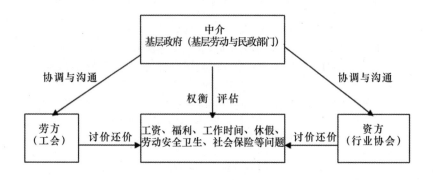

图8-1 三方制运作图

政府作为劳资关系及其矛盾的"中介"是显而易见的,然而,当前,有一股新的力量在很大程度上已经介入劳资关系领域,它起到了声援和支持劳方,引起社会大众的关注,促使地方政府的重视的作用,这一新的"协调中介"——大众传媒正发挥着越来越大的作用。

大众传媒在涉及国家政策、社会发展、公民利益诉求等方面形成一种意见和观点,并通过自身的渠道,如电视新闻、书刊、报纸、网络等,使其意见和观点在全社会得以广泛的传播与交流,最终形成"公众舆论"①。在哈贝马斯看来,这一过程是"非正式意见进入到准公众舆论的循环当中,并且被这一循环所使用和改变,同样这种循环本身在公众的推广之下,也获得了公共性。当然,因为公众舆论本身其实并不存在,而且因为它最多只能辨别出一些趋势(这些趋势在一定的条件下,可以促成公众舆论)"②。公众舆论形成后,它将形成一股无法忽视的力量,即公众通过大众媒介获取参与和了解社会公共生活所需的各种信息,由此对社会、政治、经济问题发表私人话语,参与公众讨论,形成舆论,最终起到约束或抑制各种私人力量对公共利益的损害,影响公共事务和政府决策。正如莫利所言,公共领域的体制,其核心是由报纸及其后来大众传媒放大的交流网组成的。③

大众传媒对"公共领域"形成一股独立的力量,形成政府、社会、公民三者间的互动,它在调节国家发展、社会公共生活和公民个人利益三者关系中起到了重要作用和力量。有的学者从微观层面上,把传媒在构建公共领域中的具体作用概括为四个方面:意见整合的平台、政治社会化的途径、民主进程的加速器以及传播本义的复归。④ 有学者将这种作

---

① 哈贝马斯认为,一种意见在何种程度上能够成为公众舆论,取决于以下标准:意见是否从公众组织内部的公共领域中产生;组织内部的公共领域与组织外部的公共领域的交往程度,而组织外部的公共领域是在传播过程中,通过大众传媒在社会组织和国家机构之间形成的。详见[德]哈贝马斯《公共领域的结构转型》,曹卫东、刘北城等译,学林出版社 1999 年版,第 295 页。

② [德]哈贝马斯:《公共领域的结构转型》,曹卫东、刘北城等译,学林出版社 1999 年版,第 295 页。

③ [英]莫利:《电视、观众与文化研究》,冯建三译,远流出版事业股份有限公司 1995 年版,第 176 页。

④ 许剑:《新闻媒体与我国当前公共领域的构建》,《新闻大学》2003 年第 1 期。

用具体概括为：（1）公众通过传媒提供的公共平台参与社会公共事务，发表私人言论，可以对政府进行全方位的监督，从而优化其执政能力、调节社会经济生活。（2）大众传媒通过"公共话语平台"增强公众凝聚力，使市民从家庭和私人话语中升华出来，形成公民社会的精神文化。（3）政府通过传媒了解民众的意见、心声，对社会生活管理的方方面面进行有效调节，并促进公民自觉维护社会秩序。（4）大众传媒"公共领域"使政府和公众建立平等对话的关系，打造意见交流的语境。①

当前，大众传媒对"公共领域"中劳资关系的介入和作用越来越大，如对"山西黑砖窑""山西黑煤矿""奴隶工厂""血汗工厂"等的报道，充分揭露了不法资方的违法与"非人道"的行径，有效地引起了社会的共鸣、关注和谴责以及政府职能部门的介入，使劳资问题能够以最快的速度、最合理的方式得以解决。同时，大众传媒对劳资问题的深入和广泛报道，也对整个劳资领域起到了监督与震慑的作用，有效地平衡了劳资双方的力量，即至少大众传媒会站在一个较公正的地方申诉社会的公平与公正。因此，大众传媒在当前我国劳资力量失衡的情况下，实际上已发挥了监督、揭露资方和同情、支持劳方的作用，对劳资关系内容进行综合报道与评论，发挥了劳资"中介"作用，其运作的模式如图 8 - 2 所示。

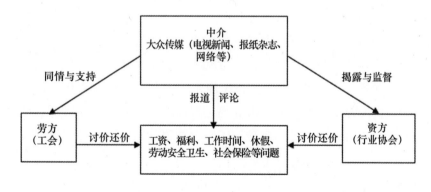

图 8 - 2　大众传媒充当中介的运作模式

---

① 任金洲、卞清：《增强公共性和服务性进一步开放"公共话语空间"》，《现代传播》2006 年第 1 期。

(二) 集体谈判

如果说，劳资关系的主要问题是，雇主和雇员之间或者他们的代表之间如何形成相互合作关系、冲突关系和权利关系[①]，那么，要达成合作、冲突与权利关系的手段，往往是通过劳资之间的集体谈判来完成的。通常，集体谈判 (Collective Bargaining) 是指资方和雇员代表借助谈判，旨在达成覆盖某一雇员群体的协议，以决定就业条件与待遇，协调雇佣关系的一种方法。[②] 一般情况下，集体谈判的主体是以组织起来的工人即工会为一方，以联合起来的雇主或者雇主协会为一方，围绕工资、就业保障、其他待遇 (如加班费标准、带薪休假、医疗补助、失业津贴、退休金等)、工作条件 (如工作日长度、劳动强度、工作环境、安全保障) 等展开的集体讨价还价。[③]

集体谈判主要由两大部分谈判方式互补而成。第一部分为全国层次的多雇主谈判。全国性或者行业性的集体谈判所形成的集体协议一般是多雇主协议，它覆盖某一特定行业或分支行业中具有某一既定特征的所有雇员。第二部分是组织层次上的单一雇主谈判。它是指在某一特定组织中的某一特定类型的所有雇员，与其雇主进行的集体谈判。它包括企业层次的、工厂或分工厂层次的，以及与奖金报酬计划及工作安排有关的部门或车间的集体谈判。集体谈判的程序基本上可分为四个阶段，它是以工会提出的谈判方案为基础，雇主方一般是在工会提出要求后，收集和分析资料，并制订谈判目标、策略和方案。这是准备阶段，接下来进入第二阶段——开庭。这一阶段，雇主与工会双方的谈判代表进行第一次直接的交锋，双方尽力提出并强化自己的问题并认真倾听对方的陈述，记录对方听自己陈述的反应，试图分析明确对方的立场。接着进入

---

① ［荷］约里斯·范·鲁塞弗尔达特、耶勒·菲瑟主编:《欧洲劳资关系:传统与转变》，余云霞等译，世界知识出版社 2000 年版，第 16 页。

② Michael Salamon. 1998, Industrial Relations: Theory and Practice: 3rd ed, Prentice Hall Europe, p. 305.

③ 陈恕祥、杨培雷:《当代西方发达国家劳资关系研究》，武汉大学出版社 1998 年版，第18 页。

第三阶段，双方进行谈判对话。这一阶段谈判人员力图使用信息、论据和反论，改变对方谈判人员的观点与态度以减少其期望，同时确保达成一个自己让步较少对方妥协较大的而又能为谈判双方所接受的协议。第四阶段是结束阶段，即形成正式的书面协议，以明确双方的权利和义务以及有关的准则。[①]

集体谈判及其过程在不同阶段上完成了三个功能：市场或经济功能、政府作用以及决策功能。[②] 即通过谈判确立劳动力市场工资水平和待遇，这时的集体协议可以被看作一种正式的契约和不满的解决程序，以及确保雇主遵循协议条款的一种非法律手段，体现了集体谈判的经济功能；通过谈判形成的一系列规范劳资关系的程序性规则，也被看作解决没有为集体协议所包括的问题的补充立法过程，体现了政府行业管理的作用；通过谈判确认工人有权通过工会参与工作场所规章制度的制定，也是对资方的自由及单方行动的自主权的一种限制，体现了集体谈判的决策功能。

集体谈判避免了单个工人行动力量的不足，充分凝聚了工人的力量，以整体力量与资方的谈判，有效地促使劳资双方互相让步，达成妥协，签订协议，降低"消极内耗"的负效应和"激烈对抗"的社会风险。同时，它也规范了劳资关系事务，确立了劳资关系调整的正式规则，而且本身就是解决劳资冲突的一种重要机制。因而，在世界范围内，集体谈判已成为市场经济条件下调整劳动关系的主要手段和国际惯例，构成了市场经济国家劳资关系制度的核心。然而，已有几百年历史的集体谈判，在我国却在 20 世纪 90 年代初才开始起步，1994 年颁布的《劳动法》对集体协商和集体合同制度作了原则性规定，1995 年起政府采取了强有力的措施来推进集体协商谈判制度，但受各种因素的影响，仍然面临着许多问题与困难，如工会的代表性和独立性问题；企业级别集体谈判的雇主角色不明，行业、区域集体谈判中的雇主组织缺位问题；谈判环节缺

---

① 详见杨体仁、李丽林编著《市场经济国家劳动关系——理论·制度·政策》，中国劳动社会保障出版社 2000 年版，第 308—341 页。

② Chamberlain, N. and Kuhn, J. W. 1965, Collective Bargaining. New York：McGraw-Hi, p. 78.

位;协议内容雷同,缺少针对性和可操作性;集体协议制度发展不平衡等问题。[①] 总体上讲,这一制度还没有发挥应有的作用,集体谈判的机制还没有真正形成。但是,作为协调劳资关系,避免劳资冲突的一项重要调节机制,集体谈判将随着我国市场经济的不断推进与深入,各种环境与政策因素的不断成熟,其作用与功能将得以充分的发挥。

(三) 契约规制

契约是现代文明社会的标志,契约是现代法治的构成要素之一,它规定着利益双方在权利与义务方面的双向依存关系,契约以利益交换为目的,通过交换来实现各自的利益,它是市场经济中人们最普遍的行为模式。对于契约的主体而言,交换的过程是相互为对方提供服务以满足自身利益需求的过程;对于社会而言,则是一个实现资源配置的过程,这种交换过程在法律上就表现为双方订立和履行契约的过程。契约关系的双方是平等的,契约关系是相互的,没有只享受权利的义务,也没有只履行义务的权利。契约的形成过程是双方或多方对话、协商的过程。契约的核心是双方合意,这意味着双方会自觉遵守包含着其真实意愿的约定。契约可以让双方或多方当事人最后达成能体现各自利益的一致意见,取得利益的最大化和共赢。

在劳资关系领域,劳资关系的契约化是劳资关系的基本特点,我国现行的劳动契约制度包括劳动合同与集体合同两种形式。英国学者西德尼・韦伯 (Sidney Webb) 和比阿特丽斯・韦伯 (Beatrice Webb) 夫妇在代表作《产业民主》(1902) 一书中指出:"在无工会组织的行业,劳动者个人无论是在寻找工作,还是接受或拒绝雇主提供的就业待遇时,除了考虑自身所处的紧急状况之外,并没有与其同伴进行交流。为了出卖劳动力,劳动者个人不得不与雇主进行艰难的个人交涉,但如果工人们团结起来,推选代表以整个团体的名义与雇主谈判,其弱势地位将会即刻得到改变。雇主也无须再分别与每个雇员签订一系列的个别劳动合同,而只要签订一个能够满足集体意愿、规定集体劳动条件的协议即可。根

---

① 程延园:《集体谈判制度在我国面临的问题及其解决》,《中国人民大学学报》2004 年第 2 期。

据这一集体协议所确立的准则，自签订之日起，所有特定群体、特定阶层、特定等级的人员都要遵守。"① 这一论述阐明了集体合同有着比个别劳动合同强的约束力和权威。

在我国，劳动契约关系的设计上，集体合同制度明显优先于劳动合同，集体合同制度不仅具有建立和发展的基础，而且较早被国家法律所确认。而劳动合同随着 2008 年 1 月 1 日《劳动合同法》的正式实行才从真正意义上全面纳入国家法律的范畴。劳动合同制度以契约的形式规定了劳动报酬、劳动时间、劳动休假、劳动合同期限、劳动培训、劳动试用期、劳动加班费的支付方法，劳动保险等一系列的内容。其主要功能在于当劳动者进入企业之前把相关的权利与义务界定明确，并且界定的内容都具有法律的约束力。而集体合同制度的核心功能在于，首先，作为一个协商过程，集体合同制度提供了员工意见和要求集中表达的渠道，把分散无序的劳动关系冲突纳入有序的谈判制度中，成为可能的产业冲突的制度出口；其次，作为一个市场交易过程，集体合同保障了劳动者在工资、工时等劳动条件方面的最低利益，建立了劳动收入与经济发展之间的相应增长机制；最后，作为一个有效的契约，集体合同使劳动条件的变更具有相对稳定性，从而可以避免无规则的产业冲突，成为产业和平的有效保证，并在此基础上实现社会经济秩序的稳定。② 一般来说，劳动合同制度的基本作用在于建立劳动关系，集体合同制度的基本作用在于调整劳动关系，这两类合同制度并存且有机衔接，形成了劳动关系的运行和调节机制。劳动合同与集体合同之所以能够作为劳资关系的调节机制，其主要原因在于它们是以书面形式的契约出现，而契约规定了其主体双方约定的具体且明确的行为标准，双方的权利和义务被高度精确化。同时，契约是依法订立的，它对缔约双方产生了法律的约束力。因此，在劳资行为上，集体合同与劳资合同对劳资双方的权利与义务作了细致的、明确的规定，并且这些规定具有法律的约束力，谁的行为违

---

① Terry Mcllwee. 2001, Collective Bargaining. In European Labor Relations. Gower England, p. 14.

② 陶文忠：《集体合同制度：保证劳动关系和谐的有效制度形式》，《中国党政干部论坛》2007 年第 6 期。

反了规定,谁需要保护与支持,谁应受到制裁和惩罚,通过明细的规定可一目了然。

尽管我国的劳动合同和集体合同都有法理的保障,都具有明显的约束力,但是,它是否能够实际起到劳资关系的协调作用,仍然受到太多因素的制约。从历史的经验来看,我国1994年的《劳动法》也对劳动合同作了相关的规定,对劳动者的合法权益的保护作了相应的规定。然而,14年的实施情况却十分不理想,劳动合同签约率低、滥用试用期、滥用劳务派遣形式、劳动合同短期化、劳动者缺乏就业保障等现象大量存在。同样,我国的集体合同也存在着下列现象:集体合同的内容流于形式,集体合同的文本内容是对现行劳动法律中的有关劳动标准条款的简单重复;集体合同的条款只作原则性的规定,缺乏可操作性;集体合同的实践往往是一种行政化的推进;集体协商中的劳资关系不对等,工会缺乏独立性;集体合同争议几乎不存在,这些现象反映出集体合同所应起到的调节劳资关系的作用大打折扣。因此,我们可以看出,一个有效的劳资制度,有效的协调手段与制度,即使它有书面形式的明细规定,即使它被赋予法律的强制约束力,它在实践中也不一定能够发挥应有的作用和功能,其主要原因在于:它缺乏真正意义上的有行动能力的"工会";它缺乏来自权威与暴力机器的有效监督;它缺乏严厉的惩罚性机制和后果。

尽管正式化手段的运用存在着背景因素和配套条件不成熟的制约,以及自身运作中存在的问题和不足,导致这些手段在协调劳资冲突过程中效果不理想,但是,作为具有法理性的手段,它毕竟为劳资冲突的化解寻求了法律的依据与权威,规避了非正式化手段存在的风险。随着各种背景因素的成熟与配套制度的完善,正式化手段与机制作为世界普遍运用的协调机制,其作用和功能将得以更大、更充分发挥。

第 九 章

劳资纠纷化解的背后:因素分析·力量比较

劳资纠纷及其冲突的缓和与化解存在着多种正式与非正式的具体手段与方法,但是,每一种手段与机制在劳资冲突协调中所起的实际效果是存在较大差异的。由于正式的化解手段与机制具有法理性,它们能够得到社会的支持与官方的认可,而非正式的手段所表现出来的"突发性",使其遭受到各种质疑与批评,使其在运用过程中充满了各种风险,即使它们的运用能够为劳方争取最大化的合法利益且有效地化解了劳资纠纷与冲突,但是,它们仍然背上"非理性""非法性""危险性""负面性"的阴影。因此,在劳资现实的矛盾与冲突之中,劳资矛盾协调究竟采取哪种方法或者哪些方法与手段,至少受到以下因素与力量的制约和作用。

一 资方的力量

在劳资关系的主体中,劳方的对应方——"资方",并不总是直接与劳方打交道。然而,在发生劳资冲突时,企业"雇主"必然成为劳资矛盾的应对者。这种情形的发生,主要是由于现代社会的不断发展,所有制关系逐渐复杂,出资者与经营者既重合又分离,且出资者主体也不断多样化(出资者不一定是单个个体,它也可能是组织甚至国家)等原因导致。因此,有必要对上述概念进行具体分析,包括这些相近的概念,如资本家、企业主、雇主等。

通常，资本家指的是现代产业社会中占有生产资料、通过雇用劳动者而获得剩余价值的人。资本家在传统企业制度中兼有所有者和管理者的双重身份，而在现代企业中，资本家并不必然以管理者的身份出现。企业主是指企业的拥有者或资产所有者。在传统企业中，企业主是直接管理劳动者；在现代企业中，企业主是通过代理者或经营者与劳动者发生联系。雇主则是指一个组织中，使用雇员进行有组织、有目的的活动，且向雇员支付工资报酬的法人或自然人。资方可以直接作为雇主出现，也可能由法人或自然人来代表资方负责管理和处理劳工事务。各国对雇主概念的内涵与外延的界定也不尽相同。比如，美国劳工标准法规定：雇主包括与雇员有关的直接或间接地代表雇主利益的人，但是不包括美国或任何全部属政府所有的公司、或任何联邦储备银行，不包括受历次修改的铁路劳工法管辖的任何人，不包含任何劳工组织（作为雇主身份时除外），也不包括以这类劳工组织负责人或代理人的名义出现的任何人。① 加拿大法律规定："'雇主'表示任何一个雇用一个或更多职工的人。"西班牙劳动者宪章规定："一切责任人或法人，或者财产集团雇用第一条款中涉及的人，或者从某一合法的劳动服务公司为另一用户企业雇用服务人员的，均称雇主。"日本劳动基准法规定："本法所称雇主，系指企业主、企业经理人或代表企业主处理企业中有关工人事宜的人。"韩国劳工标准法规定："本法中'雇主'一词是指企事业业主，或负责企事业管理的人，或在与工人有关的事宜上为企事业业主效力或代表企事业业主的其他人。"国际劳工组织的许多公约更简洁地规定，"雇主"一词，除另有歧义外，包括任何公共当局、个人、公司或协会。该组织的许多论著和文章在对"雇主"进行进一步解释时强调，"雇主"不一定就是企业主，为此，不论在市场经济、计划经济还是部分社会化经济条件下，雇主是指雇用或解雇工人的人。②

在我国，雇主的内涵也显得异常复杂。我国雇主的内涵与外延包括：

---

① ［美］罗伯特·高尔曼：《劳动法基本教程》，马静等译，中国政法大学出版社 2003 年版，第 688 页。

② 程多生：《关于中国雇主问题的思考》，《中国劳动》2005 年第 11 期。

(1) 雇主是经营者。经营者是雇主人格化的代表,是企业利益的代表者和维护者,经营者被认定为雇主。不仅非公有制中的经营者被认定为雇主,而且,国有公司或国有控股公司中的董事长和总经理也被看作雇主。(2) 雇主所属单位是企业,包括企业化管理的事业单位。(3) 雇主范围包括各种所有制企业。按照当前我国学术界和司法界比较盛行的说法,中国具有典型的市场经济法律特征的雇主,是非公有制企业的劳动力使用者。他们主要由私营企业和三资企业的业主和经营者所构成。在中小型私营企业,企业主是生产资料所有者和经营管理者,他们或凭借生产资料所有权或行使经营管理权决定雇用条件,直接管理、支配劳动者。特别是个体经济中,有相当多的劳动力使用者,如摊点、作坊和家庭工厂等,这些雇主并不是"单位",而只是"老板"。在三资企业和一些大型民营企业中,基本上是产权和经营权分离,出资方为国外或港、澳、台的跨国公司或个人,经营者则是受聘负责经营这些企业的海外或国内管理人员,他们在经营管理和用工行为中所代表的是资产所有者的利益,因此私营企业的业主和外商投资企业的高级管理人员基本构成了中国雇主阶层。因此,笔者在此强调的资方,正是指私营企业的出资者与企业的高级管理者,而不去理会是否直接与劳方发生作用,统一将私营企业的出资者与企业的高级管理者称为"资方"。

"资方"的力量可以分为:来自资方自身的力量与来自资方组织的力量。在现代社会,资方的组织力量被称为雇主组织。雇主组织是由雇主依法组成,其目的是通过一定的组织形式,使单个雇主形成一种群体力量,在产业和社会层面通过这种群体优势同工会组织抗衡,最终促进并维护每个雇主成员的具体利益。[①] 一般来说,雇主组织多数是以协会的形式存在,其主要的协会组织:(1) 行业协会。它是由经济利益结成的组织演变而成,被称为"经济"组织。这种行业协会主要负责行业规范、税务政策、产品标准化等事宜。(2) 雇主协会。它被称为"社会"组织,它是由劳资关系而结成的组织演变而成,它主要负责处理劳资关系各个方面的事务,包括与工会的关系、劳工政策、参与劳动立法、行政管理和仲裁作用。随着经济发展和劳动关系趋向规范化和法制化,雇主组织

①　常凯:《劳动关系学》,中国劳动社会保障出版社2005年版,第202页。

的代表作用从最初的协调雇主之间的利益，以便同工会进行谈判，进而维护雇主的整体利益向立法参与和为会员提供所需的服务为重点。① 但是，总的来说，维护雇主利益、建立协调的劳资关系、促进社会合作，是雇主组织建立的初衷和目标。

在我国，行业协会或者商会在中华人民共和国成立之初就广泛存在着。当前的雇主组织是在改革开放以后，劳资关系在新的起点上得以重建与发展。伴随市场经济的不断推进，多种所有制格局逐渐形成，出现了多元化的雇主，全国性、地方性、官方性、半官方性的、民间性、产业性的雇主组织也开始发展和壮大起来，这些雇主组织在现实政治、经济、社会生活中发挥着越来越重要的作用和功能。通常情况下，雇主组织承担着以下的任务和功能：（1）积极为雇主服务，提高雇主适应事业挑战的能力；（2）促进和谐、稳定的劳资关系；（3）在国家和国际上代表和促进雇主利益；（4）提高雇员的工作效率和工作的自觉性；（5）创造就业机会及更好的就业条件；（6）预防劳资纠纷，并以公平迅速的方式解决产生的争议；（7）为其会员达到发展目标提供服务。尽管，我国的雇主组织也发挥了以上的部分功能，如积极为雇主服务；在国家和国际上代表和促进雇主利益；沟通政府与企业的桥梁等，但是，雇主组织在预防劳资纠纷、协调劳资冲突、解决劳资争议的作用不明显。按照中国企业联合会、中国企业家协会章程规定，中国企业联合会、中国企业家协会作为国际雇主组织的成员、中国的唯一代表，积极参加国际劳工组织和国际雇主组织有关活动，参与国际劳工问题的讨论、决策和立法，发展与其他国家雇主组织及国际机构的交流与合作；他们作为企业组织（雇主）代表与劳动保障部、全国总工会共同建立了国家协调劳动关系三方会议制度，代表企业和企业家参加国家协调劳动关系三方会议及有关法律法规、政策的制定工作，维护企业和企业家的合法权益，指导各地区、各行业企业联合会、企业家协会建立健全"三方机制"和参加劳动关系协调工作。可见，中国的雇主组织的协调劳资关系的工作是由最高级别的雇主组织——中国企业联合会、中国企业家协会通过宏观层面上的法律、法规、政策来实现的，地方性的或企业密切相关的雇主组织并

---

① 常凯:《劳动关系学》，中国劳动社会保障出版社2005年版，第204页。

不具有这种权力,它们最多起到了配合、陪衬与执行的作用。

不管雇主组织的作用是否单一,功能有没有得到应有的发挥,但是,它们毕竟在为雇主服务、沟通政府与雇主之间的关系等方面增强了以雇主为形式的资方的力量。这种力量的增强也并不一定会给社会或劳方带来利益,相反,如果没有对相应的控制和平衡机制,它的负功能也会最大化地发挥。在经济生活领域,行业协会掌握着惩罚性的协调能力,一旦行业处于激烈的市场竞争,单边性的或区域性的垄断性的行业协会就很容易把天然的协调能力转化为共谋的能力,实施有损于竞争者、客户、消费者以及协会内弱小企业的利益行为。[①] 比如,在 2007 年中国方便面行业协会出面组织统一涨价的事例[②],已充分表明行业协会的共谋、排他性的限制竞争等不正当行为,转嫁了行业危机和引起了经济低效率。在政治生活领域,雇主组织代表着一个庞大经济实体,它完全有能力和实力去左右中国政治与法制,确保国家宏观政策与制度充分体现其利益诉求。比如,从 2005 年 12 月 24 日,《劳动合同法》草案被提交人大常委会进行一审,到 2008 年 1 月 1 日《劳动合同法》正式执行,其间长达两年多的反复酝酿和多方权衡,四次审议,四易其稿,直到 2007 年 6 月 29 日,在十届全国人大常委会第 28 次会议上终获通过。这种艰难的审议过程,至少能够折射出劳资双方的力量较量。

雇主组织在宏观层面为资方谋取利益和服务,为资方的发展创造了较好的外部环境,但是,一旦涉及微观层面的企业内部的劳资矛盾与冲突,资方还得自己去摆平。因此,资方自身的特点与力量将直接影响到劳资冲突的协调倾向——是向自己倾斜,还是向劳方倾斜。当前,影响资方自身力量的因素主要有:第一,经济资本。通常情况下,经济资本量的多少决定着资方力量的大小。资方对地方社会的作用力与影响力,往往通过资方所拥有的资产总量及其对地方财税的贡献来体现。从理论上讲,如果资方对地方经济的发展起着举足轻重的作用,那么,当发生激烈劳资冲突时,地方政府出于经济利益的考虑,偏向资方的可能性更

---

① 余晖等:《行业协会及其在中国的发展:理论与案例》,经济管理出版社 2002 年版,第 13 页。

② 杨金溪:《还有多少行业协会欲搭"统一涨价车"》,新华网,2007 年 7 月 29 日。

大,劳资冲突最大可能在政府的强力介入和资方的最小化损失下得以迅速解决;反之,如果地方经济实力雄厚,有很多中小型企业存在,在劳资冲突中,资本量少的资方力图动用政府的力量使劳方妥协,这种可能性较小,冲突的化解往往依据法律规范和资方自身的权衡与妥协。第二,企业构成。如果说资本总量的大小,说明的是企业规模的话,那么企业的构成则说明了企业的类型。企业类型与当地经济社会发展需要程度的相关度将影响企业在当地社会中的作用力与可动用的资源。一般而言,伴随我国产业结构的不断升级,产业结构层次越高的企业,受到来自政府与社会的关注就越高,其可动用的资源就越多,这些因素使其在劳资冲突中处于较有利的位置。但是,这也并非说技术密集型企业在应对劳资纠纷时,比劳动密集型企业更有利,显然它还取决于诸多因素,比如地方社会的需求导向,如果地方社会的失业问题严重,那么地方社会更依赖的是劳动密集型企业,这类企业在"三方制"中谈判的筹码和分量就越大;如果地方社会依赖少数技术密集型企业的发展和创新以图地方社会产业结构的突破,那么,这些企业的作用力是不可估量。第三,资方素质。资方素质主要指的是资方的文化素质、道德修养、管理企业的方法、应对劳资矛盾的协调能力等。在宏观经济高速增长,企业利润普遍丰厚,劳资关系稳定的情况下,资方素质难以得到充分的体现。通常,在企业面临危机,劳资矛盾激化的情况下,资方素质似乎显得尤为重要。以缺乏社会责任、家长式管理、粗暴式经营为特征的低素质资方,往往是劳资矛盾激化的源头;反之,富有责任感、民主式管理、共赢式经营为特征的高素质资方,其通常是劳资冲突的化解者。第四,社会资本。社会资本是社会组织的特征,例如信任、规范和网络,它们能够通过推动协调和行动来提高社会效率。社会资本提高了投资于物质资本和人力资本的收益。社会资本有两种形式:一种是把彼此已经熟悉的人们团结在一起的社会资本,它起纽带作用;另一种是把彼此不认识的人或群体联系到一起的社会资本,起桥梁作用。[1] 普特南(1993)对社会资本的定义得到了普遍的认同,并被作为解释经济增长和政治稳定等社会发展现

---

[1]　Gittell & Vidal, 1998, Community Organizing: Building Social as a Development Strategy, Sage Publication, p. 15.

象的关键因素。同样，对于资方而言，资方在地方社会积累的社会资本，使资方拥有了足以影响地方社会的话语权，在关键时刻，资方将通过利用其地方社会具有较强的政治与社会影响力，最大化地实现其投资于物质和人力资本的收益，这些收益将尽可能地增强资方应对各种风险和处理各种矛盾的能力，其中也包括处理劳资冲突的能力，当然资方处理劳资冲突显然以对自己最有利的方式展开。

二　政府的治理

"治理"一词通常有以下几种用法：作为最小国家；作为公司治理；作为新公共管理；作为"善治"；作为社会控制系统；作为自组织网络。[①]政府治理，指的是政治管理的过程，即政府通过与市场、企业、社会、公民之间的互动，充分利用政治权威和运用行政权力，提供公共产品、解决社会问题、维持社会秩序的过程。政府在与市场、企业、社会、公民以什么样的方式互动，怎样行使和运用行政权力等内容，直接涉及政府的治理理念和模式。

至中华人民共和国立后，政府治理劳资关系的历程来看，大致经历了两个大的时期六个小的阶段。第一时期是 1949—1957 年。这一时期可以分为三个小的阶段：第一阶段是 1949—1951 年，面对经济崩溃和国民党的残余威胁，政府首要的任务是恢复经济、稳定社会。要发展生产，恢复经济，在政府缺乏生产资料和生产管理经验的情况下，必须依仗"资方"，与资方缓和矛盾与关系；要稳定社会，也必然团结政权的基础——工人与农民。因此，政府的策略是以"劳资两利"为口号与方针，一方面对工人们的说服教育，降低工人的工资且不组织工人罢工；另一方面允许资方剥削、允许资方与工人进行合法斗争。这一阶段，基本上形成了以"劳资两利"为方针与"协调会议"为手段的资方为主导的劳资关系，政府治理主要是监控社会、维持稳定和发展生产。第二阶段是

---

① 俞可平主编：《治理与善治》，社会科学文献出版社 2000 年版，第 102 页。

1952—1953 年，经过新中国成立之初的两年发展，经济出现了前所未有的好转，社会与政权趋于稳定。同时，资方为主导的经济生活出现了一些危机，如不法资本家行贿、偷税漏税、欺骗国家财产、偷工减料、盗窃经济情报等，政府针对新的问题，在政府治理方面，开始采取"运动式"的"三反"与"五反"的方式，对不法资方进行了一定的打击，同时也涉及整个劳资领域，劳资关系实现了向劳方为主导的转向。第三阶段是 1953—1957 年，政府的主要任务是实现三大改造，建立社会主义国家制度。在政府治理方面，通过对私营企业的"四马分肥"和"和平赎买"的方针，使私有财产转化为公有财产，使资本家成为社会主义的劳动者，最终实现消灭劳资关系的目的。综观这一时期，政府治理的理念是"利用、限制与改造资方"，政府治理的模式是"运动型"，治理的目的是监控社会，以达到维持社会稳定的目的。

政府治理劳资关系的第二时期是从 1978 年改革开放后至今，这一时期也可分为三个阶段。第一阶段是从 1978—1988 年，经历了"文化大革命"的十年浩劫，中国当时的经济处于崩溃的边缘，多年的计划经济和公有制一统的格局，使经济体制趋于僵化，人民生活水平下降，民心思变。摆在政府面前的主要任务是发展生产力，搞经济建设，提高人民的生活水平。在以家庭联产承包责任制为先导的改革背景下，私营企业开始重生，劳资关系开始出现。在改革开放头十年，三资企业的大量进入与国内民营企业涌现，使我国的劳资关系已具备了相当大的规模。此时，政府治理的理念基本上是一种"无为"的思路，如政府提出"看一看""不宜提倡、不要公开宣传、也不要急于取缔"的"三不"政策，直到1988 年宪法修正案中提出"国家允许私营经济在法律规定内存在和发展，国家保护私营经济的合法权利和利益，对私营经济实行引导、监督与管理"，政府治理劳资关系才开始从"无为而治"向"监控而治"的转变。第二阶段是 1988—2007 年，这一阶段总体上呈现出私有经济空前扩张，劳资关系日益复杂，劳资矛盾与冲突日益增多的趋势。政府治理劳资关系采取的是低强度监控、制度治理、服务治理的模式，如 1988 年的《中华人民共和国私营企业暂行条例》，1989 年的《私营企业劳动管理暂行规定》，1994 年的《劳动法》，1997 年十五大对私有经济的定性、2001 年的

"七一"讲话对资方政治地位的提升、2002年十六大对党章的修订等接二连三的政策出台,实际上为资方在我国的成长创造了良好的环境,政府服务型的治理模式也得到了充分的体现。但是,在笔者看来,这一阶段"服务型"的治理模式是一种单向型的服务模式,在低强度的制度监控下,它培育了资方的力量,却在不同程度上弱化了劳方的力量。例如,《劳动法》的实施是一种低强度的监控,其主要原因在于:从监控条文的"规格"看,从条例、规定上升到法律花了六年的时间。而且法律监控,如《劳动法》的内容针对性不强、过于抽象,可操作性差。从实施的效果来看,《劳动法》至颁布实施后,缺乏配套的法律与法规,加之监督执法的无力,在实际效果上并没有有效的监控劳资关系,反而是劳资关系更加失衡,劳资冲突越演越烈。第三阶段是2007年十七大以后,政府面临的是如何增强经济的创新能力,如何实现产业的更新换代,如何保持社会持续、稳定、健康的发展。基于此,政府治理开始以制度与法律先行,旨在平衡劳资关系的《劳动合同法》于2008年1月1日正式执行,该法在执行之初已初显效力,如一些外企的潜逃,一些劳动密集型产业的倒闭与外迁等。这一时期,政府治理的理念已开始从"斗争型""单级型"向"合作型""和谐型"的转变。政府的治理模式,尽管仍存在着"运动型""管制型"与"人为型"的痕迹,但是,其"和谐型""服务型"与"法治型"的趋势已逐渐明朗。

可见,我国政府的治理模式正从中华人民共和国成立后的"运动型"、"管制型"与"人为型"向当前"和谐型"、"服务型"与"法治型"的转变。"运动型"、"管制型"与"人为型"治理模式能够在短时间内取得显著成效,但它们是一种无规则可循或有规则不循的非常态化管理,具有运行成本高、治理效果差,违背法治原则、滋生官僚作风等明显弊端。当前,我国的政府治理是遵循以制度治理、法律治理、民主治理、长效治理等为主要特征的治理思路,力图实现"和谐型"、"服务型"与"法治型"的转变,使政府治理更具有权威性,治理手段更具有合理性、合法性。当然，要实现政府治理模式转变，必须在"强政府"①的推动下完成。在劳资关系领域，政府治理理念从"斗争型""单级型"向"合作型""和谐型"的转变，这一过程充分体现了"强政府"的推动作用。同时，两个时期六个阶段的经验积累，使政府应对和处理劳资矛盾与冲突的能力明显增强，政府首先应权衡阶段社会的主要问题，弄清社会秩序的不稳定因素，明晰了社会的迫切需要。然后，在不影响经济需求的前提下，以保持经济效率与促进社会公平为原则，采取多种策略与手段去化解劳资矛盾与冲突。最终以更合理、更权威的"和谐型"、"服务型"与"法治型"的新式治理模式代替"运动型"、"管制型"与"人为型"旧式治理模式。

当前，中央政府治理理念与模式的更新，表明中央政府在应对与处理劳资关系上的立场与手段，即以"和谐、合作、不偏不倚、保持经济效率的增长与社会公正的实现"为立场，以法制、规范等手段，调节与协调劳资关系与劳资冲突。这种治理理念与模式将有利缓解严重失衡的劳资关系，保障劳方的合法权益，维护社会秩序的稳定。然而，这种新的治理过程将艰难且漫长，并表现出分化与层次性。其主要原因在于我国经济社会发展极度不平衡，对于经济雄厚的地方政府，经济已经走上快车道，社会秩序是其首要问题，他们有实力严格按照国家的既定方针，平衡劳资关系，适当向劳方倾斜。而对于地方经济严重滞后，且急需招商引资的地方政府，经济利益是其首要目标，对劳资关系法律与法规的执法与贯彻将面临困难。因此，政府治理对劳资关系与劳资矛盾的影响和作用，将在利益驱使下，受到地方经济社会发展不平衡的影响。目前，我国沿海地区的劳动密集型企业，受到《劳动合同法》的冲击，出现大量向外迁或向中国中西部地区迁移的现象，如2008年1月1日，东莞台企已有500多家搬离东莞，这些传统企业一般迁往江西、湖南或广西等

---

① 巴林顿·摩尔认为，"在政治上，成功的现代化意味着在广阔的领域确立安定和秩序，这便要求一个强有力的政府"（参见巴林顿·摩尔《民主与专制的社会起源》，拓夫、张东东等译，华夏出版社1987年，第379页）。笔者所指的"强政府"并不是一个集权的、专制的大政府，而是一个具有效力的政府，即政府治理的行动能力具有合法性和有效性。

地，也有的迁往越南、泰国等地。① 从这个例子，我们可以略窥端倪，即中央政府制定的《劳动合同法》效力适用于全国，难道在中西部地区该法没有效力吗？可见，地区发展的不平衡，地方利益的驱使，中国劳资关系与劳资矛盾在不同地方，将表现出复杂多样的治理生态，劳资关系的平衡任重道远。

三 雇员的力量

在劳资关系中，与"资方"相对应的是"劳方"，即资本主义生产关系下的劳动者。不同学科对劳动者的界定不同，其内涵与外延也有所不同。在马克思看来，"劳动力……理解为人的身体即活的人体中存在的，每当人生产某种使用价值时就运用的体力与智力的总和"，"劳动力所有者没有可能出卖有自己的劳动物化在内的商品，而不得不把只存在于他的活的身体中的劳动力本身当作商品出卖"。② 当劳动力的所有者把劳动力出卖给资本家，劳动力的所有者为资本家所雇用，他也就成为了工人或劳方，即资本主义生产关系下的劳动者。在社会学角度看来，它是在一定的社会分工体系下，具有一定的劳动能力，处于一定的劳动岗位，遵循一定的劳动规范，有目的地、相对持续地从事或向他人提供有价值物品与服务活动的社会人。③ 在法学看来，劳动者是与劳动力使用者相对应的受雇用于他人，以出卖劳动力而获得劳动报酬的另一方当事人，通常叫雇员（employee）、工人（worker）、劳工（labourer）、员工（personnel）等。④ 笔者，文中所指的劳方主要指的是在生产资料私有制下，受雇于资方，以出卖劳动力而获得报酬的劳动者，也称为雇员。

在处理与资方或雇主的关系时，劳方或雇员的力量来自两个方面：雇员组织与雇员自身。雇员组织主要指的工会组织。何为工会？韦伯夫

---

① 李卫国：《新〈劳动合同法〉实施 500 余家台湾企业撤离东莞》，《中国经济网》2008年1月21日。

② 《马克思恩格斯全集》（第23卷），人民出版社1972年版，第190—191页。

③ 袁方、姚裕群：《劳动社会学》，中国劳动社会保障出版社2003年版，第56—57页。

④ 李炳安：《劳动权论》，人民法院出版社2006年版，第95页。

妇认为,"工会者,乃工人一种继续存在之团体,为维持或改善其劳动生活状况而设者也。"① 罗伊·亚当斯认为,工会是以领取工资生活的人们以维持和改进工作、生活条件为目的建立起来的组织②。台湾学者黄越钦认为,工会是由劳动者为劳动条件之维持与改善以及经济地位向上之目的,依民主原则所组织的永久性团体③。可见,工会的定义,众说纷纭,很难在学术上寻求一个普遍的说法,而且在法律上各国的定义也不尽相同。因此,笔者在上述定义的基础上,与雇主组织的含义相对应,把工会定义为:工会是由工人依法组成,其目的是通过一定的组织形式,使工人形成一种群体力量,在产业和社会层面通过这种群体优势同雇主组织抗衡,最终促进并维护工人成员的具体利益,这些利益包括工资待遇、工作时间、劳动安全卫生、劳动保险、工作条件等。工会组织作为工人的权益代表组织,其存在的价值与意义主要体现在:(1)工会的存在能够对企业形成制约,积极争取雇员各种权利的实现,为雇员争取较好的工作条件与工资福利,维护雇员的利益,保障雇员的合法权益不受侵害,避免企业以管理制度的形式,侵害雇员合法权益。(2)代表工人与雇主进行集体谈判。单个工人与资方在工资待遇和工作条件方面的交涉与谈判,往往在强大的资方攻势下挫败,而以集体力量出现的工会,则具有与资方谈判的实力与能力,能够取得相对较好的效果。(3)工会对工人产业行动起到谋划和组织的作用,依法成立的工会,能够最大化地通过正式的合法的途径去化解劳资纠纷,若各种途径仍不能维护工人的合法权益,工会将成为工人产业行动的谋划和组织者,这种产业行动能够有效地避免工人的"野猫"罢工以及其他非正式化的集体行为。

工会组织的这些作用和功能,在不同的国家,其运作的方式、作用的效力、实际的效果也不尽相同。但总体来说,在市场经济发达国家,国家在政策层面,对工会的地位、合法权益、行动的原则与范围等都有相关的法律规定,充分保障了工会作为工人组织的行动权利。工会是一

① [英] 韦伯夫妇:《英国工会运动史》,陈健民译,商务印书馆1959年版,第1页。
② [英] 迈克尔·普尔等:《人力资源管理手册》,清华大学经济管理学院编译,辽宁教育出版社1999年版,第541页。
③ 黄越钦:《劳动法新论》,中国政法大学出版社2003年版,第259页。

个普遍存在的独立于资方和政府的组织，具有合法行动的权利。然而，在我国，当前由于受到政治体制因素的影响，我国工会的组建基本上是"上面的意志、下面贯彻执行"，公有制企业的工会变相地成为政府或企业政策的宣传者和执行者，工会缺乏独立性。在非公有制企业，大量的企业不存在工会组织，工会的组建率低；即使存在着工会，工会常被雇主所操纵和控制，从而使工会缺乏独立性，造成工人对工会的普遍不信任，工人入会率也十分低。由于私营企业工会经费主要来源于资方，资方不按规定缴纳会费，使工会普遍存在活动少与效能低等问题，工会在私营企业中工作很难充分开展；由于我国缺乏对工会负责人员的各种相关保护措施，工会负责人员也是企业的员工，个人利益受制于资方，他们在维护工人利益上存在着后顾之忧，不敢也不愿为了员工利益与雇主谈判和对抗，使工会形同虚设，更谈不上依靠工会与雇主谈判维护工人权益。总的来说，工会组织的存在，毕竟为工人有限范围内的维权起到了一些作用，同时，为工人的产业行动提供了可供选择的组织机构，这在很大程度上增强了工人谈判的资本与能力。

可见，在私营企业中，对工会的期望不应太高，这种状况说明了为什么私营企业里的大量工人对抗资方时，往往选择的是非正式化的渠道和"非合法性""非合理性"集体行动①，即工人缺少真正代表其利益，有能力与资方抗衡且具有行动与谈判实力的组织去维护和争取工人的合法权益，进而避免其利益受损害。因此，工会组织平衡劳资关系力量不足，作用不明显，工人对其又缺乏基本信任的情况下，平衡劳资关系的力量只好寄望于工人自身了。

但是，工人通过个体力量与资方谈判，谈判的结果如何，则受工人自身的"资本"影响较大。按照布迪厄的资本理论，雇员的"资本"包括经济资本、文化资本、社会资本和象征性资本。在劳资关系中，雇员的经济资本对其影响，主要体现为雇员与资方斗争的策略。一般来说，

---

① 在工人看来，这些非正化的集体行动，不被社会、资方所认可，甚至劳方自己也不认可，但是它毕竟是劳方的一个无可奈何的权宜之计。这种策略一方面充满了"非法"的政治风险和"失败"的后果，另一方面它也可能获得社会舆论的同情和关注，工人的集体行为是有可能获得意想不到的成功和收益。

当劳资双方发生冲突时,如果雇员拥有较多的经济资本,且这些经济资本足以让其应对与资方周旋时所支付的成本,那么,雇员通过正常渠道,如"中介仲裁—司法起诉"的手段与路线,化解劳资纠纷与冲突的可能性将大为增强;反之,缺乏经济资本的雇员,当遇到类似情形时,以最快的最激烈的方式解决劳资纠纷及其冲突,似乎对其更有利。在劳资纠纷中,雇员的文化资本的高低,表明其在企业中的相对位置与地位,也在某种程度上表明其在资方企业中的重要性。通常,资方对文化资本高的雇员与文化资本低的雇员是区别对待的。即使发生了劳资纠纷与冲突,文化资本高的雇员往往倾向于比较温和的或正式化的方式化解劳资冲突;反之,对文化资本低的雇员则更多倾向于非正式途径化去化解。在雇员的社会资本方面,资方对具有较多社会资本的雇员往往不会轻易与之发生冲突,因为这类雇员动用手中的社会资本可能对资方不利;反之,对社会资本较少的雇员则又是另一种策略。同样,雇员的象征性资本对资方的影响也比较大,具有较强活动能力和影响力的雇员,资方通常将之利用,避免与之发生正面冲突,因为这些雇员可能"聚众"引起企业的波动;反之,那些无足轻重的雇员,资方也不必忌讳什么,与之冲突并不会给资方带来多大损失。另外,不同雇员所拥有的资本差异性很大,不同类型的企业中雇员的资本量也不一样。例如,一个劳动密集型的企业中雇员的经济资本、文化资本与社会资本显然是不足的,如果他们的资本量充足的话,他们也不会在劳动密集型企业中工作了。另外,即使是拥有大体相当资本的雇员,在劳资纠纷与冲突中,他们如何调动手中所掌握的资本,这在很大程度上影响到他们与资方互动过程中行动策略的选择。行动策略的运用恰当与否,都将决定雇员行动目标是否能够达成以及目标达成的程度。这些差异最终决定了雇员个体在劳资纠纷与冲突中行动的手段及其化解劳资纠纷后的得失。

四　社会动员力

　　动员作为一种工作方法,一般指为了实现特定目标而进行的宣传、发动和组织工作。社会动员,通常被作为一个政治术语来对待。如卡尔·多伊奇（Karl Deutsch）认为，社会动员，"包括一些特定的变化过程，如居住的，职业的，社会环境的，人与人交往的，制度、作用和行为方式的，感受和期望等方面的变化，最后还有个人的记忆、习惯和需求的变化，其中有对群体结盟新方式的需求和关于个人身份的新观念。这些变化单独的或几个共同的作用影响，甚至改变政治行为的倾向"①。美国著名政治学家亨廷顿（S. Huntington）把社会动员当作是一种政治发展的手段，他认为"社会和经济的变化，如城市化、文化和教育水平的提高、工业化以及大众传播的扩展等，使政治意识扩展，政治要求剧增，政治参与扩大"②。布莱克则将社会动员现象的产生归结为"现代社会中大批人口从传统的农村住所自然迁居的必然结果，也是人们通过通讯手段的大大扩展而提高了对国家利益方面以及外部更广大世界的认识的必然结果"③。西方学者将社会动员看作工业化和社会变迁的后果，它对个人意识形态及行为模式产生了深刻的影响。"它是消除前现代社会的压抑机制和内耗效应，创立新的价值观念和行为模式的过程"④。

　　西方学者侧重于社会资源的动员，更多体现在社会领域。在我国，有学者认为，"社会动员，是指有目的地引导社会成员积极参与重大社会活动的过程"⑤，"社会动员本质上是国家、政党或社会团体，通过思想发动充分激发和调动社会成员的积极性、主动性和创造性，广泛参与社会实践，共同完成社会任务的活动"⑥。我国学者更倾向于将社会动员看作是一种政治活动，这个政治活动的主导者和推动者是政府或者是国家，政府通过对社会资源、人力资源以及人的精神的动员，加快现代化的变迁，推动国家重大政治、经济、社会问题的大众化参与和变革。也有学者指出："所谓社会动员，就是广义的社会影响，也可以称之为社会发

①　卡尔·多伊奇：《社会动员与经济发展》，《国外政治学》1987 年第 6 期。

②　［美］塞缪尔·亨廷顿：《变动社会中的政治秩序》，张岱云等译，上海译文出版社 1989 年版，第 5 页。

③　［美］C. E. 布莱克：《现代化的动力》，段小光译，四川人民出版社 1988 年版，第 33 页。

④　蔡志强：《社会动员论：基于治理现代化的视角》，江苏人民出版社 2015 年版，第 20—21 页。

⑤　吴忠民：《重新发现社会动员》，《理论前沿》2003 年第 21 期。

⑥　甘泉、骆郁廷：《社会动员的本质探析》，《学术探索》2011 年第 12 期。

动,它是指人们在某些经常、持久的社会因素影响下,其态度、价值观与期望值变化发展的过程。"① 笔者倾向于将社会动员看作是社会动员主体,通过充分利用自身的资源与行动,对社会实施影响,从而,对资源、人力和人的精神的动员和发动。这里,社会动员的主体不一定只有政府,它可以包括组织与个人,他们对社会造成了重大影响,引起了社会的关注,调动了社会资源和人力,影响了大众的价值观和精神,引发了大众的参与、支持、赞同等,均看作是社会动员。社会动员具有民众广泛参与性、民众情绪调动性、较强的目的性、社会秩序性等特征。而社会动员力,指的是社会动员主体,影响社会大众,调动社会资源和人力,引起社会参与和支持的能力。

社会动员往往具有以下功能:第一,具有增进社会凝聚力,促进社会整合的作用。社会动员是针对社会中具体问题而发动,它能够将日常生活世界民众之间的淡漠转化为对具体问题的共识,调动民众的情绪,使其广泛参与,在参与和合作过程中营造出"共同命运",有效地增进社会的凝聚力,促进社会整合。第二,社会动员引起的民众对社会问题的关注,推动了社会问题的有效、快速地解决。社会生活层面的许多问题,如果能够得到民众的普遍关注,造成某种有益的社会压力,并促使国家和社会动用一切资源,加大问题解决的力度,使社会问题能够有效地、快速地解决。

通常,社会动员分为传统型的社会动员与现代型的社会动员,传统型的社会动员指的是以政治为核心,以集中统一、层层动员、人民群众的广泛发动为主要手段和表现形式的社会动员。现代型的社会动员是以利益为杠杆,以政策引导、制度激励、社会的自主参与为主要手段和表现形式的社会动员。传统型的社会动员只有国家或政府才具备这种社会动员力,而其他的社会动员主体不具备层层动员的行政能力,他们依赖的是情绪的渲染和民众的参与,属于现代型的社会动员。

然而,即使是现代型的社会动员,并不是任何一个组织和个人都具备社会动员力,正如 S. N. 艾森斯塔特所言,一个国家的"经济发展在很大程度上依赖于现代化过程的理智方面和政治方面,依赖于知识和政

---

① 郑永廷:《论现代社会的社会动员》,《中山大学学报》2000 年第 2 期 。

治领导动员资源的能力"①。它必然具备一些相应的条件：首先，社会动员者具备社会动员的能力，即"他"知道用什么的渠道，尽可能让最多的民众获得具体问题的信息；"他"知道用什么样的方式，能够渲染和调动民众的情绪，引导民众参与进来，等等。其次，社会动员者所涉及的问题，应与民众的利益联系在一起，即使与民众利益不相关，也要最大化博取民众的理解、同情、支持与赞同，只有这样才能渲染和调动民众。再次，由于民众在道德追求、物质享受和精神需求等方面差异，导致他们在价值取向和社会态度等方面表现出差异性、多样性和选择性。因此，社会动员主体所涉及的问题，需要有一个公正、客观的价值判断，且社会动员主体所持有的理性判断正好与社会的价值标准相吻合。

在我国当前劳资关系中，劳资纠纷与冲突的双方，"资方"和"行业协会"与"劳方"和"工会组织"都可以看作具备社会动员力的主体。劳资冲突已成为社会不稳定的重要因素，劳资冲突成为民众日常生活世界里具有切身体会和关注的焦点。因此，劳资纠纷与冲突已具备了共同关注的条件。在劳资力量严重失衡的情况下，劳资冲突诱发的直接原因是资方侵犯了劳方的合法权益，如拖欠工人工资、加班加点、忽视工人的劳动安全卫生等，这些问题已经形成了明显的社会价值取向，即民众对弱势群体的同情成为理所当然。然而，现在的问题是，如果劳资冲突中有些问题，如解雇、谈判中断等事件与活动，是多种原因造成的，当责任过错显得比较复杂时，摆在劳方与资方面前的是如何让社会大众知道原因和责任方在哪里？对于劳方而言，通过什么样的方式进行社会动员，才能使民众获得问题的真相。通常社会传媒承担了中介的作用，成为工人传播其遭遇，获得民众参与和同情的主要渠道。同时，当工人试图通过各种渠道进行社会动员时，资方也在通过自身的影响力进行社会动员，试图在民众中形成有利于自己的话语权，从而力图使自己对劳方采取的行为具有合法性和合理性，最终寻求社会的支持与理解，即劳方做的不对，资方也不容易，资方这样做也是迫不得已、无可奈何。在劳资冲突中，部分工人的"非合法性"的集体行动如静坐、游行示威、冲

① ［以］S. N. 艾森斯塔特：《现代化：抗拒与变迁》，张旅平等译，中国人民大学出版社1988年版，第27页。

击政府、围堵交通等发生时,民众的价值判断将如何取舍?显然,民众不会像工人权益被资方侵害时表现出来的鲜明价值判断,民众有可能认为劳方为了这么一点小事,犯不着采取这种过激的行为,甚至当工人的集体行动,损害了部分民众的利益时,他们还会同情劳方吗?这将直接影响到工人的社会动员力,并使其社会动员效果大打折扣。

劳资纠纷与冲突化解的背后,既是政府实施影响的过程,更是资方、劳方及其各自社会动员力共同作用的后果。具体来讲,在劳资关系方面,政府有所作为的领域颇多。政府可以立法规范企业的劳动用工制度,监督企业的安全生产,约束企业的经营管理行为,要求企业建立工会组织和劳资纠纷协商委员会等机构。政府可以介入劳资纠纷与冲突领域,拥有主导三方机制,规范集体谈判、严格监管等一系列的行政手段,可以为劳资双方提供服务,制约与平衡劳资双方的力量,为促进民主协商化解劳资纠纷与冲突创造各种条件。当然,当劳资纠纷与冲突出现激烈化和极端化时,化解的最终方案会更多地照顾哪方的利益,更多地取决于劳资各方的社会动员能力,它既包括各方运用各种"资源"影响政府,也包括影响社会大众尤其是社会舆论的支持方向和介入程度,社会舆论力量也会促使政府立场和行动发生一些变化。劳资双方的社会动员力也将直接影响到民众的价值取向和立场,民众对劳方的同情与支持所形成的社会舆论和积极参与,使资方面临巨大的舆论压力,进而,促使劳资冲突向有利于劳方的方向化解;反之,如果资方的社会动员力能够影响社会的价值取向,那么劳资纠纷与冲突的化解将有利于资方。

综上所述,我们可以将劳资纠纷与冲突化解背后的力量:资方的力量、政府治理、劳方的力量与社会动员力对劳资冲突化解结果的作用力及其机制,用图9-1来表示。

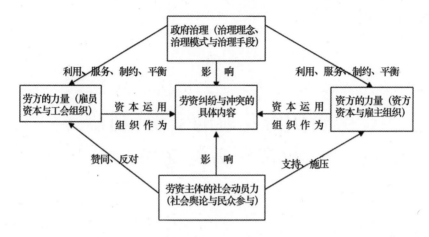

图9-1　劳资纠纷与冲突化解背后的主导因素及其力量作用机制

第 十 章

劳资纠纷化解的实现：利益权衡·方案选择

如果说资方的力量、政府的治理、劳方的力量、社会动员力等因素，是从静态的角度分析劳资冲突的化解及其途径的决定性因素，那么，各种因素在利益下的互动和权衡，则是从动态的角度，描述劳资纠纷与冲突过程及其化解手段的选择。当前，在劳资关系的研究方面，用博弈论去分析劳资关系的研究主要集中在工资、集体谈判、劳动合同立法等领域。比如，有学者以工资协商为内容，分析在"集体行动权"缺失的大背景下，工资合约缔结的博弈现象，指出制度救济不仅是劳资博弈的制度基础，而且是弥补中国工会博弈能力不足的现实选择，充分发挥制度救济的优势，以较小的社会成本最大限度维护职工的权益，并为中国和谐型劳动关系提供一种值得借鉴的劳资博弈路径。① 有学者运用博弈论的视角，分析了集体谈判双方的自主博弈过程及产业工会干预下的双方反复博弈过程，探讨劳、资、政三方协商过程中的三方博弈行为。② 然而，在劳资纠纷与冲突化解的方案选择上，极少有研究涉及，更不用说用博弈论的角度解读这个现象。运用博弈论的视角去分析劳资纠纷化解方案的形成，必须先理清劳资各方博弈的代价与收益，才能确定最终妥协方案的产生。

---

① 任小平、许晓军：《劳资博弈：工资合约中的制度救济与工会行为》，《学术研究》2009年第 2 期。

② 李铁斌：《集体谈判与三方协商机制框架下的企业劳动关系运作——基于博弈论的视角》，《理论月刊》2013 年第 4 期。

一　妥协与对抗的收益

在劳资纠纷与冲突发生时，对于资方而言，他可以采取以下行动来摆平劳方的斗争，比如，不作回应，满足工人的要求，部分满足工人的利益诉求，集体谈判，解雇工人等途径和策略应对劳资纠纷。在经济学者看来，资方的策略选择，都是基于经济理性，即通过博弈以最小化的代价获得最大化的利益。比如，当个别工人在工资待遇方面与资方发生矛盾时，资方惯用的策略是不作回应，因为个别工人的反抗不足以对整个企业造成重大经济损失。满足这些工人的经济利益可能成为企业普遍涨工资待遇的开端，以"拖"的方式显得最合适，既不拒绝也不满足；当资方选择满足工人的要求，其可能的主要原因有：工人的利益诉求是合理的，且对企业的长远发展是有利的。同时，这些要求也是资方能够接受的。在资方看来，对劳方这些利益诉求的满足，将给企业带来劳动的积极性和对企业的认同感，资方暂时的利益让渡，却可以获得长远的收益与回报；当资方满足工人部分利益时，其主要基于：完全满足劳方的经济利益诉求将使资方的利润大量减少，将成为企业的负担。但是，完全拒绝又有可能带来一些消极后果，如工人劳动积极性下降直接导致企业生产率下降，进而可能导致更大的经济利益损失，通过部分满足工人的利益诉求，不仅能够适当鼓舞士气，也不至于自身利润损失太多。

资方以上策略的选择，是劳资关系处于"合作"与"妥协"的阶段，劳资纠纷所涉及的问题不严重，劳资纠纷还未激化的情况下，才会大量发生。如果当劳资关系处于"对抗"阶段，劳资纠纷所涉及的问题，将使资方面临巨大的经济利益损失，资方对劳方的策略将处于明显的博弈之中——最大化的避免资方的损失，最大化的牺牲劳方。这种情形包括：企业劳动安全卫生问题波及较多工人，工人提出的补偿标准使资方面临巨大资金支出；企业长期拖欠工人工资，且引发了工人过激行动；企业长期对工人进行人格的侮辱，甚至殴打，引发工人暴力反抗，等等。当这些情形发生时，摆在资方面前的问题有：要不要赔偿，不赔偿将会有什么后果？若需要赔偿，赔偿以什么为标准？赔偿的标准由谁来决定？

需不需要与劳方协商？对劳方的妥协有什么利弊，对抗有什么利弊？

　　资方对以上所有问题的权衡，是基于特定情景的。当遭遇上述情形的对象是"替代性"强的工人（劳动密集型企业的劳动者，或者从事一般劳动的雇员）时，资方很有可能不赔偿工人任何损失，甚至于工人的索赔行动会遭到资方的大打出手。在资方看来，劳动力市场上大量的剩余劳动力为其解雇这批替代性强的工人提供了大量的后备廉价劳动力，与他们对抗不会出现熟练技术工人的损失，也不会给企业带来严重损失，甚至还可以省下一笔开支。同时，这些工人又没有任何社会资本，也不知用什么样的方式维护自己的权益，与他们对抗也不会给自身带来一些不可预期的后果。因此，不赔偿工人是资方最合适的选择。正是基于这种利益权衡，资方采取了此种行为方式。当前，这类行为在我国还相当普遍，如农民工欠薪事件的频繁发生。然而，当有外力的介入时，如政府的介入，大众传媒的介入等，资方才有可能作出妥协，并以尽可能少的赔偿去化解此类劳资纠纷与冲突。之所以然，资方主要出于两种考虑：一方面，妥协可以暂避风头，使劳资纠纷与冲突事件快速平息；另一方面，避免受到比赔偿损失更大的惩罚，如整改、停业、倒闭等。其主要原因在于，我国社会主义制度下的私营经济是一种受控制、受调节的私有制。软弱的、受国家政治控制的私营经济决定了其劳动关系也是受限制、受制约的。① 因此，在资方看来，与政府或社会对抗是缺乏理性的，因为资方自身的力量不足以与整个社会和国家抗衡，与政府和社会对抗的后果只会比妥协的后果更糟。

　　当遭遇的对象是"不可替代性"的工人（技术密集型企业的劳动者，或者企业研制开发人员和高中层经理）时，资方极有可能与他们协商，并尽可能地满足劳方的利益。在资方看来，这类人的反抗，甚至于辞职，将会使企业失去技术创新的动力，将使企业的长远利润受损。与这些工人妥协，是出于企业的长远利益，显然是有必要的。相反，与他们对抗，一方面将使企业面临技术工人的短缺，企业将在一段时间内出现不同程度的混乱和调整，这要支付的成本远高于当前支付给这些工人的成本；另一方面，这批工人拥有较多的"资本"，如果他们动用这些资本会给企

---

① 常凯主编：《劳动关系·劳动者·劳权》，中国劳动出版社 1995 年版。

业的发展带来不利的影响。因此，在企业管理过程中，资方已经在工资和福利等方面将这批雇员（研制开发人员和高中层经理）与一般的雇员区分开来，实施差别化管理的策略。差别化的管理尽管会降低企业的凝聚力和团队创新能力，增强企业的不公平感，影响企业的生产效率，影响企业产品竞争力等，也没有有效地为企业解决激励创新和降低成本的问题，但是，它制造了大量缺"资本"与"组织"能力的"一般化雇员"，从根本上解构了工人集体行动的能力，也增强了资方对抗"一般化雇员"的能力。

可见，在劳资纠纷与冲突发生时，资方具体策略的选择是经过深思熟虑的，是经过对妥协与对抗的收益的权衡的。如果妥协的收益大于对抗的收益，资方将会部分或短期内让渡自身的利益，选择以妥协与缓和的策略，如集体谈判，部分或完全满足劳方的利益诉求等。反之，如果对抗的收益大于妥协的收益，资方将会最大化自身的利益和牺牲劳方利益，辞退劳方，不予赔偿劳方的损失等策略将成为资方的首选，并且，随着社会其他力量的介入，资方的策略也会做一定的调整和修正，以此规避企业更多的风险和利益损失。

二　控制与保护的回报

对于政府而言，经济效率与社会公平始终是政府无法完全平衡和应对的问题。建立经济效率与社会公平同时兼顾和谐相容的局面，是需要一系列前提的，如国家与社会的发展程度，政府治理的理念，社会的精神层面，企业的发展水平、企业文化建设水平、企业社会责任状况，劳工的"资本量"状况等。其中最重要的是经济发展水平。当然，在经济发展水平比较低的情况下，有些国家以社会公平为先导，同时也获得了一定经济效率，比如在尼雷尔领导下坦桑尼亚"村社社会主义"的乌贾马村运动，使坦桑尼亚获得了充分的社会公平，也使经济获得了快速发展，但是，尼雷尔的治理持续了十几年后却带来了不堪重负的经济危机。又如西欧国家 20 世纪 50—70 年代末的体现社会公平的各种福利制度，在遭遇 80 年代经济不景气和经济效率低下的局面时，各国针对福利和劳工政策的改革和调整开始风起云涌。可见，没有经济基础和经济效率的"社会公平"只能是短暂的，不能持续发展，并且，在经济效率的冲击下，体现社会公平的各项制度的稳定性和持续性会受到影响。同时，建立在低效率基础之上的体现社会公平的各种制度的长期发展，将对国家与社会产生严重的"后遗症"，使国家与社会处于较长时间的阵痛之中。因此，社会公平的实现受经济效率的影响颇深，它必须建立在经济发达的基础之上，否则，社会公平无法持续下去。同样，经济的发达也必须推进社会公平的建设，否则，导致社会问题高发，使经济进一步发展成为不可能。从我国几十年的改革实践来看，在我国资金严重匮乏之下，最初的招商引资是没有社会公平而言的，资方在名义与实际上都享受着"超国民的待遇"，劳资之间的社会公平无从谈起；经过几十年来的发展，我国的资金已不再匮乏，经济已具备了较雄厚的基础，社会公平的缺失已造成我国社会的严重不和谐与不稳定，经济效率与经济发展也会受到严重影响，因此，我国的社会公平建设逐渐提上议事日程且逐渐推进。总体而言，社会公平的建设具有明显的阶段性和周期性，它是由经济效率的发展作为前提的，经济效率的波动会直接影响社会公平建设的步伐。

由于劳工是现代工业社会的核心建设力量，因此，提升劳工地位，保护劳工权益是社会公平的集中表现，但是，这种改变却受到经济基础与经济效率的制约，而经济效率与经济发展的获得在很大程度上取决于企业的效率与发展，其中，资方对企业的效率与发展起着决定性的作用。因此，维护资方利益也显得尤为必要。在这种连锁关系下，国家与社会的治理主体——政府将面临着治理能力的考验，因为世界多数国家的政府都很难做到应付自如。

当政府遭遇劳资纠纷与冲突时，常常陷入疲于应付，甚至陷入束手无策的境地。当前，我国的大多数企业还没有走上长效治理和发展之路，劳资之间更多地表现为"零和博弈"①,而不是"合作双赢"的关系。因此,政府对资方的控制和对劳方的保护,在很大程度上会导致社会领域劳工维权运动(如罢工、集会游行等运动)的高涨,影响到企业的正常运作,影响到资方利润的获得,影响资方开拓创新的积极性,从而使经济效率降低,甚至还可能引发企业外迁,等等,其后果将直接影响到政府的财政收入、劳动就业和政府主要负责人的政绩。正是基于这样的顾忌,政府显得谨小慎微,"这就是我国的劳动合同制度、集体谈判制度、职工董事制度、三方协商制度等虽已建立,但很少实质性运作的原因。这也是我国的罢工权立法迟迟不能出台、工会'软绵绵'的原因"②。相反,政府对劳方的控制和对资方的保护,显然是为劳资力量对比已严重偏向资方的天平追加了砝码,进一步加剧了劳资力量的失衡,最大限度地使社会公平缺失,使政府的公益性、社会主义的性质遭受质疑,使社会的不稳定、不和谐加剧,以及使政府主要负责人的政绩受损。

总体而言,政府对资方控制和对劳方保护,一方面赢得了正义与公平的形象,获得了广大工人的支持,保持社会稳定与和谐,降低了社会治理的成本等;另一方面经济效率低下,大量资本外迁,失业率上升,国家竞争力降低等也将作为政府支付的代价。如果政府对劳方控制和对资方保护,一方面将获得经济发展的增速,国家经济实力加强,政府财政收入大幅增加,国家竞争力提升等回报;另一方面会付出失去民众的支持,失去社会的和谐与稳定,失去经济的长期持续发展,增加了国家治理成本和难度等代价。因此,在劳资纠纷及其冲突的应对策略上,政府也在计算自己的得失,以怎样的"度"去参与和协调劳资关系与劳资冲突成为政府所要考虑的首要问题。当前,我国政府对劳方的保护和对资方的控制仍处于较低的水平,政府只是从单一的法律与政策的层面,

---

① 石秀印认为,迄今为止,主宰劳资关系的基本理念是将双方都视为理性的经济人,两者间的互动是按照零和逻辑进行的。在零和逻辑中,雇主和雇员之所以进入同一个企业,都是为了经济收益。然而企业总收益是有限的,分配时必然"你多我少"。这个时候,各方必然动员自己的"能量"争取尽可多得。他进一步指出,中国自实行市场化和产权多元化改革以后,劳资关系就走上了"零和博弈"的轨道。具体参见石秀印《劳资关系:零和逻辑的困境与合作逻辑的可能》,《工会理论研究》2006年第4期。

② 石秀印:《劳资关系:零和逻辑的困境与合作逻辑的可能》,《工会理论研究》2006年第4期。

如新《劳动合同法》的单一出台，没有一些辅助的具体的法律与法规设计和相关的强制执行监督机制，去规范劳资关系；并且也没有从根本上，如集体谈判，三方协商、罢工权等制度与法律建设方面，为劳方在企业生活中和劳资纠纷中增权。同时，中央政府统一的法律与政策却经常遭到各级地方政府对策性的修正，如当前中央政府出台的《劳动合同法》在给地方政府带来经济波动情况下，地方政府也有针对地出台一系列的具体规定和细则对之进行"解读"，使本已处于较低水平的"对资方的控制和对劳方的保护"进一步降低，这种具体操作方式实际上起到了对资方的保护和对劳方的控制的效果。

三　生存与生活的权衡

对于工人而言，工人的"资本量"与工会组织决定了工人在劳资关系及其冲突中的行动策略。在工人反抗资方的策略上，可供选择的正式手段包括集体谈判、三方协商、工会斗争等方式，这些正式斗争方式通常需要通过工人团结一致和共同行动的力量——工会组织来完成。然而，工会斗争在我国法律与政策层面仍未取得实质性的进展，工会在私营企业的存在状况——不存在工会，工会是雇主的附庸，工人入会率低，工人不信任工会。种种现象表明，试图通过工会组织的行动作为劳方行动的策略，在实际发生的劳资纠纷与冲突中显得"行不通"。因此，大量的非正式的途径成为工人在劳资纠纷的策略，如怠工、破坏机器、威胁、绑架与暗杀资方、罢工、静坐、游行示威、阻断交通、围堵党政机关、围困政府等。这些可供选择的行动方案，有个体行动的，有集体行动的，有极端的，也有温和的行动策略。在发生劳资纠纷时，工人究竟采取什么样的行动方案，与工人自身拥有的"资本量"的多少密切相关，也和策略的运用效果密切相关，即通常情况下，工人行动手段的变化是由行动效果变化所决定的。无论是工人自身拥有"资本量"影响行动决定，还是行动效果决定的行动决策，其更深层次的原因则是工人对生存与生活的权衡。在生存与生活之间的权衡影响了工人行动方案与策略的选择，也影响了工人行动手段之间的相互转化。

　　工人自身的"资本量",如经济资本、文化资本、社会资本与象征性资本的多少决定了工人的行动策略。通常情况下,"资本量"较多的特殊化雇员①在遭遇劳资纠纷时,他们倾向于以正式化的手段去化解劳资纠纷。如果在正式化的手段无效的情况下,这些雇员要么作罢,要么转向非正式的手段,由于这些雇员拥有较丰富"资本量",对于他们而言,即使不与资方斗争与反抗,不去争取各种权益,他们的生存也不存在任何问题,他们之所以卷入劳资纠纷与冲突之中,是因为这些雇员不满足于资方所给定的待遇、福利与提升机会,他们要获得更好的待遇与福利、更多的升迁机会,这些利益能够使其获得更大的发展空间,总的来说,他们是为了更高质量的生活而斗争。因此,在行动策略上,他们犯不着以极端的方式,冒着被定义为"非法"行动的危险,获取相对效用较小的反抗收益,因为这种极端的方式可能会使他们现在拥有的工资、福利与岗位都将在资方的"解雇"浪潮中失去,所以,他们更倾向于用温和的非正式手段来反抗,如怠工、与资方理论等方式,而较少使用激烈化的非正式手段来反抗。反之,"资本量"较少甚至没有"资本量"的一般化雇员,他们所要考虑的首要问题是"生存"而非层次更高的"生活"问题。同时,涉及他们的劳资纠纷与冲突内容,也通常表现为"生存"问题,如拖欠工资,克扣报酬、不补偿劳动工伤等,在他们看来,资方是不会将他们放在眼里,只要能够获得"生存"问题的解决,什么样的途径与方式意义都不大。因此,对于一般化雇员,只要行动能够达到目的,各种策略(非法的、合法的、温和的、极端的)都可以运用,行动本身已不重要,行动的后果也不重要(因为他们没有任何"资本量",拿什么来惩罚他们)。

　　工人反抗资方的行动效果主要表现为行动是否有效、行动效果有多大、行动是否能够成功等方面,工人对这些因素和方面的思索会影响着工人行动策略的变化、转换与选择。工人行动策略的变化与转换主要体

---

　　①　由于资方已经在工资、待遇、地位等方面对雇员作了区分,"资本量"较多的雇员通常享受着高于一般雇员的各种待遇与福利。因此,笔者将这批工人称为特殊化雇员或特殊工人。当然,这里的特殊化雇员并不包括企业中的中高层管理人员,因为多数劳资关系的研究将企业中的中高层管理人员看作"放大了的资方",即资方的一部分。

现为从温和型的行动策略向激烈型的行动策略演变、从个体行动向集体行动的演变、从理性行动向感性行动的演变等，这些方案的转换与选择，其背后的利益权衡是基于生存与生活的逻辑。比如，当企业劳资冲突波及面较广，即多数工人的利益受到损害，此时，将工人作"资本量"多的特殊化工人和"资本量"少的一般化工人的区分已没有意义，因为卷入劳资冲突中的工人对背叛者和特殊化工人起着威慑作用，使特殊化工人至少保持中立，甚至也卷入进来，因为利益受损的工人们的集体行动对特殊化雇员的"生活"诉求也会起到促进作用，这种现象尤其表现在劳动密集型企业之中。当这些类似情景发生时，首先表现为个别工人为"生存"而采取的个体行动，如与资方理论和谈判。当个别工人的个体行动达不到目的或收效甚微时，个别工人的情绪鼓动所营造的"生存"被剥夺的共同命运，以及工人利益损失的普遍唤起，使工人行动动员条件进一步成熟，最终使更多的工人卷入其中，个体行动开始演变为集体行动。经过"生存"和"生活"的权衡，工人们最终在整体力量的基础上以温和的行动策略，如集体谈判，向资方争取权益。如果温和的集体行动遭受到资方的反抗，使温和的集体行动策略变得无效，资方的行动使工人们产生"既然软的不行，那么就来硬的"情绪，工人温和的集体行动可能演化为激烈的对抗，工人们开始针对资方运用"理性"的集体行动，如罢工等策略。针对工人的罢工，资方的行动也可能进一步强硬，如大量解雇集体行动中的工人，这使得罢工的工人面临着集体行动失败的可能：基本的权益诉求无果，却进一步面临着"生存"被短暂或永久性的剥夺，工人集体行动所带来的未预料的后果——行动比不行动处境更恶劣，使工人开始孤注一掷，从针对资方的"理性"集体行动转化为针对政府与社会的"感性"行动（如静坐、游行示威、阻断交通、围堵党政机关、围困政府），以期寻求政府的介入和社会的关注，使其斗争过程不至于"无果而终"甚至"惨败而退"。总体来看，在劳资纠纷及其冲突的不断升级过程中，出于"生存"与"生活"的权衡，劳方的行动策略呈现出不断变化与升级的趋势。当出现下列情形：（1）工人利益诉求得到满足；（2）工人行动遭到惨败；（3）工人行动中自行瓦解或者知难而退，工人行动的整个过程也就中断了，即在其中某一个环节就终止了。

四　社会支持的矢与度

在劳资纠纷及其冲突不断升级过程中，工人的孤注一掷，采取针对政府与社会的"感性"集体行动，其目的有引起社会与政府的重视和介入，以期寻求其权益的满足，其背后更深层次的原因是"利益受损，寻求支持"。然而，这里的关键问题是：工人们的一厢情愿的"感性"集体行动，是否能够获得社会的支持？

"同情弱者，怜悯弱者"似乎是"人之常情"，它与生俱来和无须置疑。然而，当这些"人之常情"遭遇到社会秩序和社会道德时，可能又是一番景象。通常，人们的道德判断能力只能达到柯尔伯格的道德发展阶段论①所指出的社会秩序与权威定向和社会契约定向的阶段。然而，社会的道德判断标准往往是依据多数人的道德判断为标准，而多数人的道德判断是不允许牺牲社会秩序与权威和社会契约的，因为这种秩序的混乱，社会维系纽带的断裂将危及到每一个社会成员的利益。尽管人们出于"同情弱者，怜悯弱者"的"人之常情"，对劳资冲突中工人的"感性"集体行动持有同情与支持，但是当工人的"感性"集体行动一旦"放大规模"，影响到社会秩序的稳定与社会契约的存在，法律与制度将取代"人之常情"，成为平息工人"感性"集体行动的工具与手段。尽管，工人的"感性"集体行动是为了寻求社会的支持，然而，当人们对工人的"感性"集体行动进行权衡：计算社会秩序混乱的得失，计算经济发展及其效率的得失，计算法律、制度与权威的得失，计算劳动就业机会的得失等后，"局外人"却又不得不放弃对工人的同情、帮助与支持。

---

① 柯尔伯格用两难故事考察儿童的道德判断水平，并在三十多年的追踪研究和跨文化研究的基础上，提出人的道德认知发展的"三个水平、六个阶段"的理论和规律，即第一水平为前习俗水平，分为服从与惩罚定向和工具性的目的与交换两个阶段，第二水平为习俗水平，分为好孩子定向和维护社会秩序与权威的定向两个阶段，第三水平为后习俗水平，分为社会契约定向和普遍的道德原则定向两个阶段。他指出，人的道德认知水平是依六个阶段次序进展，不能超越，并不是所有的人都能达到最高水平。

这里，社会支持的矢，指的是在劳资纠纷与冲突过程中，社会支持的方向，是支持劳方还是支持资方。社会支持的度是指社会对劳资纠纷其中一方的支持力度。社会支持的矢与社会支持的度一般表现为一致，比如，如果社会支持的矢在劳方，那么社会舆论也将倒向劳方。并且伴随劳资冲突的激化过程和劳方受损的严重程度，社会支持度也将不断加大。社会支持的矢与社会支持的度也有可能表现为不一致，即社会支持的矢既定，但社会支持的度却十分弱。比如，社会对工人的集体行动持有同情，但是社会并不介入和提供帮助。最后，社会支持的度也有可能在一定条件下发生社会支持矢的逆转，比如当社会舆论和大众传媒对工人的集体行动持同情与支持时，却发觉工人行动影响了社会的正常运转，威胁到社会秩序的稳定，影响了社会就业，阻碍了经济利益的获得等情形，社会支持力量开始计算自己利益得失，并极有可能使社会支持的矢发生逆转。

可见，对于劳方运用"感性"集体行动作为抗争资方和维护自身权益的手段，以期寻求社会支持的过程中，劳方要想使社会支持的矢与社会支持的度始终在劳方这边保持一致，不会出现不一致甚至于逆转的情况，首要权衡与考虑的问题是如何充分把握集体行动的内容与规模。因为集体行动的内容如果阻碍了经济效率的提升和社会秩序的井然，集体行动的规模如果过大难免会影响"旁观者"或"局外人"的利益，这些都可能影响社会支持的矢与度。因此，一般来说，工人的集体行动不应规模过大，其内容不应牵涉公共利益，集体行动不应以牺牲社会秩序为代价。同时，也应考虑集体行动的时间与空间，避免时空影响到公众利益。在劳方可供行动策略中，"感性"的集体行动不应采取阻断交通、围堵党政机关、围困政府的行动策略，因为这些策略或多或少影响到"局外人"的利益，对劳方获得社会支持的矢与度产生不利的影响。

第十一章

一场集体行动化解始末的
简要实证分析

一场集体行动是以罢工的形式出现的，罢工事件发生在研究个案中的 E 实业公司，该公司位于中山市小榄镇，主要从事灯具、灯座、模具、建材等产品的生产，该公司在 2007 年 9 月，以计件工资的下调为导火索，引发了一场局部短暂的工人罢工行动。运用结构式访谈的方法，收集了涉及这场罢工事件的相关人员的访谈资料，对此次工人行动作简要分析，描述罢工行动产生的原因，揭示罢工行动方案选择的原因和罢工过程中劳资双方的力量较量，进而，探究缘何工人罢工行动以失败收场等问题。

一 E企业劳资纠纷与冲突状态

（一）资方的"印象"

E 企业劳资生活的日常互动过程中，劳方对资方似乎并没有什么好的"印象"。正如 EE5 所言：

> 我们的老板，四十几岁了，当过兵，脾气臭得很，刻薄得很，还时常骂手下，从来不把我们放在眼里，甚至还打人。（据 EE5 所言）
>
> 我没见过一个四十几岁人，还这么"大火"的，素质差得很。我们只不过是替他打工，又不是他的奴隶，替他卖命。他这人也没

有什么本事,不就是家里有点钱,起步得早,才有今天这样子,换了我,企业早不是这么样的规模了。(据 EE7 所言)

你知不知,我和他是老乡,"鸟"(粗口),都不给面。上次,我做坏了几个模具,也值不了几个钱,结果他当着全车间人的面,把我臭骂了一通。(据 EE6 所言)

在劳方的眼中,资方是一个没有大多本领,为人刻薄,又不尊重他人的人。在这样的私营企业中,资方的自身素质决定了劳方在企业中的地位,而这种地位是可以料想到的。在日常劳资互动中,透过企业主的日常经营与管理,劳方对企业主的印象开始固化。在劳资互动过程中,劳方对资方的"印象"非常重要,固化对资方的"不友好"印象,将强化劳方的行为取向,合理的、合规的劳方的利益诉求在遭遇"蛮横、不讲理"的资方时,劳方可以选择和行动的方案被严重压缩,合作的劳资关系所对应的协商行动取向的几率很小,剩下的只有采取"妥协"与"阻隔"行动取向的可能了。

(二)劳方的状况

从整体工资待遇来看,E 企业的工资待遇在整个珠三角地区以劳动密集型为主体的产业中不算低的,至少也算是个中等水平。

干我们这一行,多少还是要懂一点技术,员工都算是有一点技术的人员,至少工作一段时期后是这样。同时,我们生产出来的产品销路不差,当然,并不是我们企业是这样,做这行的都算可以。我们每年的订单都做不完,所以员工的整体工资还不错。(据 EE4 所言)

你别看包吃包住有 1500 多块钱,其实一点都不多,我们工作其实是很辛苦的,工作时间太长,你看我们每天工作平均 11.5 小时以上,除了特殊事情请假外,每个月几乎没有休假,甚至连企业的管理层都是每月工作 28 天,他们休息日不确定,轮换休息。换了别的厂,工作这么长的时间,不可能只拿这么点钱。(据 EE8 所言)

还有啊,我们最不满意的是老板变相的对我们剥削。例如,我们是以计件方式支付工资的。如果我们的计件工资上去了，老板又不想支付我们这么多工资，他就开始找借口，说："产品的质量存在问题，产品的质量合格率低。"并以此将我们的工资打折，少给我们不少钱。实际上，确实有些产品有问题，但问题并不大。同时，出质量问题并不是我们的过错，很多情况下是由于厂里的设备，好多年都没有更新，是属于一种正常加工损耗，甚至他自己进回的原材料本身就存在问题。你说这能怪我们吗？并且，每个月底要报计件工资，但是，最后企业多数情况下以"质量扣除"为由，少算我们工资，只出示笼统的整月工资。（据 EE7 所言）

尽管此地区同类型企业工人们的收入还算比较多，但是，对于自己现有的工资状况，他们也存在着多种不满意。在他们看来，收入是建立在每天工作的时间过长、整月几乎没有休息的基础上，更何况企业主想尽办法来扣除他们应得的那份工资。E 企业工人在收入上呈现出位列珠三角地区劳动密集型企业之中的"中、高工资"水平的表象，却隐藏着工人们的太多"无奈"：

我们进厂至今都没有签订劳动合同，不光是我们，管理层也是这样。曾有些管理层向老板提议签订劳动合同，你猜老板怎么说，他说："我们公司向来不签订什么合同，你告诉我先，难道你还不信任我，以我现在的企业情况，还少得了你一分钱不成。如果你硬要签订什么合同，那就是不相信我，既然你连我都信不过，在这里工作也没有意思，那我就不留你了。"（据 EE8 所言）

我们公司是个非常典型的家族式企业，公司老板的老婆是管财务的，老板表弟是采购经理，老板表弟的老婆是仓库经理。老板和经理们的亲戚多数是车间里的班长什么的。比如，在我们公司，油压工种是需要轮换休息的，一般情况下是一个人放板，两个人压，这样轮换放板休息。像财务经理的哥哥，年纪又大、动作又迟钝，人又比较笨，车间居然给他安排在两个女工那一组，这不是三个人的活变成两个女人做，不出问题才怪。（据 EE2 所言）

　　在这种家族式企业中，资方通过各种理由不与工人签订劳动合同，工人普遍没有签订劳动合同，劳资关系缺乏劳动合同保障的基础，劳资互动的基础显得十分脆弱。当劳资双方发生纠纷与冲突时，寻求合同保护的法律手段去化解劳资纠纷的渠道也就堵塞了，同时，司法途径所耗的时间和成本，又是劳方不愿意支付和承受的。因此，通过法律的途径去化解劳资纠纷及其冲突基本上已无可能。此类家族式的企业，建立在家族式的错综复杂的关系上的人为管理代替了制度管理，厂规代替法律与合同，以罚代惩，以罚代扣的现象比比皆是。在 E 企业中，工人无任何工人利益代表组织，比如工会，也是无法组建起来。对于工人而言，没有法律保护，很难有合法行动的依据，非正规化的抗争也就成为其利益表达的手段和方式。

二　除了罢工，别无他法

　　当工人们遭遇到工资待遇、工作时间、休息时间、工伤事故时，他们通常只能通过内耗的方式获得短暂的心理平衡，这也是工人们可以做出的一种"妥协"的行为与反映。

> 　　你说，老板这样对我们，计件工资已经是最透明的工资方式了，结果被他变相克扣掉了，以整月工资的形式给发了。那我们按计件算什么，做多了还不是给扣走了，还不如干脆就按计时算了。做得越多被他扣得越多，不如把工作时间混合算了。（据 EE2 所言）

　　计件工资最初的设计是为了激发工人之间的竞争性，以最大化"个人利润"获得，来提升企业劳动生产率。但是，当计件工资按计时工资来算时，工人的劳动积极性肯定会大打折扣。然而，少数工人积极性的下降，并未导致企业生产率的下降，流水线的计件工资的形式在整体上还是大大提高了劳动的效率，毕竟，工人们还是在乎这种工资差别和收入的。

即使少数员工在企业"磨洋工"也是无济于事的，你想想看，我们是流水线作业的，你一个人在里面混，将会影响整个流水线上的其他人，不可能所有的产品都积压在你的手上，因为每一个工序是对应一个人，那样，老板一下子就知道是你的问题，你肯定会受到惩罚。更何况，并不是所有员工都不在意计件工资的多少的，毕竟还是存在着工资收入上的一些差异的。(据 EE4 所言)

在"流水线"作业面前，少数工人的"内耗"并未带来实质性的作用。反而，部分工人们的"偷懒"却给他们带来一系列的负面后果。那么，当这些消极的行动方式受阻，工人还有什么方式与途径去维护工人的正当利益呢？工人们还有什么方式表达自己的不满呢？

那只好这样呢！忍着吧！现在挣个钱也不容易，要是"牛"就不在这里了。像我们又没有念多少书，找不到什么更好的事可做，更何况我们厂里的员工大多都是亲戚朋友带进来的，你跟老板闹僵了，不做走了，这不是难为他们吗？(因为这些亲戚朋友还在厂里做工)你看现在大学生，还不是做我们一样事，也没见得能赚多少钱，其实找个工作也不容易。(据 EE2 所言)

去找老板谈，他那个人，想都别想，准会挨一顿臭骂，更何况他比你会说多了，"打你都是有理的"，你怎么可能斗得过他。你别说是我们这些"小罗罗"(在企业没地位的人)，就算了企业的管理者，也很少有成功的。有一次，老板还假意搞一个座谈会，每个车间都必须指定员工去，那一次我去了，真可笑，老板的开场白就说："这次座谈会，两个问题不谈，即伙食与工资不谈，其他的都可以谈。"你说，那是要我们谈什么，就是怎样把生产搞上去，怎样改进等这些，哎！真没劲。(据 EE7 所言)

在工人们缺乏文化资本与社会资本的情况下，辞职又将面临再就业的困境。更何况，当前拥有一定文化资本的"大学生"也不过如此。所以，待在这个企业里，既无奈，也还行。经过此番比较之后，工人的心理似乎平衡了许多。在 E 企业里，涉及的所有问题都是老板说了算，试图通过个体行动（与资方理论等方式），无论是企业的一般从业人员，还是企业的管理者都很少有成功的例子。面对现实就业压力与生存的需要，单个工人在想："跟别人打工哪有不吃亏的，走到哪里都是一样，至于扣些工资，又不是我一个人，只要不是少得太离谱，还是算了吧、忍着吧。"

在这种高压的老板式管理中，工人显得无可奈何，所有的行动通道好像都闭塞了，所有的手段好像都行不通。显然工人们已经接受了这种现实，他们既退却，也顺从了。会有什么因素使工人们失去了"理性"和"忍受力"？迫使他们不得不采取对抗行动呢？

　　在 2007 年之前，我们企业的天花板车间有员工 56 人，工资是以计件形式支付。每块天花板生产工序加工费 0.009 元。2007 年 7 月，公司财务部以"天花板车间包装工的工资高于其他两个车间员工的工资。这样不合理，在公司，员工工资一定要一碗水端平"为由，并通过口头的方式通知员工，天花板车间的计件单价要降，至于降多少经研究后再定。（据 EE8 所言）

　　这种理由简直是胡扯，不同的车间工作内容与强度都不同。像天花板车间每天工作 11.5 小时，每月休息一天，甚至忙时整月都没有休息。车间内有烘炉生产线 3 条，夏天车间内温度高达 40 度。并且，这里是工伤多发的地方，机械冲压时常把员工的手指给冲断了。（据 EE2 所言）

　　2007 年 9 月 20 日，公司发放 7 月的工资。天花板车间的员工平均工资下降 200 多块。计件单价从 0.009 元/块下降至 0.007 元/块。这次克扣员工工资成为了罢工冲突的导火线，当日当夜班的员工没有来工厂开工。（据 EE3 所言）

工人与资方的日常互动经历，使工人们深知内耗、与资方理论等个体行动对"资方"的反抗会是无功而返的。此次的事件已经使斯梅尔塞所说的集体行动基本条件得以具备，长期高压式管理使 E 企业劳资关系紧张，积累了大量的劳方不满情绪，使劳资关系始终处在一个高度紧绷的状态。企业管理制度缺乏弹性，企业无任何"安全阀"的宣泄设置，工人们任何个体化、合理的利益诉求行动，都起不到什么效用，工人们宣泄不满情绪的通道几乎全部闭塞。资方的强势作风，使得劳资互动陷入"阻隔"的状况，劳资对抗的关系逐步强化，个体行动的普遍失败经历成为了集体行动的天然动员力。长期克扣工资的遭遇，营造了工人们共同的命运情景，这些因素共同促使工人们的不满情绪得以唤起。当然，不管愿意或者不愿意，流水线上部分工人"缺场"，使整个流水线作业瘫痪，以致将这条线上的所有工人都卷入进来，事实上造成了整个流水线车间生产的停摆，罢工已经成了一个既定的事实。

三 集体行动过程中的劳资较量

（一）劳方的行动

我们当时的罢工，纯粹是一种自发的，有三个员工开始组织，他们说："老板这人太没人情味，与他沟通是没有任何作用，因为他这样做，他自己可以通过变相的扣我们的工资赚更多钱，他何乐而不为呢！不如我们跟他来硬的，我们进行罢工，让他遭受损失（当时正在赶一个订单的活），只有这样他才能屈服，我们的工资才不会减少。我们已经与另外三条流水线的员工说好了，我们的罢工从今晚开始。"（据 EE7 所言）

长期无效的沟通，为了避免工资大幅度的减少，工人们抓住了一次资方的"赶工软肋"，在三个员工的组织下，"别无他法"的天花板车间的工人们无可奈何地"闹"起了罢工。从这场罢工规模来看，只涉及四条流水线，仅限于一个天花板车间，在没有获得全厂职工的充分动员和达成一致的情况下，孤军奋战了，几个核心的成员在完全没有对罢工的进度、过程、各种行动保障以及任何后果评估的情况下匆匆上阵了。

大家记住，我们也不想把事情闹大，只要老板答应我们恢复原有的计件工资的方式，我们就可以开工。（由 EE5 转述）

> 其中一名员工说:"要是老板不愿意,我们该怎么办呢?""那就继续罢工,直到老板恢复原有的计件工资的标准为止。"(由 EE5 转述)

领头的工人为罢工开出了条件底线,即恢复原有的计件工资的方式。他们只设想了通过罢工来实现自己的利益诉求,把实现诉求仅仅寄希望于工人的非正式集体行动——罢工来实现。如果实现不了这个诉求,他们除了罢工外又该如何?罢工过程中,会不会出现内部分化,如果有的工人不愿意再罢工了,该怎么办?罢工期间工人们的日常生活该如何维系?等等问题,三个核心的组织成员从来都不曾想过。这场罢工,劳方对抗资方的行动方案中,除了罢工,劳方已经没有其他可供选择的方案,可以说是一条路走到底,劳方对罢工不成功的这种可能性,似乎从来都不曾估计在内。

(二)资方的行动

> 9 月 21 日上午,老板为解决冲突和罢工召开紧急会议,会议主要由财务部经理、行政部经理及天花板车间的五个班长参加。会议一开始,老板就对我们五个班长进行了训斥,老板先是大发脾气,破骂煽动闹事者。然后,表明自己的立场:一定要把几个车间的工资持平,天花板车间工资过高,一定要降下来。最后,老板让自己的其中一个做班长的亲信把带头罢工的员工名字写出来。(据 EE3 所言)

在资方的行动方案中,早就设定了其"合理化"行动的标准,将几个车间的工资拉平,天花板车间与其他几个车间的收入差别,无形中已经成为分化企业所有工人一致行动的阻碍,导致这场罢工规模无法扩大,工人们动员能力大幅度压缩。然而,在非常时刻,资方采取了应急的措施——召开紧急会议以便"挖出真凶",直接针对带头闹事的员工,开始分化有限规模的罢工群体。可见,资方在遭遇劳方的反抗时,拥有雄厚"资本量"的资方能够动用大量的"社会关系网络",找出根源,其工作效率和动员能力远远超过劳方。

　　当天下午，处罚通报出来了，也就是开除 3 名聚众闹事的员工。其他的罢工员工按照旷工处罚。现行的计件工资定价标准不得改变。你想想这种做法，其他的员工心里哪里平衡得了，这不是一棍子打死一群人吗？天花板车间的员工群情沸腾，根本没有理会处罚，仍然继续罢工，并请我向上反映，我又深知老板的为人，哪还敢去自讨没趣。（据 EE3 所言）

　　资方的处理方式将所有涉及和卷入其中的人都进行了惩罚，这种强势处理方案激起了劳方的进一步反抗，把劳方推向了"只有进一步罢工且已经无路可走"的窘境。对于劳方而言，他们所损失的最多是一个半月左右的工资或被开除。而资方的损失可能是几十万、上百万甚至是一个长期的合作客户的永久订单。资方在利用自己的"资本量"时，错误地把属于自己的社会网络关系也给"革掉了"，进而削弱了自己的"资本量"，使劳方众志成城要与资方斗争到底，劳资冲突进入了白热化的阶段。资方打倒一片和毫不妥协的应对方案，激起了天花板车间更坚定的走罢工抗争的道路。此时，资方已经感到了情况的不妙和策略的错误，资方试图调整自己的行动方案。

　　9 月 22 日，老板急招 EE4（因为 EE4 是该公司资格最老的经理，又和老板同时服过役，是老板的老部下。EE4 人缘较好，许多员工又与 EE4 共过事），从武汉飞回中山。老板认为 EE4 回来后，员工多少会听他的。当天中午，EE4 出面请车间所有班长吃饭。席间老板对班长们承诺："你们不用担心，你们的工资不受影响，虽然计件工资降到新规定的标准，但是，岗位津贴会补上来的。你们回去后，也不会不好交代，你们的计件工资和他们一样吧，你们要劝服各自手下员工，尽快开工，我们不以旷工处罚其他员工，此事就至此结束。"（据 EE3 所言）

　　9 月 23 日上午，天花板车间的三条生产线中的一条开工，下午又有二条复工。第二天，公司以最后一条没有开工的员工连续旷工达到 3 日以上为由,又开除 4 名员工。并同时注明,对于 4 名员工在企业所扣押的一个半月工资,不允发放。(据 EE7 所言)

资方通过充分利用其"资本量",在"高人"(指 EE4)的指点与建议之下,及时调整化解工人罢工的手段和运用新的行动与分化策略,车间里的班长,明降暗补,其收入基本持平,他们没有多少损失,并且他们也是"同样遭受了计件工资下降的损失,这样能够感同深受地说服流水线上的普通工人停止罢工"。对于被卷入的工人们,罢工期间不予处罚,以后的工资收入按新的计件标准来实施,闹了几天的罢工,对于他们的处理方案明显好于以旷工计,他们出现了重大的分化——罢工前设定的目标并未实现就已经动摇了。资方此种应对方案较之前的策略明显高明了很多,在分化如此小规模的罢工上,已经产生决定性的作用,工人短暂的罢工显得如此不堪一击。这场工人罢工行动,最终以开除 7 名工人(三个核心组织成员与继续坚持罢工的四个普通员工),以及维持新的计件工资标准为代价宣告失败,资方以非常小的成本与代价,以有利于资方的方式平息了这场罢工。

四　集体行动缘何失败

显然,缺乏充分思想和人员动员的小规模罢工,其效用是明显不足的,部分工人的罢工不足以构成对资方和企业产生"颠覆性"的影响。工人们的罢工不仅不能达成罢工目的,反而,成为资方借"小规模的内部斗争"胜利的机会,炒掉了"多余的""闹事的"员工,劳资力量的天平更加倾斜于资方。正如(ER)所言:

　　几个工人的罢工就想对我构成威胁,那是不可能。反正,现在订单不多,生产不紧张,开除几个员工,怕什么?我们要借这个罢工的机会,拔掉公司中的毒草,不留祸患!所以他们罢工,我高兴得很!(经 EE3 转述)

在 E 企业中，部分工人的罢工行动，在带头工人的口头劝说和无任何组织与制度安排下匆匆忙忙的上场。在车间众多不同工人对自身生存与发展的权衡中，在资方"资本攻势"的高压（罢工以旷工计，开除将无法得到被扣押一个多月的工资）和分化罢工阵营（对车间基层领导，如班长等拉拢、收买与利用）中，不同的利益处理方案分化了早已脆弱不堪的工人队伍，最后，工人罢工行动必将以惨败而告终。

　　现在回想起来，当时的罢工，我们是孤军作战，没有其他车间员工的支持和响应，并且，老板降我们车间的计件工资的借口好像还是为了其他车间（所有车间要一碗水端平）一样。又没有政府管我们的事，自从有员工被开除了，并且还被充公了一个多月的工资后，车间再也没有谁敢出头，这些员工也是的，什么都不懂的情况下，去搞什么罢工。（据 EE7 所言）

　　为什么要去开工？我们当时在寝室聊天时，有的员工说："现在外面，那么多人没事做，找份工不容易，我们不做，自然大把的人做。"有的员工说："我们在这里工作久了，好不容易混熟悉，要是去一个新厂，保管有人欺生，又得花时间去适应，并且，我的好多朋友和亲戚都在小榄镇工作，罢工要是被开除了，还得去新的工厂，离他们又远，要是没有个照应怎么行？"有的员工说："天下乌鸦一般黑，走到哪都一样。去到新厂还不是得扣押工资，打了十几年工，也没有多少的积蓄，被老板扣了，还不得自己急。"（据 EE5 所言）

似乎工人们也明白罢工为什么会失败，工人的利益分化导致孤力无援，自身安全性的需要和生活的压力，使得劳方没有多少可以坚持罢工的"资本"。抛开这场工人罢工的细节失误，如缺乏精英人物的领导，缺乏组织和安排，缺乏充分的动员，缺乏对内部基层领域背叛的提防，缺乏对罢工过程中的物质准备等方面，工人罢工行动也将注定要失败。

首先，在企业范围内，工人罢工行动的利益诉求具有极大的局限性。天花板车间工人为此次罢工设定的利益诉求太过于狭隘，他们只为自己车间着想，即不满有损于自己工资收入的新计件标准，没有以此事件为契机，为整个工厂员工谋利益的宏大诉求。对于整个企业工人们而言，提高他们的收入水平、签订劳动合同、组建工会和建立企业民主管理制度等方面,是可以最大化地使工人们的利益诉求保持一致,促使他们情感上能够理解,所有工人都不再是"旁观者"。四条流水线上的工人们,目光短浅的狭隘利益,影响了其充分利用企业长期以来形成的紧张劳资关系并最大化争取和维护自身利益的机会。

其次,长期的资方强势主导和蛮横无理所形成的"对抗关系"和"阻隔行动"也没能促使工人们的觉醒和正确定位自己。在长期的劳资互动中,劳方可以行动和动用的资源可以说是少得可怜,劳资力量对比严重失衡,工人们力量严重示弱的情况下,无外力的介入和支持,单凭工人们自身的实力是无法与资方对抗的。寻求劳动部门的介入,寻求社会媒介的支持,以便增加自己行动的力量,这些最起码的常识,工人们都是缺乏的。社会动员力的低下,工人内部的不团结,内外无援的罢工显然失败已是注定的事。

最后,缺乏行动的"合法性",即便罢工行动能够实现利益诉求,也缺乏法律的保障,在力量严重失衡的前提下,得与失也只是转瞬之间。以不满新的计件工资标准发动罢工,实际上缺乏"合法性"。对于资方而言,新的计件工资标准可以看作是企业的工资改革制度,制度改革具有"合法性",它所带来的负面效果也十分有限,所涉及的劳工群体有限,不足以成为大规模罢工的理由。对于劳方来说,不满新的计件工资标准具有"合理性",但是这个改革并没有大幅度影响到工人们的工资收入,通过罢工的形式进行抗争缺乏"法理依据",部分工人一开始就采取罢工集体行动的方式,使其集体行动已经充满了"合法性风险"。另外,即使工人的罢工行动最终收到成效,其利益诉求也可能无法维系。当资方度过这次危机后,资方的报复行动可能使工人所争取的利益瞬间即逝,甚至他们已有的利益也可能受损。从根本上讲,工人的罢工行动没有扩展其合法性依据,比如为所有员工谋取整体工资收入福利的提高,为他们签订劳动合同,这样促成其罢工行动所具有的合法性基础,并在此基础上,利用合同保障和法律保障,巩固其罢工抗争的胜利果实,如果是这样,工人们的罢工集体行动可能是另一番景象。

余　论

社会转型期劳资纠纷协调的核心内容

当我国正在快速实现从"传统农业社会"向"现代工业社会"的转型，经济社会获得空前发展之时，我国正面临着多年来渐近式改革积累下的各种矛盾所带来的严重危机：社会公平和稳定如何实现、经济发展如何深化以及政治民主如何建设等问题。其中，社会公平和稳定如何实现已成为当前我国迫在眉睫需要解决的重大问题，劳资关系及其冲突成为影响社会公平和社会稳定的主要因素，其主要原因在于：劳资关系涉及社会中的绝大多数直接创造财富的阶层，他们之间日益高发的纠纷与冲突足以撼动社会稳定和影响经济发展。

现实的情况是，在我国的劳资关系中，资方处于绝对强势地位，使其肆意侵犯劳方的权益成为可能，最终也使其成为劳资纠纷与冲突的"元凶"。当劳方遭遇到权益受损时，反抗似乎成为了本能，最终导致劳资纠纷与冲突不可避免。同时，由于我国正式的冲突化解渠道的不畅通，成本高且作用力弱，劳方的反抗通常又局限在劳资内部，力量的悬殊导致劳方的利益诉求几乎难以实现，使得劳方的斗争手段与化解策略更多的转向外部世界，并且，非正式化的手段也得以大量运用。在这种情况与背景下，社会秩序的混乱和社会的不稳定也将在所难免。

如前所述，我国劳资力量中的任何一方都对社会起着举足轻重的影响和作用，劳方掌控着劳动力，他是社会财富的直接生产者，也是我国社会存在的最广泛的群众基础；资方掌控着资本，它是社会财富积累的源泉，也是我国经济发展不可或缺的组成部分。劳资关系和劳资纠纷的协调，实质上是将两者的力量保持相对平衡的状态，是直接涉及经济效率与社会公平的问题，当我们把作用力集中于其中任何一方时都有可能出现:对资方的依仗将使我们失去民心、失去公平与正义、失去社会稳定、失去经济持续发展;对劳方的保护也将使我们失去经济效率、失去产业和产能,失去劳动就业供给等。另外,对劳资纠纷与冲突的放任自流也会给国家和社会带来巨大的负面影响。基于这些问题、因素和后果的考虑,使我们化解劳资纠纷及其冲突增添了前所未有的难度,也使我们选择化解策略与方式时显得"谨小慎微",一些正式化的协调机制既已建立,却缺乏实质性运作。

当我们警惕劳资纠纷与劳资冲突的后果和过多强调劳资冲突的危害时,却使我们忽略了经典社会学家的至理名言:"……冲突增强特定社会关系或群体的适应和调适能力的结果,而不是降低这种能力的结果。"①社会学家的观点在提醒我们需要全面认识劳资纠纷与冲突的作用,也使我们对劳资纠纷与冲突的治理应有一个全新的认识。

一　理想类型与事实之法:
最大和谐与适度冲突

理想类型是韦伯社会学方法论的核心,它构成了韦伯观察、分析和解释经验现实的概念工具。理想类型是主观建构的思维逻辑上建构的完美物,在现实中只能找到多个社会现象的某一向面,或者是某一现象的多个向面。它是通过对许多差异的、离散的、偶然的、具体的社会现象的综合,所构建的具有近似的、典型的、理想化的类型。我们在劳资关系中所追求的"和谐共处和劳资两利"实际上成为了劳资冲突治理与协调的一种"理想类型"。由于劳资双方在经济利益上的深层次原因,决定了劳资之间的冲突是不可避免的,从世界最发达的几个少数国家所推行的"新合作主义"实践和我国的相关经历来看,劳资关系的"理想类型"

---

① 〔美〕L. 科塞:《社会冲突的功能》,孙立平等译,华夏出版社1989年版,前言。

仅可能维系一段时期，经济的波动与利益的分化①迟早会影响到劳资关系的"理想类型"存续的基础，劳资之间"和谐共处和劳资两利"是"脆弱的"，其发展的前景是"不理想的"。劳资之间的"理想类型"是劳资关系的"偶态"，而劳资冲突是劳资关系的"常态"。

既然劳资纠纷与冲突是劳资关系中不可避免的"社会事实"，而"劳资和谐和劳资两利"又是我们力图实现的"理想类型"，使得我们不得不在"理想类型"与"社会事实"之间寻求着平衡②，最大程度上实现劳资和谐成为了我们并非"高不可攀"和"可望而不可即"的目标。当前，我们拥有足够的实力，并运用一系列的，如经济的、政治的、法律的、社会的策略和手段，去实现这一目标。当然，实现上述目标取决于我们有没有这样的胆量、胸襟和气魄。

比起劳资关系的"理想类型"，最大和谐的思路似乎眼光更为长远。劳资关系的"理想类型"表现出来的是我们把劳资冲突的危害性和风险性估计得过于严重，我们一方面忽视了社会系统自身的调节、适应与再生的能力；另一方面也忽略了劳资冲突对社会整合和社会系统创新的作用。也即我们并没有全面认识冲突的功能，我们过于强调了冲突对社会稳定与社会秩序的负功能，忽略了其对社会系统的整合与创新的正功能。在这一点上，最大和谐的思路，能够有效地弥补劳资关系的"理想类型"的不足。即最大和谐的思想既重视了劳资纠纷与冲突的"社会事实"，如劳资纠纷与冲突将使企业关系紧张，企业内耗严重，使企业陷入困境，甚至于濒临破产的绝境，使社会不稳定加深和社会风险加大，也注定了劳资纠纷与冲突的另一面，如促进企业快速从"压缩劳动力成本"获得利润增长的方式向通过"自主创新"实现利润的增长模式的转型，从而提升企业应对新的法律与法规的能力，适应社会的变迁和社会环境的能力，也能实现国家产业的自主创新能力，产业结构更新换代的能力，以及国家各项法律与制度的自我完善的能力。可见，最大和谐的思路的实

---

① 市场经济的规律决定了企业经济的波动是不可避免的，无论是企业经济效益的好，还是企业经济效益的差，都会使劳资之间利益分化和劳资之间产生分歧。在劳资之间的冲突基础未发生实质性改变时，劳资之间的冲突也不会发生实质性的改变。

② 程启军、徐伟：《实证主义的潜设：在"社会事实"与"理想类型"的连续体之中的平衡》，《南京社会科学》2008年第1期。

质肯定了劳资冲突的不可避免,是允许"适度冲突",因为"适度冲突"具有避免社会出现大规模的混乱和出现颠覆性的变化,又能够充分利用劳资冲突促进社会的融合,创新社会制度、增强社会系统的活力和适应能力,增强社会应对各种风险的能力。

二　现实路径:政府主导下的整体平衡与多元协调

既然我们协调劳资纠纷与冲突的思路是"最大和谐"与"适度冲突"共存,同时,我国的各项重大变革基本上都遵循了"自上而下"的逻辑,那么,针对当前劳资严重失衡且劳资纠纷高发的现实,政府的介入并有所作为也是不可回避的。现在的问题是,我们介入的理路是什么?我们应选择什么方式去介入?如何保持经济效率又不损害社会公平?

从国外政府治理劳资冲突来看,基本上遵循了三种理路:第一,在经济效率和国家竞争力变化的情况下,调整劳资关系,实现两者关系的整体平衡。比如,当前法国、澳大利亚等国家,基于国家经济竞争力不足和社会福利水平较高的现实,力图通过削减工人福利,削弱工会组织力量,增加雇主解雇工人的权限,增加雇主与工人签订非集体合同的权限,增加工作时间的弹性等途径,使劳资关系与劳资力量实现整体平衡,即在资方力量不对劳方力量构成绝对强势的情况下,通过宏观政策给资方增权,以便促进经济效率的实现。第二,建立了各种协调劳资纠纷与劳资冲突部门和机构,建立了一整套规范化的、多样化的协调手段与制度,这些组织、机构与手段、制度都具有法律赋予的活动空间和实际的权限,并且发挥着重要的协调作用和功能。比如,在西方发达国家,基本上都建立了集体谈判、三方制、协调委员会等制度与法律,赋予了工人罢工、集会、游行示威等集体行动的权限和内容,并且这些制度与行动在劳资互动中得到有效地、充分地的运行。第三,政府在劳资关系领域进行了有效的介入与干预。比如美国,在劳动法规的执行与监督过程中,设置了众多机构去监督和执行,职业安全与卫生署专门负责《职业安全和卫生法》的实施情况,就业与培训署负责《综合就业与培训法》

的具体执行等。

在我国，任何一项重大事业的推进几乎都是在政府的强力下开展的，同样，在劳资关系领域也不例外。在较长一段时期内实行的倾斜性劳动关系（向资方倾斜的劳动关系）正在向政府主导型劳资关系（政府规范劳资双方行为）转变。政府主导型的劳资关系是相对于自主协调机制而言，自主协调机制是劳方与资方自主建立和自行协调，以建立集体协议为内容的劳资关系，它所遵循的基本路径是：政府不介入→劳方与资方自治→劳资集体谈判→缔结集体协议→形成劳动条件→劳资双方遵行。当然，自主协调机制并非完全不介入，政府在适当的时候会对劳资关系进行调整，只不过政府介入的程度比较弱，劳资纠纷与冲突的协调主要是由劳资双方通过集体谈判的途径得以解决。相反，政府主导的模式，则是由政府制定劳动标准来规范劳资双方的行为，其遵循的基本路径是：政府制定劳动基准法→确立劳动条件与行为规则→强制实施→劳资双方必须遵守→惩罚作为后盾→集体协商无实质作用→集体协议无真正法律效果→劳资争议与缔结集体协议无当然关系。政府主导型劳资关系，是政府通过运用政治与法律的手段，在宏观政策层面对涉及劳资关系的工资待遇、工作时间、劳动安全与卫生、工作期限、社会保险等内容作相应规定，劳资双方都必须在既定的框架下活动。在劳资纠纷与冲突中，违反相关规定与法律的一方即为劳资冲突的责任方，反之则是被保护方。

总体上来说，我国当前所采取的政府主导型的介入方式，是由我国政治与经济发展状况与水平决定的。一方面，我们还没有实现完全的市场经济，国家对微观经济活动的介入仍然比较普遍；另一方面，我国的法治与民主建设起步较晚，各种制度与规范的完善仍需要较长的时间。这些宏观因素制约了我们去培育劳资各方的力量，从而实现"劳资自治"。因此，我们还需要很长的时间去实现从政府主导型劳资关系向自主协调型劳资关系的转变。同时，政府主导型劳资关系也是当前我国经济效率与社会公平和稳定所必需的，它既能从政府的强制力方面保持社会的稳定，也能使政府集中力量搞好经济发展与经济效率。政府在劳资关系与劳资冲突中实际形成的中介地位与作用，使其能够运用各种手段，开拓、建立、健全劳资纠纷与冲突的各种协调手段与机制，赋予和规范各种行动的权限，并在经济效率与经济发展的基础上，适时地调整劳方与资方的权限，使劳资力量对比得以整体平衡，使经济效率得以提升，使社会公平得以体现。

三　核心出路：转移和化解冲突于制度

虽然政府主导型劳资关系是我国当前经济与社会所必需的，它对经济效益的提升与社会公平和社会稳定的实现都具有较大的作用，但是，这种方式作用的发挥存在潜设：劳资双方都必须按政府的规定行事，违反则受到相应的惩罚。然而，如果劳资双方不按政府的规定行事，同时政府的监督又乏力的情况下，政府势必成为劳资冲突的矛盾所指。如前所述，当劳资纠纷与冲突不断升级，工人在劳资关系内部或者企业内部反抗资方无效时，工人往往采取非正式化、往往被定义为"非法"的集体行动，如集体上访、阻断交通、围堵党政机关、围困政府等方式，去争取其利益诉求和合法权益。尽管工人们的集体行动有吸引社会和政府关注，寻求它们支持与介入的意图，但是，它也有对政府的不满和冲击政府之嫌，即政府不维护我们的权益，我们必须向政府要一个说法，政府必须出面解决我们的问题，否则，我们只好把政府扯进去。

另外，在现实劳资纠纷与冲突处理过程中，政府的某些行为也是使其成为劳资冲突矛盾的原因。比如，一些地方政府为刺激经济，对资方采取偏袒的"不作为"方式，进一步加深了劳资力量的失衡，加剧了劳资冲突的程度；有的地方政府干脆与资方"共谋"，通过行政权力干预和恫吓劳方，甚至牺牲劳方的利益以获取地方的利益等"乱为"现象也时常发生。政府自身的"错位"与"越位"导致政府直接成为劳资冲突的焦点，也成为劳方集体行动冲击的对象。那么，现在的问题是，政府的"不当"行为，使其成为劳资冲突的矛盾所指，我们如何规制政府的行为？

从国外应对和处理这些问题的经验来看，制度与法律成为化解这些问题的突破口。比如，日本通过三个层面的立法，对劳资关系进行了全面且具体的法律规定。日本宪法确立劳资关系的根本法律原则：所有国民都有劳动的权利，劳动标准由劳资双方谈判解决，劳动者有集会结社的权利。日本基本法律，如《劳动组合法》《工会法》《劳动基准法》《劳资关系调整法》等法律分别对劳方的集体行动权（结社、行动等），工会的行动权限，劳方的生存权（工资、工作时间、休息、安全卫生等），劳资冲突的预防与协调等内容作了明确的规定。日本的一些具体法律，如《国家公务员法》《国营企业劳动法》《劳动基准法》《工商补偿保险法》《最低工资法》《安全卫生法》《工资支付确定法》等法律对劳资关系、劳动条件、就业保障、男女平等、劳动福利等方面进行了全面且具体的规定。在劳动关系领域的大量立法，既反映出一个国家对劳资关系与劳资冲突的重视程度，也反映出其应对和处理劳资关系及其冲突的核心出路。

尽管我国也对劳资领域进行了一些立法，如《劳动法》《劳动合同法》等，但是，这些法律与西方发达国家相比，我们还有很大的立法空间。我国在劳动关系立法上，既存在根本保障的缺失，也存在中间层次立法的不充分，还存在具体内容立法的严重不足。比如，我国根本大法《宪法》缺乏对劳资关系作根本原则的规定；我国对劳资关系的基本立法，除《劳动法》外，就几乎不存在其他的立法；在劳资关系的具体立法方面，《劳动合同法》似乎包揽了劳资关系具体内容的一切。其中，最为严重的是我国缺乏对劳资冲突协调机制的立法，如《工会法》《劳资关系调整法》（包括集体谈判、政府介入的规范、三方制等），产业行动的法律规范等。这些劳资纠纷与冲突协调上的立法严重缺乏，折射出我国是一种政府主导型的劳资关系，而不是自主协调型的劳资关系，也表明我国为什么成为劳资纠纷与冲突高发、劳资矛盾尖锐、劳资行动极端化的原因。

对于我们而言，化解劳资纠纷与冲突的核心出路在于转移和化解冲突于制度之中。其主要原因在于：制度与法律本身具有"非人格化的客观力量"，即它们是国家规定的，任何力量都必须遵循，出现不同力量之间的争议与矛盾必须以此作为协调和处罚的依据，即使制度本身设计上存在问题，也只能通过国家机器去修改和完善，但是，在新的法律与制度未产生之时，仍需以此为依据。制度与法律的这样一种特质，能够有效地将劳资纠纷与冲突的焦点从政府转移到制度中来，即使当制度与法律调节劳资冲突的内容遭受质疑时，那也仅仅是修改和完善的程序化问题,并不是直接涉及劳方、资方与政府其中的任何一方。当然,要最大化地发挥制度与法律的"非人格化"作用,"人格化"力量的介入显得尤为必要,即监督部门(是否有法不依)与执法部门(是否执法不严)的作用应得到最大化的发挥。

附　录

《建设私营企业和谐劳资关系研究》(调查问卷)

致被访者的话

先生/女士：

　　您好！我们是《建设私营企业和谐劳资关系研究》课题组的调查人员。现在我们正在进行一项私营企业劳资关系的问卷调查，非常荣幸地选中您并听取您的感受。本次调查采取不记名的方式，请您不要有任何顾忌，所有回答只用于统计分析、学术研究，只要您反映属实就达到了我们调查的目的。根据有关法律，我们将对您的个人情况和看法严格保密。衷心感谢您的支持！祝您全家安康、生活愉快！

《建设私营企业和谐劳资关系研究》课题组

2007 年 9 月

　　填答说明：

　　请您根据自己的实际情况，在每个问题所给出的几个选项中选择一个您认为合适的，在选项对应的阿拉伯数字上划上√；题目中没有特殊的说明，每一个问题只能选择一个答案。

01：您的性别　　　　　　　男………1　　　　　　　女………2

02：请问您的年龄？

16~20 岁………1　　　21~24 岁………2　　　25~29 岁………3

30~34 岁………4　　　35~39 岁………5　　　40~44 岁………6

45~49 岁………7　　　50 岁以上………8

03: 请问您的文化程度?

初中及以下………1   中专………2   高中/中技/职高………3

大专………4   本科………5   研究生及以上………6

04: 您来自哪里(您是哪里人)?

当地人………1   本省人………2   外省人………3

05: 您觉得您所在企业主要属于下列哪种企业类型?

劳动密集型(即以人力为主)……1

技术密集型(即以技术为主)……2

资本密集型(即以资金为主)……3

智力密集型(即以知识为主)……4

06: 您所在企业的工人数量?

30 人以下………1   30 ~ 100 人………2   101 ~ 200 人………3

201 ~ 300 人………4   301 ~ 400 人………5   400 人以上………6

07: 您具体在哪类企业工作?

纺织业……1   印刷、造纸……2   机械制造……3

小商品制造……4   建筑业……5   房地产……6

批发零售业……7   交通运输业……8   餐饮、宾馆、旅游……9

电子、邮电、通信……10   其他(请注明)_____

08: 您在企业中从事的工作属于以下哪一类?

体力劳动……1   初级技术劳动(如产品制造、机械维修等)……2

中、高级技术劳动(质量监控、技术研发等)……3

基层管理……4   中层管理……5   高层管理……6

其他(请注明)_____

09: 您的月收入属于以下哪一档?

800 元以下……1   801—1600 元……2   1601—2400 元……3

2401—3200 元……4   3201—4000 元……5   4000 元以上……6

10: 您在本企业工作多长时间?

三个月以下……1   三个月至半年……2   半年以上至一年……3

一年以上至二年……4   二年以上至三年……5   三年以上至四年……6

四年以上至五年……7   五年以上……8

11: 在现企业工作之前,您曾经换过几次工作?

没有……1　　　　　　一次……2　　　　　　二次……3

三次……4　　　　　　四次及以上……5

12：您在本企业工作最大的愿望是?

学技术……1　　　　　　积累经验……2　　　　　　养家糊口……3

赚更多的钱……4　　　　　　其他（请注明）_____

13：您对自己在企业中的地位的看法是?

仅是雇佣工人、打工的……1　　　　　　企业的一分子……2

企业的主人……3　　　　　　其他（请注明）_____

14：您对围绕企业的相关问题（企业发展、企业改革、企业存在的问题等）的关注程度是?

非常关心　　　比较关心　　　一般　　　不太关心　　　很不关心

1　　　　　　2　　　　　　3　　　　　4　　　　　　5

15：您每天上班工作时间是?

8 小时及其以下……1　　　　　　8 小时以上 ~ 10 小时……2

10 小时以上 ~ 12 小时……3　　　　　12 小时以上……4

16：您每个月休假的天数为?

0 天……1　　　　　　0.5—1 天……2　　　　　1.5—4 天……3

4.5—6 天……4　　　　　6.5—8 天……5　　　　　8 天以上……6

17：您每天加班的时间?（若选择 1，请跳过 18、19 题，直接做 20 题）

0 小时……1　　　　　　1 小时以下……2

1 ~ 2 小时……3　　　　　2 小时以上 ~ 3 小时 ……4

3 小时以上 ~ 4 小时 ……5　　　　　4 小时以上……6

18：对您的加班企业支付了加班费吗?

没有支付……1　　　　　　支付……2

19：您对企业所支付的加班费满意吗?

非常满意　　　比较满意　　　一般　　　不太满意　　　很不满意

1　　　　　　2　　　　　　3　　　　　4　　　　　　5

20：您对目前的工作状况满意吗?（若选择 1、2、3，请您跳过 21 题，直接做 22 题）

非常满意	比较满意	一般	不太满意	很不满意
1	2	3	4	5

21：在您所在的企业，您对工作状况不满意的主要原因是？

工资待遇低……1　　工作时间长……2　　没有归属感……3

学不到东西……4　　同事关系不好……5　　老板太苛刻……6

工作压力大……7　　其他（请注明）_____

22：在您所在的企业，同事之间是否存在下列情况？

序号	问题选项	1 是	2 否	3 不清楚
1	我们通常与自己职位差不多的同事有较多接触与交往	1	2	3
2	下班后，同事之间各忙各的较少聊天和谈家常	1	2	3
3	有同事过生日或其他喜庆日通常会聚会庆祝一下	1	2	3
4	当有同事生活上遇到困难时，通常会有其他的同事询问、安慰并提供帮助	1	2	3
5	同事之间是否经常发生偷窃、争吵、打架等事件	1	2	3
6	同事之间经常筹建一些类似于老乡会的联谊组织	1	2	3
7	企业中、下层管理人员更多的像资方的代表	1	2	3

23：在您所在的企业，您是否同意下列说法？

序号	问题选项	1 非常同意	2 同意	3 无所谓	4 不太同意	5 很不同意	6 不知道
1	同事之间的利益分化越来越大	1	2	3	4	5	6
2	同事之间的差别越来越大	1	2	3	4	5	6
3	同事之间的矛盾冲突越来越多	1	2	3	4	5	6
4	同事之间团结起来一致行动越来越困难	1	2	3	4	5	6

24：在您所在的企业，您认为私营企业主与普通员工之间的关系怎样？

很好	比较好	一般	不太好	很不好	说不清	不了解
1	2	3	4	5	6	7

25：在您所在的企业，您对企业主的看法是？

序号	问题选项	1 是	2 否	3 不清楚
1	企业主也不容易的，非常勤力谋求企业的发展	1	2	3
2	企业主较关心员工的生活	1	2	3
3	当生意好时，企业主会提高员工的福利	1	2	3
4	企业主通过各种方式盘剥工人	1	2	3
5	企业主是很有能力和水平的	1	2	3

26：您所在的企业，您是否遇到过下列情形？

序号	问题选项	1 非常普遍	2 比较普遍	3 一般	4 不太普遍	5 很不普遍	6 不知道
1	企业拖欠工资	1	2	3	4	5	6
2	企业有延长工作时间，不按法定甚至不支付员工加班费的行为	1	2	3	4	5	6
3	企业主有体罚、侮辱员工等行为	1	2	3	4	5	6
4	企业不为员工购买社会保险	1	2	3	4	5	6
5	企业禁止员工成立工会、老乡会等类似组织	1	2	3	4	5	6

27：您所在的企业，在下列情况下，您会怎样做？

序号	问题选项	1 会	2 不会	3 不清楚
1	由于企业生意不好，企业裁员，您会支持企业吗？	1	2	3
2	有员工被无理解雇，您会声援他吗？	1	2	3
3	有员工受到企业主的体罚、虐待，您会抗议企业主吗？	1	2	3
4	有员工为全体员工利益向资方争取，您会加入其中吗？	1	2	3
5	当企业与外界发生矛盾，您会站在企业这一边吗？	1	2	3

28：您所在的企业，您是否同意下列说法？

序号	问题选项	1 非常同意	2 同意	3 无所谓	4 不太同意	5 很不同意	6 不知道
1	企业劳资冲突问题越来越严重	1	2	3	4	5	6
2	签订劳动合同是很有必要的	1	2	3	4	5	6
3	企业为工人购买社会、劳动安全保险是应该的	1	2	3	4	5	6
4	企业应成立工会	1	2	3	4	5	6
5	工会是为工人争取利益的	1	2	3	4	5	6

29：如果您的利益受到资方损害时，您最有可能采取以下哪种方式进行抗争？

忍气吞声……1　　　　怠工……2　　　　破坏机器设备……3

辞职……4　　　　信访……5　　　　与资方理论……6

通过政府协调……7　　寻求媒体支持……8　　其他（请注明）_____

30：如果您所在企业发生劳资冲突，您是否同意下列说法？

序号	问题选项	1 非常同意	2 同意	3 无所谓	4 不太同意	5 很不同意	6 不知道
1	通过工会斗争会有利于员工	1	2	3	4	5	6
2	通过政府干预是得到双方满意的解决途径	1	2	3	4	5	6
3	通过寻求媒体舆论支持将形成有利于员工的解决方案	1	2	3	4	5	6
4	利用法律、合同通过仲裁、法院等机构解决	1	2	3	4	5	6
5	通过私了，获得一些好处就算了	1	2	3	4	5	6
6	通过罢工的方式，获得解决	1	2	3	4	5	6
7	通过直接针对资方的行动（如威胁、绑架等）方式，争取最大的利益	1	2	3	4	5	6

调查结束，对您的支持与配合，再次表示感谢！

参 考 文 献

著作部分

1. 郑杭生、李强：《社会运行导论》，中国人民大学出版社 1993 年版。

2. 郑杭生、李强、李路路：《当代中国社会结构与社会关系研究》，首都师范大学出版社 1997 年版。

3. 郑杭生：《转型中的中国社会和中国社会的转型》，首都师范大学出版社 1996 年版。

4. 李培林等：《社会冲突与阶级意识》，社会科学文献出版社 2005 年版。

5. 边燕杰：《市场转型与社会分层》，三联书店 2002 年版。

6. 常凯主编：《劳动关系·劳动者·劳权》，中国劳动出版社 1995 年版。

7. 常凯：《劳动关系学》，中国劳动社会保障出版社 2005 年版。

8. 常凯：《劳权论：当代中国劳动关系的法律调整》，中国劳动社会保障出版社 2004 年版。

9. 常凯等：《工会法通论》，中共中央党校出版社 1993 年版。

10. 郑桥：《劳资谈判》，中国工人出版社 2003 年版。

11. 刘元文：《相容与相悖——当代中国的职工民主参与研究》，中国劳动社会保障出版社 2004 年版。

12. 刘玉方等：《分化与协调——国有企业各职工群体及其利益关系》，社会科学文献出版社 2005 年版。

13. 许晓军：《中国工会的社会责任》，中国社会科学出版社 2006 年版。

14. 曹凤月：《企业道德责任论——企业与利益关系者的和谐与共生》，社会科学文献出版社 2006 年版。

15. 徐小洪：《冲突与协调——当代中国私营企业的劳资关系研究》，中国劳动社会保障出版社 2004 年版。

16. 杨体仁等:《市场经济国家劳动关系——理论·制度·政策》,中国劳动社会保障出版社 2000 年版。

17. 冯同庆:《中国工人的命运——改革以来工人的社会行动》,社会科学文献出版社 2002 年版。

18. 程延园:《集体谈判制度研究》,中国人民大学出版社 2004 年版。

19. 程延园:《劳动关系》,中国人民大学出版社 2002 年版。

20. 风笑天:《私营企业劳资关系研究》,华中理工大学出版社 2000 年版。

21. 刘爱玉:《选择:国企变革与工人生存行动》,社会科学文献出版社 2005 年版。

22. 张彦宁等:《2005 中国企业劳动关系状况报告》,企业管理出版社 2005 年版。

23. 方文:《社会行动者》,中国社会科学出版社 2002 年版。

24. 陈达:《我国抗日战争时期市镇工人生活》,中国劳动出版社 1993 年版。

25. 薛晓源等:《全球化与风险社会》,社会科学文献出版社 2005 年版。

26. 张其仔:《社会资本论》,社会科学文献出版社 2002 年版。

27. 孙江:《事件记忆叙述》,浙江人民出版社 2004 年版。

28. 陈向明:《质的研究方法与社会科学研究》,教育科学出版社 2000 年版。

29. 欧阳景根:《背叛的政治》,三联书店 2002 年版。

30. 许宝强:《发展的幻象》,中央编译出版社 2001 年版。

31. 宋晓梧:《产业关系与劳动关系》,企业管理出版社 2001 年版。

32. [法] 涂尔干:《社会分工论》,渠敬东译,三联书店 2000 年版。

33. [德] 哈贝马斯:《公共领域的结构转型》,曹卫东、刘北城等译,学林出版社 1999 年版。

34. [德] 哈贝马斯:《合法化危机》,曹卫东译,上海人民出版社 2000 年版。

35. [美] 科尔曼:《社会理论的基础》,邓方译,社会科学文献出版社 1999 年版。

36. [德] 马克斯·韦伯:《社会科学方法论》,韩水法等译,中央编译出版社 2002 年版。

37. ［德］马克斯·韦伯：《经济与社会》，林荣远译，商务印书馆 1997 年版。

38. ［法］雷蒙·阿隆：《阶级斗争》，周以光译，译林出版社 2003 年版。

39. ［美］帕森斯：《社会行动的结构》，张明德等译，译林出版社 2003 年版。

40. ［美］默顿：《社会理论与社会结构》，唐少杰、齐心等译，译林出版社 2006 年版。

41. ［法］布迪厄等：《实践与反思》，李康、李猛译，中央编译出版社 2004 年版。

42. ［美］库利：《人类本性与社会秩序》，包凡一等译，华夏出版社 1999 年版。

43. ［英］迈克尔·莱斯诺夫等：《社会契约论》，刘训练等译，江苏人民出版社 2005 年版。

44. ［古希腊］亚里士多德：《政治学》，吴寿彭译，商务印书馆 1996 年版。

45. ［美］彼得·布劳：《现代社会中的科层制》，马戎等译，学林出版社 2001 年版。

46. ［美］林南：《社会资本——关于社会结构与行动的理论》，张磊译，上海人民出版社 2005 年版。

47. ［英］吉登斯：《社会的构成》，李康、李猛译，三联书店 1998 年版。

48. ［英］吉登斯：《现代性的后果》，田禾译，译林出版社 2000 年版。

49. ［英］吉登斯：《现代性与自我认同》，赵旭东、方文译，三联书店 1997 年版。

50. ［英］吉登斯：《社会学方法的新规则》，田佑中、刘江涛译，社会科学文献出版社 2003 年版。

51. ［英］雷蒙斯·弗思：《人文类型》，费孝通译，华夏出版社 2002 年版。

52. ［美］亨廷顿：《第三波——20 世纪后期民主化浪潮》，刘军宁译，三联书店 1998 年版。

53. ［美］亨廷顿：《文明的冲突与世界秩序的重建》，周琪等译，新华出版社 2002 年版。

54. 〔德〕米勒:《文明的共存》,郦红、那宾译,新华出版社 2002 年版。

55. 〔德〕柯武刚等:《制度经济学》,韩朝华译,商务印书馆 2004 年版。

56. 〔法〕埃哈尔·费埃德伯格:《权力与规则》,张月等译,上海人民出版社 2005 年版。

57. 〔美〕威廉·富特·怀特:《街角社会》,黄育馥译,商务印书馆 2006 年版。

58. 〔英〕汤普森:《英国工人阶级的形成》,钱乘旦等译,译林出版社 2001 年版。

59. 〔美〕赫伯特·马尔库塞:《单向度的人》,刘继译,上海译文出版社 2006 年版。

60. 〔美〕乔治·麦克林:《传统与超越》,干春松、杨凤岗译,华夏出版社 2000 年版。

61. 〔美〕丹尼尔·米尔斯:《劳工关系》,李丽林、李俊霞等译,机械工业出版社 2000 年版。

62. 〔美〕科塞:《社会冲突的功能》,孙立平等译,华夏出版社 1989 年版。

63. 〔英〕达仁道夫:《现代社会冲突》,林荣远译,中国社会科学出版社 2000 年版。

64. 〔美〕哈里·布雷弗曼:《劳动与垄断资本——二十世纪中劳动的退化》,方生等译,商务印书馆 1978 年版。

65. 〔法〕蒂利埃:《劳动政策》,宇泉译,商务印书馆 1995 年版。

66. 〔美〕奥肯:《平等与效率》,陈涛译,华夏出版社 1999 年版。

67. 〔美〕布劳:《不平等和异质性》,王春光、谢圣赞译,中国社会科学出版社 1991 年版。

68. 〔美〕马丁·李普塞特:《政治人——政治的社会基础》,张绍宗译,上海人民出版社 1997 年版。

69. 〔美〕曼瑟尔·奥尔森:《集体行动的逻辑》,陈郁等译,三联书店 1995 年版。

70. 〔美〕裴宜理:《上海罢工——中国工人政治研究》,刘平译,江苏人民出版社 2001 年版。

71. ［日］哈纳米等：《市场经济国家解决劳资冲突的对策》，佘云霞等译，中国方正出版社 1997 年版。

72. ［意］杰奥瓦尼·阿锐基：《漫长的 20 世纪——金钱、权力与我们社会的根源》，刘北成译，江苏人民出版社 2001 年版。

73. D. J. Lee and B. S. Turner（eds）：Conflicts About Class：Debating Inequality in Late Industrialism, Harlow：Longman, 1996.

74. Walder, Andrew G. Communist. Neo-traditionalism—Work and Authority in Chinese Industry, Oxford University Press, 1986.

75. Watlter S. Neff：Work and Human Behavior, Third Edition, Aldine Publish Company, 1985.

76. William H. Holley and Kenneth M. Jennings：The Labor Relations Process, Fourth Edition. The Dryden Press, 1991.

论文部分

1. 郑杭生、杨敏：《社会实践结构性巨变的若干新趋势——一种社会学的分析视角》，《社会科学》2006 年第 10 期。

2. 郑杭生：《当前我国社会矛盾的新特点及其正确处理》，《中国特色社会主义研究》2006 年第 4 期。

3. 石秀印、许叶萍：《市场条件下中国的阶层分化与劳资冲突——与马克思时代对比》，《学海》2005 年第 4 期。

4. 石秀印：《劳资关系：零和逻辑的困境与合作逻辑的可能》，《工会理论研究》2006 年第 4 期。

5. 郑尚元：《建立中国特色的罢工法律制度》，《战略与管理》2003 年第 3 期。

6. 刘林平、郭志坚：《企业性质、政府缺位、集体协调与外来女工的权益保障》，《社会学研究》2004 年第 6 期。

7. 孙立平：《实践社会学与市场转型过程分析》，《中国社会科学》2002 年第 5 期。

8. 常凯：《论不当劳动行为立法》，《中国社会科学》2000 年第 5 期。

9. 常凯：《劳资冲突处理法制化：构建和谐劳动关系中一项急迫的政治任务》，《中国党政干部论坛》2006 年第 12 期。

10. 游正林：《也谈国有企业工人的行动选择》，《社会学研究》2005 年第 4 期。

11. 游正林：《不平则鸣：关于劳资冲突分析的文献综述》，《学海》2005 年第 4 期。

12. 游正林：《集体行动何以成为可能——对一起集体上访、静坐事件的个案研究》，《学海》2006 年第 2 期。

13. 冯同庆：《从劳工权益角度看企业社会责任在我国的发展趋势》，《当代世界与社会主义》2006 年第 3 期。

14. 冯同庆：《企业改革中工人的自尊：对一种工人社会行动的考察》，《当代世界与社会主义》2001 年第 4 期。

15. 程新征：《对政府在非公有制经济劳资关系中作为的思考》，《当代世界与社会主义》2006 年第 1 期。

16. 程延园：《劳动合同立法：寻求管制与促进的平衡》，《中国人民大学学报》2006 年第 5 期。

17. 程延园：《集体谈判制度在我国面临的问题及其解决》，《中国人民大学学报》2004 年第 2 期。

18. 陈步雷：《劳动争议调解机制的构造分析与改进构想》，《中国劳动关系学院学报》2006 年第 4 期。

19. 陈步雷：《罢工权的属性、功能及其多维度分析模型》，《云南大学学报》（法学版）2006 年第 3 期。

20. 陈步雷：《论工会工作者的角色冲突和义务层级》，《中国劳动关系学院学报》2006 年第 1 期。

21. 李亚雄：《失范：对当前劳资冲突问题的一种解释》，《社会主义研究》2006 年第 1 期。

22. 邵晓寅：《私营企业劳资冲突的现状和对策》，《晋阳学刊》2003 年第 2 期。

23. 戴建中：《我国私营企业劳资关系研究》，《北京社会科学》2001 年第 1 期。

24. 戴建中：《私营企业雇工及劳资关系调查报告》，《社会学研究》1996 年第 6 期。

25. 李炳安、向淑青：《转型时期政府在劳资关系中的角色》，《中国党政干部论坛》2007 年第 6 期。

26. 刘能：《怨恨解释、动员结构和理性选择——有关中国都市地区集体行动发生可能性的分析》，《开放时代》2004 年第 4 期。

27. 唐军：《生存资源剥夺与传统体制依赖：当代中国工人集体行动的逻辑》，《江苏社会科学》2006 年第 6 期。

28. 洪银兴：《合作博弈和企业治理结构的完善》，《南京大学学报》2003 年第 3 期。

29. 夏小林：《私营部门：劳资关系及协调机制》，《管理世界》2004 年第 6 期。

30. 刘颖：《构建私营企业劳资关系的协调机制研究》，《科学社会主义》2006 年第 6 期。

31. 雷云：《建立适合中国国情的劳资关系调节模式》，《云南民族大学学报》2007 年 3 期。

32. 秦晓静、杨云霞：《我国私营企业劳资关系协调机制分析》，《西北大学学报》2006 年第 3 期。

33. 胡涤非：《三方博弈下劳资关系发展的制度选择》，《社会科学家》2006 年第 5 期。

34. 唐钧：《"三方机制"：解决农民工工资问题的最佳选择》，《中国党政干部论坛》2004 年第 5 期。

35. 周长城等：《集体谈判：建立合作型劳资关系的有效战略》，《社会科学研究》2004 年第 4 期。

36. 郑秉文：《合作主义：中国福利制度框架的重构》，《经济研究》2002 年第 2 期。

37. 杨鹏飞：《新合作主义能否整合中国的劳资关系?》，《社会科学》2006 年第 8 期。

38. 风笑天：《社会学研究方法：走向规范化和本土化所面临的任务》，《华中师范大学学报》2005 年第 6 期。

39. 王晓明：《97 中国传统社会向现代社会转型研究的新进展》，《教学与研究》1998 年第 4 期。

40. 赵薇：《劳资关系系统模型及其在我国的适用性》，《管理世界》2002 年第 7 期。

41. 康晓光：《经济增长、社会公正、民主法治与合法性基础》，《战略与管理》1999 年第 4 期。

42. 李炳安、向淑青：《转型时期政府在劳资关系中的角色》，《中国党政干部论坛》2007 年第 6 期。

43. 卡尔·多伊奇：《社会动员与经济发展》，《国外政治学》1987 年第 6 期。

44. 吴忠民：《重新发现社会动员》，《理论前沿》2003 年第 21 期。

45. 郑永廷：《论现代社会的社会动员》，《中山大学学报》2000 年第 2 期。

46. 陶文忠：《集体合同制度：保证劳动关系和谐的有效制度形式》，《中国党政干部论坛》2007 年第 6 期。

47. 程多生：《关于中国雇主问题的思考》，《中国劳动》2005 年第 11 期。

48. 佟新：《三资企业劳资关系研究》，《学海》2005 年第 4 期。

49. 史探径：《中国劳动争议情况分析和罢工立法问题探讨》，《法学研究》1999 年第 6 期。

后　记

从 2007 年至 2017 年，博士学位论文从选题、调研、写作、定稿、修改和出版经历了整整十年。2008 年意味着我的学生时代的结束，那时的我如释重负。随后的几年，考虑到调查样本缺乏随机性以及定量数据收集和分析的短板，不愿将随意性数据权当作随机性数据来运用和操作，在是否出版书稿的事情上，我一直处在犹豫和挣扎之中。曾经尝试将之完善和修改，但种种努力也没有收到较好的效果，甚至调研涉及的企业已经在金融危机后消失了，导致我的数据收集和追踪研究已经无法继续。恩师郑杭生先生曾鼓励我说："书稿理论的视角和逻辑的分析是不错的，即便有不足，可以在今后的研究中去完善，如果你决定了什么时候出版，告诉我，我愿意给书稿作序。"几经波折，书稿终于在迷惘中出版了。

一直以来，中国社会学被打上了深深的时代烙印，"经世致用"始终成为从事社会学研究学者们所追求的至上目标。为了"缩减社会代价，增进社会进步"的学术追求，学术道路之初，我就选择了社会冲突及其治理作为自己的学术研究领域，试图通过实践性描述去探讨社会冲突的实然状态之所在，通过理论性分析去理解社会冲突之根本和逻辑，探寻缓解、化解社会矛盾与社会冲突之药方，重构和谐的社会阶层关系，进而为促进社会的良性运行和协调发展作出一点学术上的努力。本着此等理念和学术理想，这十多年来，我的学术研究始终贯穿着这一条主线，试图"顶天立地"和"经世致用"，发现所有这些并非易事。在学术实践中，遭遇了调研的困难、写作的困境，实则是一项研究苦旅，多次挫折，使我更坚定了此领域研究的价值与意义，谨以"路漫漫其修远兮，吾将上下而求索"自勉。

　　书稿得以出版,有太多需要感谢的人。首先,要感谢我的博士生导师郑杭生先生,导师在百忙之中抽出时间对我论文选题的确立、提纲的修订、论文的形成等提供了悉心指导与帮助。回想硕士毕业后,使我倍感荣幸的是几经波折终能成为学术大家郑先生的弟子。和导师多年的交往之中,导师"铺路搭桥,扶弱益强"的学者风范,"律己以严,待人以宽"的人格魅力,"低调行事,诚信待人"的处世精神,深深影响和引导着弟子。恩师学生众多,却关心着每个学生的成长,无论是在学术、生活和事业上,先生都给予了弟子尽可能的帮助和提携。事事难料,作为新时期中国社会学学科的重要奠基人和社会运行学派的开创者,先生一生忙碌,极少关注自己的健康,不幸于 2014 年 11 月 9 日仙逝,弟子只能望北而泣。为不负恩师的关怀、教诲与栽培,学生唯有踏踏实实和加倍努力地走好人生的每一步,以谢师恩!

　　一直以来,我的硕士生导师夏玉珍教授给予我"默默的""无私的"关怀和帮助,所有一切学生都会永远铭记在心。夏老师"自强不息"的性格和充满"韧性"的人生境界深深地影响着我的学习和生活,成为学生进一步成长的动力和源泉。

　　也要感谢单位领导公共管理学院的院长张玉教授、书记易钢教授、副院长杨正喜教授以及张兴杰教授对我学习与生活给予的关心与帮助。在论文的写作过程中,感谢我的学生陈静东,经理张广鸿以及调查个案中企业的经理们与调查工人们的积极配合和帮助,没有你们,我的有限的资料都将无法获得,再次感谢!也要感谢中国社会科学出版社的孔继萍老师,编辑老师对我书稿的修订和出版提供的各种帮助,谢谢!

　　最后,要感谢我的家人给予我的支持、理解与帮助,感谢父母,是他们给了我他们所能给予我的一切,以他们最朴素的方式表达着他们对儿子的感情与期望。

程启军

2017 年 6 月

于美国芝加哥大学